总主编／刘 涛 金晓艳
主 编／傅 佳 乔梦羽

学在中国

汉语强化系列教材

LEARNING IN CHINA

Intensive Chinese Series

基础教程 2

Basic Course

外语教学与研究出版社
FOREIGN LANGUAGE TEACHING AND RESEARCH PRESS
北京 BEIJING

图书在版编目（CIP）数据

学在中国．基础教程．2 / 傅佳，乔梦羽主编．-- 北京 ：外语教学与研究出版社，2020.1（2026.3 重印）
汉语强化系列教材 / 刘涛，金晓艳总主编
ISBN 978-7-5213-1521-9

Ⅰ．①学… Ⅱ．①傅… ②乔… Ⅲ．①汉语－对外汉语教学－教材 Ⅳ．①H195.4

中国版本图书馆 CIP 数据核字（2020）第 014206 号

出 版 人　王　芳
项目统筹　杨　益
责任编辑　杨　益
责任校对　杨　飘
封面设计　姚　军
版式设计　彩奇风
出版发行　外语教学与研究出版社
社　　址　北京市西三环北路 19 号（100089）
网　　址　https://www.fltrp.com
印　　刷　北京盛通印刷股份有限公司
开　　本　889×1194　1/16
印　　张　22.5
版　　次　2020 年 2 月第 1 版　2026 年 3 月第 3 次印刷
书　　号　ISBN 978-7-5213-1521-9
定　　价　68.00 元

如有图书采购需求，图书内容或印刷装订等问题，侵权、盗版书籍等线索，请拨打以下电话或关注官方服务号：
客服电话：400 898 7008
官方服务号：微信搜索并关注公众号“外研社官方服务号”
外研社购书网址：https://fltrp.tmall.com

物料号：315210001

“学在中国”汉语强化系列教材

主　　编：刘　涛　金晓艳
策　　划：鞠　慧　李彩霞

编写委员会：（按姓氏音序排列）

白斯达　陈鸿瑶　杜　江　傅　佳　郭晓郁　韩瑞芳　郝　伟　胡雪婵
黄莲花　金　敏　雷　莉　李玲琦　李梅花　李月炯　梁子超　林　杨
林　柱　刘育雁　乔梦羽　沈薇薇　孙　雷　王斯璐　鲜丽霞　谢　伟
辛　勤　修美丽　修瑞超　闫　峰　于梦露　张国辉　张　蒙　张孟晋
张　思　张　哲　赵黎平　赵美威　赵　兴　郑颖琦

编辑委员会：（按姓氏音序排列）

鞠　慧　李彩霞　向凤菲　杨　益　张楚玥

英文翻译：

汪燕红

出版说明

一、出版背景

随着中国综合国力的提高，选择来中国攻读学士学位的外国留学生逐年递增。在学习大学本科课程之前，外国留学生们需要攻读一年学士学位预备课程，进行汉语与专业课的强化学习。因此很多大学都已经开设了来华外国留学生的预科教育教学课程。同时，在中国国家留学基金管理委员会的领导下，包括东北师范大学外国留学生预科部在内的全国十家中国政府奖学金外国留学生预科教育基地，每年都承担着来自世界各地的中国政府奖学金外国预科生的教育教学工作。

来华预科生的培训时间原则上为1至2学年，主要采用强化教育的方式，通过开展语言教学和专业知识教学，使预科生在汉语语言知识能力、相关专业知识以及跨文化交际能力等方面达到进入中国高等学校专业阶段学习的基本标准，其中奖学金生还需通过“中国政府奖学金本科来华留学生预科教育结业统一考试”（以下简称“结业统一考试”）。

预科教育不同于一般的语言培训和知识补习，如何在短时间内实现预科教育的培养目标，使学生能够顺利进入本科阶段的学习，是每一个预科教育基地都要面临的问题。在此背景下，外语教学与研究出版社联合东北师范大学等预科教育基地，立足预科教育的教学特点和培养目标，策划编写了“学在中国”汉语强化系列教材。“学在中国”汉语强化系列教材适用于接受来华预科教育的汉语零起点的留学生，不仅能够满足预科教育的需求，也同样适用于其他有速成强化教学需求的各类教学机构。

二、教材体系

本系列核心教材分为“基础教程”“实践教程”“词汇教程”三种，共五册：

教材		对应 HSK 级别	词汇量
基础教程	《基础教程 1》	HSK1—4 级	＞1200
	《基础教程 2》	HSK5 级	＞1600
实践教程	《实践教程 1》	HSK1—4 级	＞1200
	《实践教程 2》	HSK5 级	＞1600
词汇教程	《词汇教程》	HSK1—4 级	＞1600

本系列教材涵盖 HSK 相应级别和“结业统一考试”的生词和语法知识，紧密结合这两类考试的题型设计练习，配合交际性、任务型的实践操练与活动，旨在帮助学习者通过 HSK 相应级别考试和“结业统一考试”。三种教材可配合使用，其中，“基础教程”“实践教程”分别侧重语言输入和输出；“词汇教程”是专项教程，

既可作为汉语词汇课的专门用书，也可作为学生的自主学习用书。此外，后续还将根据教学实际和学习需求，陆续推出其他与核心教材相配套的内容。

三、编写团队

本系列教材的编者主要来自东北师范大学预科教育基地，同时也吸纳了四川大学、中国医科大学、大连理工大学等多所高校的一线教师共同参与。参与编写的教师均具有丰富的预科汉语教学经验（教龄均达到六年以上），很多教师还同时担任专业知识的教学任务。

在中国国家留学基金管理委员会的领导下，东北师范大学预科教育基地每年承担来自世界各地的中国政府奖学金外国预科生的教育教学工作，在预科教育方面建立了相对成熟的教学体系和较为合理的课程设置，积累了丰富的教学实践经验。学校培养的预科生在“结业统一考试”中的总成绩较为突出，排名一直处于全国预科教育基地的前列。

四、教材特色

（一）输入与输出紧密结合，全面推进听说读写技能

本系列教材以二语习得相关理论为依据，以多年教学实践为基础，将输入和输出进行紧密、有效的结合，从基础认知与实践操练两方面出发，全面培养学生的各项言语技能。

类型	目标		重点	侧重技能
基础教程	输入	基础知识	解决基本词、句、语言点的学习	听、读
实践教程	输出	实践操练	重现和巩固“基础教程”的内容，并适当进行拓展	说、写
词汇教程	词汇积累	词汇综合运用	以词汇为主线，通过训练言语技能掌握词汇	听、说、读、写

本系列教材的整体编排，充分体现了预科汉语速成强化教学的课程体系。各类教材之间的配合，并非机械的练习和补充，而是从“知”到“行”，从输入到输出，从“听、读”到“说、写”，帮助学生在各类言语技能和综合语言能力上逐步实现提升和飞跃。

（二）遵循教学与学习规律，循序渐进培养语言能力

在内容设计、体例编排、内容复现等方面，本系列教材遵循教学与学习规律，兼顾教师和学生的需求。

本系列教材尤其尊重汉语自身的规律和教师教学的习惯，遵照教学的一般顺序安排教材的各个板块，按照“字—词—句—段—篇”的顺序展开教学，重视和强调语言形式的学习和汉字的教学，突出易教性、可操作性，循序渐进地帮助学生巩固各项语言要素。

本系列教材充分考虑了学生自身的特点和学习记忆的规律，按照“预习—学习—复习”的次序推进学习进度，帮助学生提升学习效率的同时，有助于学生养成课前预习、课后复习的良好学习习惯。此外，教材针对预科学生的年龄特点进行人物设定、故事线安排、话题选择与场景设计，并尽量兼顾不同语言文化背景的学生，注重了针对性、多样性、趣味性和交际性，能够在一定程度上培养和激发学生学习的兴趣。

（三）紧扣教学与考试大纲，短期强化实现培养目标

本系列教材的词汇编写紧扣《HSK 考试大纲》（一至五级）和“结业统一考试”要求的汉语词汇，并补充收纳了一些有交际价值和时代特色的词汇。话题和语言点编写主要参考《国际汉语教学通用课程大纲》和《HSK 考试大纲》（一至五级），将话题和语言点分等级、分层次地合理分配到每课的学习内容当中。练习设计以帮助学生掌握学习内容为目的，既注重不同言语技能的分技能训练，也强调语言的综合运用，收录 HSK 考试和“结业统一考试”各类题目形式，并适当补充交际性、任务型活动。

整体上，完成本系列教材的学习，学生可达到通过 HSK 相应级别和“结业统一考试”的语言水平，并达到进入中国高等学校专业阶段学习的基本标准。

五、使用建议

针对预科教育的情况，建议在一学年内使用本系列教材，建议课型、课时和教学次序如下：

教材		建议使用课型	建议课时	建议教学次序
基础教程	《基础教程 1》	汉语综合课（听、读）	每篇课文 4 至 6 课时，整体 120 课时左右	与《实践教程 1》平行教授，先教
	《基础教程 2》	汉语综合课（听、读）	每篇课文 8 至 10 课时，整体 150 课时左右	与《实践教程 2》平行教授，先教
实践教程	《实践教程 1》	汉语综合课（说、写）	每篇课文 4 至 6 课时，整体 120 课时左右	与《基础教程 1》平行教授，后教
	《实践教程 2》	汉语综合课（说、写）	每篇课文 4 至 6 课时，整体 90 课时左右	与《基础教程 2》平行教授，后教
词汇教程	《词汇教程》	词汇专项课	整体 120 课时左右	与其他教材平行教授

我们衷心希望外研社的这套“学在中国”系列教材能够为来华预科生和广大外国留学生的汉语学习铺就一条汉语强化学习的成功之路，同时为教师解除教学疑惑，共同迎接美好的未来。

编写说明

一、适用对象

本教材是“学在中国”汉语强化系列“基础教程”的第二册，适用于已大致掌握《HSK 考试大纲》一至四级词语以及《中国政府奖学金本科来华留学生预科教育教学大纲》所包含的 1200 至 1600 个词语，准备参加 HSK 五级考试或“结业统一考试”的汉语学习者。

二、教学目标

本教材涵盖《HSK 考试大纲》五级词语、《中国政府奖学金本科来华留学生预科教育教学大纲》中所包含的 600 个新增重点词语，以及部分考试常见超纲词语，旨在帮助学习者在短期内掌握相关词语及语言点，熟悉考试题型，训练考试技巧，顺利通过 HSK 五级考试和“结业统一考试”，使汉语水平接近或达到进入中国大学入系听课标准。

三、编写原则与特点

（一）针对性原则

本教材在话题选择、人物设定、情景安排、难度和体例设计等方面充分考虑了预科生短期强化学习的特点，并紧密结合 HSK 五级考试和“结业统一考试”，确保学习者在完成本教材以及配套教材的学习后，汉语语言能力可以达到进入中国大学入系听课的标准，并能顺利通过 HSK 五级考试和“结业统一考试”。

（二）听读优先、认知先行原则

结合第二语言习得的语言输入理论，本教材突出听读优先、认知先行原则，注重综合传授语言知识，重点进行听读技能训练，以达到使学习者充分理解、正确运用所学内容的目的。为了训练学习者的听读技能，本教材专门设置了“听力实践”和“阅读实践”板块。这两个板块的练习紧扣考试题型，注重对已学内容的复现，能够帮助学习者运用所学知识，有效提升听读能力和听读技巧。

（三）课堂教学与自主学习相结合的原则

本教材与传统的基础汉语教材不同，从板块和内容设置上更加注重培养汉语学习者的自主学习能力。在具体教学过程中，要求学习者在课前预习，利用生词表中提供的英文释义，以及“生词注解”和“语言点注解”板块中提供的中英对照详解，提前对当课生词和语言点进行充分预习，并完成用于检测预习效果的练习题。这样的设计安排有助于整体提高学习者的汉语学习进度，从而帮助学习者达到快速、高效学习汉语的目的。

（四）注重语素构词能力和篇章组织能力的培养

结合 HSK 五级考试和“结业统一考试”要求，本教材注重对学习者语素构词能力和篇章组织能力的培养。

在正课前的预习环节中，设置语素构词练习，系统展示一些重要构词语素的意义以及由该语素构成的词语，使学习者充分掌握语素的意义及汉语中常见的构词方式，培养学习者的语素意识以及根据语素猜测词义的能力。

在“语言点注解”板块中，将表示特定逻辑关系的复句类型作为重点语言点，系统展示和讲解该类型复句的语义和常用关联词语，并配有充分的练习，旨在培养学习者的篇章组织能力。

（五）突出语言材料的真实性和自然性

本教材是从初中级到中高级过渡的汉语教材，主课文的话题也从校园生活逐渐过渡到社会现象。因此，本教材在注重话题内容实用性、语言要素编排科学性的基础上，在课文内容编写、例句展示、练习设计等方面，尽可能选用社会生活中真实使用的语言材料，尽可能选择对即将入系听课的学习者来说最为常见的场景，尽量使语言材料真实、自然、生动、有趣。通过对这些语言材料的学习，学习者能够习得地道的语言，为实践课的语言输出和运用打好基础、做好准备。

四、教材结构与使用建议

（一）本教材共 15 课，每课建议用 8 至 10 课时进行教授。

（二）本教材在基本沿袭《学在中国·基础教程 1》的编写思路和体例的同时，根据 HSK 五级考试以及“结业统一考试”的特点，在难度、深度及广度上加以延伸和拓展，进行了相应的设计调整。为了与考点更加贴近，本教材偏重词语辨析和篇章组织的教学，增设“词语辨析”板块，并在“语言点注解”板块中重点讲解考试中常见的复句类型以及一些常用的汉语篇章连接词。

（三）每课分为三个部分、八个板块。八个板块分别是：学习目标、预习词语、预习语言点、课文讲练、听力实践、阅读实践、听读拓展、学后反思。

1．学习目标。这部分旨在让教师和学习者在课前明确本课的学习重点，包括“重点生词”“词语辨析”和“重点语言点”。其中，“重点语言点”细化了语言点的类别，把语言点大致分为复句、固定格式／用法和俗语／成语等，并按照重要程度进行排列。

2．预习词语和预习语言点。预习环节对应每课的第一部分，包括“预习词语”和“预习语言点”，旨在调动学习者的自主性和能动性。学习者在学习正课前要自主完成该部分内容的学习，为学习正课做好铺垫和准备。教师在正课开始前可以以提问、要求认读等形式检查学习者的预习情况，并对当课即将要学的内容进行预热。

“预习词语”板块一般包括两组生词。第一组生词可以由学习者自主学习并完成相应的练习；第二组生词为当课的重、难点词语，教师可以在课堂上进行适当讲解和练习。“预习语言点”板块列出当课重点语言点，每个语言点一般提供两个例句，第一个例句来源于课文，第二个例句来源于课文之外的语料，学习者自主预习完这些语言点后，可以进行后面的听力练习，以检测预习效果。

3．课文讲练。该板块对应每课的第二部分，包括一篇主课文、“生词注解”、“词语辨析”、“语言点注解”、“学以致用”（从第 6 课起增设）、“课文练习”。

主课文的话题主要根据对 HSK 五级考试和“结业统一考试”真题语料的统计而确定，充分考虑了各话题在真题中的出现频率和所占比例。主课文主要为自编或基于真实语料改编的适合教学的短文，在篇幅、文体等方面贴近 HSK 五级考试和“结业统一考试”，有利于学习者更好地适应考试。主课文的文体主要为叙述和议论，同时尽量使学习者接触、了解并掌握不同的文体。

在“生词注解”部分，对当课的重、难点词语从词义、用法、搭配等方面进行讲解，并通过即时练习帮助学习者巩固、运用所学词语知识。

在“词语辨析”部分，选取当课的 1 至 3 个重点词语，和容易混淆的已学词语进行比较，分别讲解意义、搭配、使用条件上的异同，并提供来自真题或其他语料的例句，根据其典型性按照从易到难的顺序排列，并配有即时辨析练习。

在“语言点注解”部分，列举和讲解当课作为学习重点的某一逻辑关系复句类型、固定格式／用法、俗语／成语等语言点，每个语言点提供若干典型例句，并配有相应的练习。

考虑到“基础教程”偏重语言输入的特点，本教材的练习题以控制性的机械性练习和半控制性的有意义练习为主，旨在考查学习者对所学内容的理解程度和运用情况。在题型设置方面，本教材中的练习题题型80%以上贴近HSK五级考试和“结业统一考试”题型。另外，从第6课起，每课“语言点注解”之后还增设了“学以致用”练习。此项练习综合了当课新学的重点词语和语言点，结合图片所示的情境，考查和检测学习者对当课重点内容的掌握情况，并为学习者综合运用当课所学内容提供参考示例。对于每课第二部分中的练习，教师可以灵活安排。可以在课上配合重点内容的讲解随讲随练，趁热打铁；也可以在当课生词和语言点全部学完后进行练习，用来检测学习效果；还可以布置为课后作业。

4．听力实践和阅读实践。“听力实践”“阅读实践”“听读拓展”同“学后反思”一起，对应每课的第三部分。“听力实践”和“阅读实践”旨在通过听力、限时阅读等练习，复现当课重点词语和语言点，综合考查学习者的学习情况，同时帮助学习者熟悉HSK五级考试和“结业统一考试”题型，提高学习者的听读理解能力，帮助其掌握听力、阅读相关技巧。这部分教师可以在课上处理，也可以布置为课后作业，还可以作为每课小考内容。

5．听读拓展。该板块在每课主要话题的基础上进行延伸和拓展，以任务型练习为主，培养学习者包括查阅资料、获取资料、整理资料等在内的资源整合能力和综合听读能力。这部分教师可以根据实际情况灵活处理，可以布置为课后作业并让学习者在课上汇报，也可以创造性地进行处理和利用。

6．学后反思。该板块旨在让学习者在课后对当课所学内容进行回顾和总结，发现不足，及时反思，学以致用，活学活用。教师可以带领学习者共同回顾、总结，培养学习者课后复习和反思的学习习惯。

以上是对本教材编写思路和使用方法的一些说明和建议，教师在教学中可以根据实际情况，灵活使用本教材。衷心希望学习者通过本教材的学习，顺利实现从初中级汉语到中高级汉语的跨越和提升，有效提高汉语水平，顺利通过相关考试。

五、致谢

衷心感谢中国国家留学基金管理委员会多年来对预科教育和各预科教育基地的支持和帮助，使开展预科教育的院校和从事预科教学的教师有热情、动力和信心，不断提升来华留学生的教育质量。

感谢李妍、刘兵、乔梦羽、孙雷、武冠兴、杨汇、于和颖等教师（按姓氏音序排列）在教材编写过程中提出了宝贵意见和建议，投入了大量劳动，使得本教材的质量有所保证。

感谢北京语言大学国际学生教育政策与评价研究院的王佶旻教授、黄理兵教授在百忙之中对本教材进行审读并提出宝贵意见和建议，提升了本教材的质量。

感谢外语教学与研究出版社的编辑团队，他们在教材的整体设计、内容研发和编辑出版等方面投入了大量创造性的劳动，使本教材得以顺利出版。

我们衷心希望本教材能够为广大师生提供有效的教学方案，帮助大家达成教学目标！

编者

2019年11月

人物介绍

关于下面这些主要人物的特点，你能在书中找到对应的例子吗？请你把页码写在句子后面的横线上。

阿尔达：土耳其人，22 岁，留学生

关于阿尔达的几个事实：

1. 有很好的作息习惯，平时一般六点半就起床了。________
2. 经过一年的预科学习，已顺利进入中国的一所大学开始本科阶段的学习。________
3. 是一个“中国通”，知道很多值得去的中国旅游城市。________
4. 平时出行喜欢骑自行车，有一次经历了一场交通意外。________
5. 喜欢玛利亚，聊天儿时总是三句话不离玛利亚。________

马克：南非人，21 岁，留学生

关于马克的几个事实：

1. 喜欢足球，是意大利队的球迷。________

2. 注重形象，喜欢打扮，有时会把头发染成酒红色。________

3. 学习比以前用功了，遇到不懂的问题会去问老师。________

4. 经常因为粗心犯错误、闹笑话。________

5. 喜欢玩游戏，电脑技术很好。________

孟宏：泰国人，20岁，留学生

关于孟宏的几个事实：

1. 半年前来到中国学习汉语，学习很努力，汉语水平提高得很快。________
2. 学习汉语以后，行为方式、生活习惯等发生了很大变化。________
3. 对中国文化很着迷，有一段时间对中国的传统服装很感兴趣。________
4. 喜欢和中国人交朋友，和一个好朋友是通过“不打不相识”的方式认识的。________
5. 是一个“爱情专家”，朋友们遇到感情方面的问题都愿意找他聊天儿。________

艾米丽：美国人，21 岁，留学生，马克的女朋友

关于艾米丽的几个事实：

1. 从 2017 年开始，在某大学国际汉语学院学习预科汉语课程。________

2. 学习成绩优秀，代表所有预科毕业生在毕业典礼上发言。________

3. 善于交际，在进入新大学前专门为老师和同学们准备了小礼物。________

4. 非常喜欢看电影，可以说，看电影是她最大的爱好。________

玛利亚：法国人，22 岁，留学生

关于玛利亚的几个事实：

1. 喜欢美食，对中国菜非常着迷，尤其喜欢吃宫保鸡丁。________

2. 由于看了一部中国电影，对中国非常感兴趣，于是来到中国学习汉语。________

3. 预科毕业后，到上海读本科，学习非常用功。________

4. 写汉字写得特别漂亮。________

张义达：中国人，34 岁，汉语老师

关于张义达的几个事实：

1. 长相年轻、帅气，样子和上大学时相比没什么变化。________

2. 年轻时喜欢上网玩游戏，还经历过一段短暂的“网恋”。________

3. 不能吃海鲜，一吃海鲜就过敏。________

4. 因为经常出差，所以用的是一款能快速充电的国产手机。________

周小明：中国人，22 岁，大学生

关于周小明的几个事实：

1. 本科毕业后，到上海读研究生。________
2. 喜欢自由，对学校宿舍的许多规定感到很不习惯，于是想去外面租房子。________
3. 看了好几套房子以后，还是决定住在学校宿舍里。________

目录

第一课 LESSON 1

差点儿认不出来你了

I Almost Didn't Recognise You

学习目标 Learning Goals

重点生词 / Key Words

❶ 差点儿　❷ 转眼

词语辨析 / Distinction between Synonyms

变化—变成—变

重点语言点 / Key Language Points

❶ 复句

❷ 假设关系复句

❸ 假设关系复句：要不是……，（就）……

❹ "把"字句：S+ 把 +O+V+ 复合趋向补语

❺ 固定用法：三句话不离……

PART 1

第一部分

预习词语 Preview the Words

听录音，跟读生词。 1-1

Listen to the recording and repeat the new words.

❶ 差点儿	chàdiǎnr	副	almost, nearly
❷ 认	rèn	动	recognise, make out
❸ 选择	xuǎnzé	动	select, choose
❹ 语言	yǔyán	名	language
❺ 转眼	zhuǎnyǎn	副	in the twinkling of an eye, in an instant
❻ 提高	tígāo	动	improve, enhance
❼ 许多	xǔduō	数	a lot of, a great deal of
❽ 地道	dìdao	形	authentic, genuine
❾ 利用	lìyòng	动	use, make use of
❿ 变化	biànhuà	名	change
⓫ 奇怪	qíguài	形	strange, queer, odd
⓬ 长	zhǎng	动	grow
⓭ 样子	yàngzi	名	appearance, form
⓮ 到处	dàochù	副	everywhere
⓯ 元素	yuánsù	名	element
⓰ 哼	hēng	动	hum, croon
⓱ 哼歌	hēng gē		hum a song
⓲ 离	lí	动	be without
⓳ 要不是	yàobúshì	连	if it were not for, but for
⓴ 亲眼	qīnyǎn	副	with one's own eyes
㉑ 敢	gǎn	助动	dare
㉒ 亲切	qīnqiè	形	close, intimate, affectionate
㉓ 成为	chéngwéi	动	become

24 紧紧	jǐnjǐn	副	tightly, firmly
25 故乡	gùxiāng	名	hometown

第一组生词 Group 1

选择　语言　提高　许多　地道　变化
奇怪　长　样子　元素　哼歌　故乡

1. 将下列词语与对应的图片连线。

Match the following words to the corresponding pictures.

提高
哼歌
奇怪
元素

2. 近义词连线。Match the synonyms.

许多	家乡
故乡	改变
变化	很多
地道	标准

3. 词语搭配连线。 Match the collocations.

提高	地道
变化	好看
样子	很大
发音	很快

4. 选择正确的词语，把下列句子补充完整。

Choose the correct words and complete the following sentences.

A. 选择	B. 提高	C. 长	D. 语言	E. 奇怪	F. 变化

例如：听说他会说很多种 D. 语言，比如说英语啦，汉语啦，西班牙语啦。

❶ 这些植物_________得很快，一个星期就_________出来了。

❷ 毕业以后是继续读研究生还是找工作呢？他不知道应该怎么_________。

❸ 这儿的房子样子很_________，和别的地方的房子很不一样。

❹ 虽然我们已经很长时间没有见面了，但是他看起来一点儿_________也没有。

❺ 有了中国朋友的帮助，他的汉语水平_________得很快。

第二组生词 Group 2

差点儿　转眼

1. 听录音，跟读句子。 1-2

Listen to the recording and repeat the sentences.

以前你喜欢睡懒觉，现在开始早起打太极拳了，差点儿没把我们吓着。
今天早上路上堵车堵得特别厉害，我们差点儿没赶上飞机。

转眼半年时间过去了，我的汉语水平提高得很快。
转眼我来中国已经快一年了，时间过得真快啊！

2. 按听到的先后顺序为下列句子排序，将序号写在句子前面的横线上，并在括号中填上你听到的生词。 1-3

Sequence the following sentences in the order you hear them, write the sequence numbers on the lines in front of each sentence, and fill in the brackets with the words you hear.

______ 他刚才还在教室里，怎么（　　　）就不见了？你知道不知道他去哪儿了？

______ 他这次考试考了59分，（　　　）就通过了。

______ 去火车站的路上汽车轮胎破了，我们（　　　）没赶上火车。

______ 时间过得真快啊！（　　　）我来北京已经快一年了。

预习语言点 Preview the Language Points

听录音，跟读句子，并完成相应的练习。 1-4

Listen to the recording, repeat the sentences and finish the exercises.

要不是……，（就）……

以前孟宏喜欢睡懒觉，现在开始早起了，要不是亲眼看到，真不敢相信他的变化这么大。
要不是有老师们的帮助，我们就不会顺利地通过这次考试。

“要不是……，（就）……”是假设关系复句。假设关系复句还有哪些常用关联词语？请你写出至少三个假设关系复句。

"要不是……，（就）……" is a complex sentence of hypothetical relation. Do you know any other correlatives that are often used in complex sentences of hypothetical relation? Please write down at least three such sentences.

例如：如果你不同意，我就不参加这次旅行了。

❶ ________________

❷ ________________

❸ ________________

S+把+O+V+复合趋向补语

中国的一切已经成为了我生活中的一部分，把我和中国紧紧地联系了起来。
麻烦您一会儿开车把我母亲送回去。

三句话不离……

孟宏非常喜欢中国，聊天儿时总是提到在中国的经历，整天三句话不离中国。
当了妈妈的人都是三句话不离孩子，聊什么都想提孩子。

1. 听对话，选出与你听到的内容相符的选项。 1-5

Listen to the dialogues and choose the facts that match what you hear.

❶ A. 办公室的资料是女的拿回来的。
B. 办公室的资料是男的拿回来的。

❷ A. 阿尔达最近聊天儿时经常提到玛利亚。
B. 阿尔达最近聊天儿时很少提到玛利亚。

❸ A. 男的面试没迟到，因为他后来没坐地铁。
B. 男的面试没迟到，因为他后来坐了地铁。

2. 听短文，选择正确答案。 1-6

Listen to the passage and choose the correct answers.

❶ 关于孟宏，下列哪个说法不正确？
A. 他喜欢唱歌　　B. 他不会做饭
C. 他以前来过中国　　D. 他不会说汉语

❷ 孟宏为什么想去中国留学？
A. 他觉得在泰国不开心　　B. 他想去了解一下中国
C. 他的父母希望他去　　D. 他想学做地道的中国菜

PART 2

第二部分

课文讲练 Text

听录音，预习课文，思考课文旁边的问题。 1-7

Listen to the recording and preview the text. Think about the questions next to the text.

差点儿认不出来你了

我叫孟宏，是从泰国来的。半年前，我到中国留学，开始学习汉语。那时候，虽然很多人告诉我，汉语非常难学，但我最后还是选择了这门语言，而且从来没有后悔过。转眼半年时间过去了，我的汉语水平提高得很快，我也交了许多中国朋友。对了，我还学会了做几个地道的中国菜呢。

利用假期时间，我回了趟国。朋友们都说我的变化很大，好像换了一个人，他们差点儿就认不出来我了。我很奇怪地问朋友们："怎么？我长得和以前不一样了吗？"他们说："不是样子，是你给我们的感觉不一样了，还有你的习惯也有了很大的变化。你没发现吗？你现在的生活里，到处都找得出中国元素来。比如说，你现在吃饭时喜欢用筷子，聊天儿时总是说'我在中国的时候……'，走路时嘴里总是哼着汉语歌，整天三句话不离中国。而且，以前你喜欢睡懒觉，现在开始早起打太极拳了，差点儿没把我们吓着。要不是亲眼看到，真不敢相信这是真

1. 孟宏是什么时候来中国的？他到中国来干什么？
2. 孟宏学习汉语多长时间了？他的汉语怎么样？
3. 朋友们为什么都说孟宏的变化很大？他哪里和以前不一样了？
4. 孟宏为什么会有这样的变化？
5. 孟宏现在对中国是什么态度？

的。”听了朋友们的话，我不好意思地笑了。是啊，中国的一切对我来说都是那么熟悉和亲切，它们已经成为了我生活中的一部分，把我和中国紧紧地联系了起来，中国已经变成了我的第二故乡。

（410 字）

生词注解 / New Words

1. 差点儿

副词，用在说话人不希望发生的事情上时，表示说话人庆幸这件事虽接近发生但最终没有发生。这种情况下，“差点儿”也可以说成“差点儿没”，二者所表示的意思相同。

It is an adverb. When it is used to describe something that the speaker doesn't wish to happen, it means that the speaker is glad to see something almost happen but not actually happen. In this case, “差点儿” can also be used as “差点儿没”. They share the same meaning.

1. 我到教室的时候还差一分钟就上课了，差点儿（没）迟到。（我没迟到）
2. 今天下了一场大雪，马克在去食堂的路上差点儿（没）摔倒（shuāidǎo）。（马克没摔倒）
3. 我的钱包差点儿（没）被小偷偷走。（钱包没丢）

用在说话人希望发生的事情上时，“差点儿”和“差点儿没”所表示的意思不同。

When it is used to describe something that the speaker wish to happen, “差点儿” and “差点儿没” have different meanings.

“差点儿”表示事情接近成功而最终没有成功，有“可惜”的意思，后面常常有“就”。

“差点儿” indicates that something almost works out but it doesn't in the end. The speaker feels regretful. It is often followed by “就”.

1. 昨天和清华队的篮球比赛，我们差点儿就赢了。（我们输了）
2. 我排了一个小时的队，差点儿就买到票了，真可惜！（我没买到票）

“差点儿没”表示事情几乎不能实现而最终勉强实现了，有“庆幸”的意思。

“差点儿没” indicates that something is almost impossible but eventually comes true, expressing “being fortunate”.

1. 这次的面试他太紧张了，有一个问题差点儿没回答出来。（他回答出来了）
2. 我们好多年没见了，我差点儿没想起来她是谁。（我想起来了）

(1) 根据括号里的信息，用“差点儿”或“差点儿没”完成句子。

Complete the sentences using “差点儿” or “差点儿没” based on the information given in the brackets.

❶ 那个人说得和真的一样，______________________________。（相信）

❷ 妈妈让我把衣服洗干净，我才想起来，____________________。（忘）

❸ 老同学，你的变化太大了，刚才______________________。（认出来）

(2) 根据括号里的信息，用“差点儿”或“差点儿没”描述图片内容，注意不要少于三句话。

Describe the picture using “差点儿” or “差点儿没” based on the information given in the brackets. You should say more than three sentences.

（抱，睡着了，坐过站）

2. 转眼

副词，表示说话人主观上认为时间很短或某件事情、某个变化在很短的时间内发生，后边常常搭配“就”，也可以用作“一转眼”。

It is an adverb, indicating that the speaker subjectively thinks that time is very short or that something or a change has happened within a very short period of time. It is often followed by “就”, and it can also be used as “一转眼”.

❶ 转眼我来中国半年了，我现在都可以用汉语写作文了。

❷ 才半年没见，转眼你儿子就长这么高了！有 1 米 8 了吧？

❸ 我的课本刚才还在这儿呢，怎么一转眼就不见了呢？

(1) 从上面的例句中选择合适的句子完成对话。

Choose the proper sentences from the examples above and complete the dialogues.

❶ A: ____

B：那你好好找找，是不是被谁拿走了？

❷ A：________________

B：是啊！刚来的时候，你一个句子也不会写。

❸ A：________________

B：可不是！小孩子长得真是太快了！

(2) 连词成句。 Put the words or phrases in the correct order to make sentences.

❶ 转眼　叶子　黄了　就　树上的　变

____

❷ 小说的开头　一转眼的　工夫　把　出来　写了　已经　那位作家

____

词语辨析 / Distinction between Synonyms

变化—变成—变

	变化	变成	变
共同点	都可以做动词，都表示和原来不同。 All of them can be used as verbs, meaning that something becomes different.		
不同点	常做名词。 “变化” is often used as a noun. ❶ 你看起来还是那么年轻，一点儿变化也没有。 ❷ 明天下午两点在会议室开会，如果有其他变化再通知大家。	不可以做名词。 “变成” and “变” cannot be used as nouns.	

续表

	变化	变成	变
不同点	做动词使用时，后边不能带宾语。 When it is used as a verb, it cannot be followed by an object.	“变成”的后边要有名词性宾语。 “变成” should be followed by a nominal object. ❶ 当温度低于零度时，水就会变成冰。 ❷ 一开始我不太喜欢他，后来我们慢慢地变成了好朋友。	“变”的后边可以有形容词做结果补语。 “变” can be followed by an adjective as a complement of result. ❶ 秋天时，树上的叶子都变黄了。 ❷ 弟弟小时候很活泼，长大以后变得越来越安静了。

用“变化”“变成”或“变”填空，把短文补充完整。

Fill in the blanks using “变化”, “变成” or “变” and complete the passage.

这里的 ❶______真大啊！我记得以前马路旁边是一个小湖，没想到现在已经 ❷______儿童公园了。另外，这里的马路也 ❸______得和从前不一样了，❹______宽了，车也 ❺______得更多了。从这些 ❻______来看，这个地方现在已经从以前的小城市 ❼______一个热闹的大城市了。

语言点注解 / Language Points

1. 复句

复句由两个或两个以上的分句组成。分句和分句之间有停顿，在书面上用逗号、分号等标点符号表示。根据前后分句的意义关系，汉语的复句有很多不同的类型，如因果关系复句、转折关系复句、假设关系复句等。

A complex sentence consists of two or more clauses. There are pauses between clauses, which are punctuated with commas and semicolons in writing. Based on the relationship between the meanings of the clauses, there are many different types of complex sentences in Chinese, such as complex sentences of causative relation, adversative relation, hypothetical relation, etc.

复句中，分句之间的连接常常是借助关联词语（大多是连词或副词）来完成的。关联词语不同，分句之间的逻辑关系就不同，表达出的语义也不同。例如下面三个句子：

In complex sentences, correlatives (mostly conjunctions or adverbs) are commonly used to connect the clauses. The complex sentences have different logical relations and express different meanings with different correlatives. Here are three examples:

1. 因为父母不同意，所以我不能一个人去旅行。
2. 如果父母不同意，我就不能一个人去旅行。
3. 既然父母不同意，我就不能一个人去旅行。

以上三个复句，由于关联词语不同，语义有很大的差别。因此，正确选择和使用关联词语是非常重要的。

The three complex sentences above have great differences in meaning due to the different correlatives. Therefore, it is very important to choose and use correlatives correctly.

请你说说下列各组复句的意义有什么不同。

Please talk about the difference between the meanings of the following complex sentences.

1. A. 他不但会唱歌，还会跳舞。
   B. 他虽然会唱歌，但是不会跳舞。
2. A. 要是你不跟我一起吃饭，我就去找阿尔达。
   B. 因为你不跟我一起吃饭，所以我去找阿尔达了。

2. 假设关系复句

假设关系复句在语义上表示假设条件和结果：前一个分句提出假设的条件，后一个分句说明在这个假设条件下会出现的结果。例如："如果明天下雨，我们就推迟比赛。"分句之间常常使用成对的关联词语，也可以只使用其中一个关联词语。

Complex sentences of hypothetical relation semantically describe hypothetical conditions and results: the former clause puts forward a hypothetical condition, and the latter shows what will happen under that assumption. For example, "如果明天下雨，我们就推迟比赛". Pairs of correlatives are often used between clauses, or only one of them can be used.

假设关系复句在口语中常用的关联词语有“要是”“要不是”“如果”，常用“就”“那么”“那”等来呼应。

In spoken Chinese, the common correlatives in complex sentences of hypothetical relation are “要是”, “要不是” and “如果”, and they correlate with “就”, “那么”, “那” and so on.

1. 要是时间来得及，我想先去一趟银行。
2. 要不是你不仔细，怎么会犯这样的错误呢？
3. 如果你今天能过来的话，就把资料一起带过来吧。
4. 他后天应该会到美国，如果今天晚上出发的话。
5. 作为朋友，我不帮他，那么谁能帮他？

假设关系复句在书面语中常用的关联词语有“假如”“倘若”“如”“若”，常用“那”“便”“则”等来呼应。

In written Chinese, the common correlatives in complex sentences of hypothetical relation are “假如”, “倘若”, “如” and “若”, and they correlate with “那”, “便”, “则” and so on.

1. 倘若被别人知道了这份资料的内容，那后果将会非常严重。
2. 父母若知道你一切顺利，他们便放心了。

按照正确的顺序排列选项，组成语段。

Sequence the choices to make proper utterances.

1. A. 差点儿把我们吓着
   B. 要不是亲眼看到
   C. 你的变化这么大
   D. 真不敢相信这是真的 ________
2. A. 先冷静下来
   B. 仔细考虑考虑
   C. 如果你还没有想好的话
   D. 就先不要随便做出决定 ________
3. A. 若将所有的鸡蛋都放在同一个篮子里
   B. 所以做多种准备很重要
   C. 则风险更大
   D. 鸡蛋易碎 ________

3. 要不是……，（就）……

多用于口语，常常在说话人感到幸运、后悔或可惜时使用。“要不是”的意思是“如果不是”，表示如果没有前句中的条件，就会出现“就”后边的结果。“就”也可以不出现。

It is often used in spoken Chinese, when the speaker feels lucky or regretful. “要不是” means “如果不是”. It means that if there was no previous condition in the first clause, the result after “就” would happen. “就” is not necessary.

1. 要不是你早上把我叫醒，我考试就迟到了。太谢谢你了！
2. 都是我的错，要不是我把资料弄丢了，大家就不用加班了。
3. 要不是他的腿摔坏了，这次篮球比赛他们队肯定能赢。

(1) 从上面的例句中选择合适的句子完成对话。

Choose the proper sentences from the examples above and complete the dialogues.

1. A：马克打篮球打得这么棒，却不能来参加比赛，真是太可惜了！

   B：是啊，________________________________

2. A：今天的考试一切顺利吗？你没迟到吧？

   B：没迟到。不过，________________________________

3. A：大家抓紧时间，今晚十点以前一定要把这些工作做完。

   B：________________________________

(2) 用“要不是”完成句子，把短文补充完整。

Complete the sentences in the passage using “要不是”.

刘老先生得了重病，住进了医院，医生说这种病很危险，必须马上做手术，可是手术风险比较大，必须家人签字同意。刘老先生的家人虽然签了字，可是都担心得不得了，就怕手术出问题。让人高兴的是，他的手术进行得十分顺利。在护士们的精心照顾下，手术后一个星期，他就出院了。出院前，刘老先生找到做手术的医生，激动地说："我一定要感谢您，您救了我的命，❶ ________________，________________。另外，我也要感谢护士，❷ ________________，________________。等我回到家一定要给医院领导写一封信，好好表扬一下你们这些可爱的人！"

4. S+把+O+V+复合趋向补语

"S+把+O+V+复合趋向补语"是"把"字句的一种，用来强调宾语被处置后的趋向。

"S+把+O+V+复合趋向补语" is a type of "把" sentence. It is used to emphasise the tendency or direction of the object after being dealt with.

❶ 他把护照从包里拿出来，放到了桌上。

❷ 我已经把成绩单打印出来寄给学校了。

❸ 把你的书包放回宿舍去，咱们去踢足球吧。

(1) 根据括号里的信息，用"S+把+O+V+复合趋向补语"完成对话。

Complete the dialogues using "S+把+O+V+复合趋向补语" based on the information given in the brackets.

❶ A：这幅画真美！是谁画的？

B：是我的一个老朋友画的。咱们________________。（挂）

❷ A：你有傅老师的电话号码吗？我有急事找她。

B：有，我现在就________________。（发）

❸ A：下午上课要用的那些材料你准备好了吗？

B：嗯，我已经________________，一会儿就发给大家。（打印）

(2) 连词成句。 Put the words or phrases in the correct order to make sentences.

❶ 出来了　把这道题　一分钟　只花了　就　他　做

____

❷ 那本书　你　能　递　给我　吗　过来　把

____

(3) 遇到下面这些情况，你该怎么说？

What will you say if you are in the situations below?

❶ 朋友问你："毕业了，你准备带什么东西回国？"

❷ 你的室友把宿舍钥匙忘在教室了，你现在在教室，想给他 / 她送钥匙。

❸ 你的朋友想看你前几天正在看的一本小说，可是那本书你已经还给图书馆了，你想向他解释一下。

5. 三句话不离……

表示说话时话题集中在某个方面，多用于口语。

It means that someone focuses on a particular topic while speaking. It is usually used in spoken Chinese.

❶ 她新交了一个男朋友，最近聊天儿时总是三句话不离她男朋友。

❷ 他怎么总是三句话不离钱呢？我觉得，钱不是最重要的，感情才是。

❸ 老李是一个三句话不离工作的人，每个人都知道他对待工作特别认真。

用"三句话不离……"完成句子。

Complete the sentences using "三句话不离……".

❶ 艾米丽最大的爱好就是看电影，如果你和她聊天儿的话，她一定会____________。

❷ 一个____________的人，成绩当然提高得很快啊！

❸ 他是个篮球迷，整天____________，一聊天儿就要提到篮球。

课文练习 / Text Exercises

1. 学习汉语以后你发生了哪些变化？这些变化给你的生活和学习带来了什么影响？

2. 用下列词语和语言点复述课文。

转眼　地道　变化　差点儿　到处　亲眼　要不是……，（就）……

PART 3

第三部分

听力实践 Listening Practice

1. 听对话，选择正确答案。 1-8

Listen to the dialogues and choose the correct answers.

1. A. 他打算道歉　B. 他想放松心情　C. 他最近工作遇到了困难　D. 女朋友总提起前男友
2. A. 询问电脑的密码　B. 了解男的的学习情况　C. 提醒男的带照相机　D. 解释发生的误会
3. A. 准备的上课材料落在房间里了　B. 为了赶论文没参加考试　C. 准备的会议资料丢了　D. 通过了考试
4. A. 下大雨　B. 爸爸生病住院　C. 路上严重堵车　D. 他不想参加
5. A. 卧室的床上　B. 客厅的沙发上　C. 床下的箱子里　D. 书桌的抽屉里

2. 听短文，选择正确答案。 1-9

Listen to the passage and choose the correct answers.

1. A.“我”的年纪大了
   B.“我”感情没有以前丰富了
   C.“我”听不懂以前的老歌了
   D. 朋友走进了“我”的房间
2. A.“我”写日记的次数增多了
   B.“我”不熟悉老歌的歌词
   C.“我”年纪大了，感情更丰富了
   D.“我”很怀念老朋友

阅读实践 Reading Practice

演讲	yǎnjiǎng	名
speech		
学院	xuéyuàn	名
college, academy		
代表	dàibiǎo	动
represent		
发言	fā//yán	动
make a speech		
坚持	jiānchí	动
persist in		
连	lián	动
link, join		
人生	rénshēng	名
life		
美好	měihǎo	形
glorious, happy		
回忆	huíyì	动
recollect, recall		

毕业演讲

各位老师、同学们：

大家好！我是国际汉语学院2017级的毕业生艾米丽，非常高兴能够代表所有预科毕业生站在这里发言。从我们刚到中国的那一天起，__1__一年时间就过去了。我们从一句汉语也不会说的新生，变成了说着流利汉语的毕业生，这一切都__2__不开老师们的鼓励和帮助。__3__有你们的帮助，我们就不会有今天的成绩。在这里，我要对老师们说：谢谢你们，你们辛苦了！

一年前我们刚开始学习汉语的时候，每天都有写不完的作业，学习压力非常大，很多同学都__4__没坚持下来。那时候老师常常告诉我们：只要一直努力，__5__一定能成功。今天我们顺利毕业了，就要离开母校，到不同的城市开始学习专业了。我想说，以后虽然我们离得远，但是我相信我们的心会__6__地连在一起，这儿的__7__也会成为我们人生中最美好的回忆。

最后，祝老师们工作顺利，祝同学们在新的大学取得好成绩！谢谢大家！

（315字）

1. 完形填空。Cloze.

❶	A. 转头	B. 转眼	C. 转身	D. 转动
❷	A. 认	B. 分	C. 离	D. 走
❸	A. 要不是	B. 来不及	C. 差不多	D. 忍不住
❹	A. 差点儿	B. 一点儿	C. 差别	D. 分别
❺	A. 就	B. 才	C. 更	D. 所以
❻	A. 仅仅	B. 刚刚	C. 紧	D. 紧紧
❼	A. 都	B. 一切	C. 全体	D. 全

2. 根据短文，选择正确答案。

Choose the correct answers based on the passage.

❶ 关于艾米丽，可以知道：（　　）

A. 她已经毕业一段时间了　　B. 她代表所有中国学生发言

C. 她很感谢老师们的帮助　　D. 她会继续在这儿学习专业

❷ 关于预科生这一年的学习经历，下列说法不正确的是：（　　）

A. 他们的学习压力非常大

B. 他们的功课内容太难

C. 他们的作业很多

D. 他们得到了老师的鼓励和帮助

❸ 毕业以后，预科生会：（　　）

A. 读研究生　　B. 到不同的城市学习专业

C. 成为陌生人　　D. 不愿意回忆原来的学习生活

❹ 艾米丽说这段话的目的是：（　　）

A. 表扬　　B. 感谢　　C. 介绍　　D. 说明

听读拓展 More Listening and Reading Practice

1. 查一查或问一问：有哪些大家都知道的汉语说得特别好的外国人？

2. 选一个你感兴趣的人，查一查他/她学习汉语的经历，包括他/她学习汉语学了多长时间，学习汉语时遇到了哪些困难，等等。

学后反思 Reflection

1. 写出本课你最熟悉的三个生词和一个语言点，并试着用每个生词和语言点各写一个句子。

   Write down three new words and one language point that you are most familiar with in this lesson, and try to make a sentence with each new word and language point.

生词	句子
语言点	句子

2. 你认为本课哪些生词和语言点你还需要加深理解和加强练习？试着查阅资料，用这些生词和语言点各写一个句子。

   Which new words and language points do you need to understand further and practise more in this lesson? Refer to some materials and make a sentence with each new word and language point.

生词	句子
语言点	句子

第二课
LESSON 2

这里什么都很方便

Everything Is Convenient Here

学习目标 Learning Goals

重点生词 / Key Words

❶ 专门　❷ 进行　❸ 赶快

词语辨析 / Distinction between Synonyms

进行—举行

重点语言点 / Key Language Points

❶ 选择关系复句：不是……，而是……

❷ 固定格式：疑问代词 +（……）+ 都 +（不 / 没）+V

❸ 固定用法：除了……以外

PART 1

第一部分

预习词语 Preview the Words

听录音，跟读生词。 2-1

Listen to the recording and repeat the new words.

①	学期	xuéqī	名	semester
②	报到	bào//dào	动	register, report for duty
③	注册	zhù//cè	动	register, enrol
④	兴奋	xīngfèn	形	excited
⑤	转	zhuàn	动	wander about, stroll
⑥	景色	jǐngsè	名	view, scenery
⑦	湖	hú	名	lake
⑧	船	chuán	名	boat, ship
⑨	专门	zhuānmén	副、形	on purpose; special, specialised
⑩	立	lì	动	stand, erect
⑪	牌子	páizi	名	sign, board
⑫	进行	jìnxíng	动	go on; conduct
⑬	录取	lùqǔ	动	enrol, recruit
⑭	办	bàn	动	do, handle, deal with
⑮	入学	rù//xué	动	enter a school/college
⑯	课程表	kèchéngbiǎo	名	class/school schedule
⑰	赶快	gǎnkuài	副	hastily, quickly
⑱	不是……，而是……	bú shì…，ér shì…		not... but...
⑲	选	xuǎn	动	choose, select
⑳	耐心	nàixīn	形、名	patient; patience
㉑	网址	wǎngzhǐ	名	web address
㉒	本科生	běnkēshēng	名	undergraduate

23 必修课	bìxiūkè	名	compulsory course
24 选修课	xuǎnxiūkè	名	optional course
25 除了……以外	chúle…yǐwài		except, besides

第一组生词 Group 1

学期	报到	注册	兴奋	转	景色	船
立	牌子	录取	办	入学	课程表	选
耐心	网址	本科生	必修课	选修课		

1. 将下列词语与对应的图片连线。

Match the following words to the corresponding pictures.

景色

牌子

兴奋

课程表

新学期

船

2. 近义词连线。Match the synonyms.

景色	风景
入学	开学
转	选择
选	逛

3. 根据汉字的意思，把下列词语补充完整。

Complete the following words based on the meaning of the characters.

址：地点。 例如：	网 址	住 址	校 址
入：进，从外边到里边。	入____	入____	入____
子：附在词的后边，表示这个词是名词。	____子	____子	____子
修：学习。	____修	____修课	____修课
科：学术或专业的类。	____科	____科	____科
表：表格。	____表	____表	____表

4. 选择正确的词语，把下列句子补充完整。

Choose the correct words and complete the following sentences.

A. 报到　　B. 耐心　　C. 立　　D. 注册　　E. 办　　F. 录取

❶ 你今天下午是不是要去大使馆__________签证？别忘了带护照啊！

❷ 妹妹以全区第一名的好成绩被我们市的重点高中__________了。

❸ 这家医院的服务很不错，护士对病人不但热情，而且非常__________。

❹ 这家咖啡馆门口__________着一块牌子，上边写着今天打折的食品。

❺ 现在__________邮箱又快又方便，只要想一个名字和密码就可以了。

6 我已经收到大学的录取通知书了，让我九月一号到学校__________。

第二组生词 Group 2

专门　进行　赶快

1. 听录音，跟读句子。 2-2

Listen to the recording and repeat the sentences.

湖边停着几只小船，周围还有专门给人们休息的长椅。
这份礼物是我专门为你准备的，请你一定要收下。

报到进行得很顺利，老师很快就给我办了学生证、饭卡。
孟宏来中国才半年，已经能用汉语和中国人进行简单的交流了。

我发现自己还没有课程表，赶快告诉了老师。
咱们赶快出发吧，演唱会马上就要开始了。

2. 按听到的先后顺序为下列句子排序，将序号写在句子前面的横线上，并在括号中填上你听到的生词。 2-3

Sequence the following sentences in the order you hear them, write the sequence numbers on the lines in front of each sentence, and fill in the brackets with the words you hear.

______ 这项工作（　　　）得很顺利，不出意外的话，应该明天就能干完了。

______ 公共汽车上的那些黄色椅子是（　　　）为老年人提供的，咱们坐别的座位吧。

______ 你（　　　）把那本书还给我吧，我一会儿上课要用。

______ 什么是幸福？大家对这个问题（　　　）了热烈的讨论。

______ 我考试得了第一名，我要（　　　）把这个好消息告诉父母。

______ 为了参加这次会议，他（　　　）从北京坐飞机到了纽约（Niǔyuē）。

预习语言点 Preview the Language Points

听录音，跟读句子。 2-4

Listen to the recording and repeat the sentences.

不是……，而是……

老师告诉我，不是不给我课程表，而是我得自己在网上选课。

很多留学生不是不会说汉语，而是不好意思说。

疑问代词+（……）+都+（不/没）+V

新学校我还没去过，哪儿都不认识，什么地方都不熟悉。

菜你随便点，我吃什么都行。

除了……以外

必修课是必须上的课，除了必修课以外的课叫选修课。

除了苹果汁以外，她从来不喝其他饮料。

1. 听对话，选出与你听到的内容相符的选项。 2-5

Listen to the dialogues and choose the facts that match what you hear.

1. A. 男的虽然工作很忙，但是去了很多地方。
   B. 男的因为工作太忙了，所以没去别的地方。
2. A. 艾米丽想去看电影，但是她没时间。
   B. 艾米丽不想去看电影，因为她没时间。
3. A. 小王只喜欢吃辣的。
   B. 小王只有辣的不吃，其他都吃。

2. 听短文，选择正确答案。 2-6

Listen to the dialogue and choose the correct answers.

1. 艾米丽现在的心情怎么样？
   A. 兴奋　　B. 担心　　C. 复杂　　D. 紧张
2. 关于艾米丽，可以知道什么？
   A. 她明天要去新大学报到　　B. 新学校有她认识的人
   C. 她听说大学生活和以前没什么不同　　D. 她只准备了生活必需品

PART 2
第二部分

课文讲练 Text

听录音，预习课文，思考课文旁边的问题。 2-7

Listen to the recording and preview the text. Think about the questions next to the text.

这里什么都很方便

我平时一般六点半起床，可是今天早上起得很早，不到六点就从床上爬起来了，因为今天是新学期的第一天，也是我去大学报到注册的日子，我特别兴奋。新学校我还没去过，哪儿都不认识，什么地方都不熟悉，我报了到要好好转转。

新学校可真大啊！超市、书店、网球场、咖啡馆……什么都有，干什么都很方便。这里还有一个景色很美的湖，湖边停着几只小船，周围还有专门给人们休息的长椅。可惜我没带照相机，就只好用手机随便照了几张。看，前面不是报到处吗？我已经看到立着的牌子了。

报到进行得很顺利，老师看了我的录取通知书以后，就给我办了学生证、饭卡，还给了我一张入学通知单。怎么没有课程表呢？我赶快告诉老师："您还没给我课程表呢！"老师笑着说："不是不给你课程表，而是你得自己在网上选课。选好了课，就有课程表了。""选多少门课都可以吗？"我又问。老师耐心地对我说："你看，这是选课的网址，你现在

1. 阿尔达今天起得很早的原因是什么？
2. 他为什么报了到要好好转转？
3. 新学校怎么样？校园里有什么？
4. 他为什么用手机拍照？
5. 他是怎么找到报到处的？
6. 老师给他课程表了吗？为什么？
7. 他都需要上哪些课？怎么选课？

是本科生，有两种课——必修课和选修课。必修课是必须上的，除了必修课以外的课叫选修课，你可以选自己感兴趣的。注意，要在下个星期一开始上课前把课选好。”啊，原来是这样，只要有一台能上网的电脑，就能选择自己喜欢的课，这里确实干什么都很方便。

（437 字）

生词注解 / New Words

1. 专门

表示有意去做一件事或只做一件事，有强调的含义。

It means that someone intends to do something or only does something. It is used to stress a certain point.

1. 爸爸这次是专门来这里看我的，顺便旅游。
2. 这本词典是专门为学习汉语的外国留学生编写（biānxiě）的。
3. 这次的国际文化交流活动，他专门负责翻译工作。

(1) 连词成句。 Put the words or phrases in the correct order to make sentences.

1. 为乘客　快餐　是　提供的　飞机上的　专门

____

2. 讨论了　问题　专门　大家　水污染　在会议上

____

(2) 根据括号里的信息，用“专门”完成对话和句子。

Complete the dialogues and sentence using “专门” based on the information given in the brackets.

1. A：听说那位画家这次要来北京举办一个画展，是吗？

B：是啊，他______________________________。（为了）

2. A：《动物世界》是一个____________________，你看过吗？（节目）

B：我还没看过呢，这个节目一般什么时候播出（bōchū）？

3. 为了小孩子的安全，小孩子乘车时一定要坐____________________。

（安全座椅）

2. 进行

动词，表示从事某种持续性的、比较严肃或正式的行为或活动。“进行”后边一般有双音节的动词做宾语，如“考试”“讨论”“实验”“调查”“总结”等。

“进行” is a verb, meaning “to engage in some continuous, serious or formal act or activity”. Disyllabic verbs, such as “考试”, “讨论”, “实验”, “调查”, “总结” and so on, are often used after “进行” as objects.

1. 经理对这个月的工作情况从两个方面进行了总结。
2. 学校将在下个月的 1 号和 2 号进行期末考试，请大家认真准备。
3. 会议正在进行的时候，麦克风（màikèfēng）突然出现了问题。

(1) 连词成句。 Put the words or phrases in the correct order to make sentences.

1. 工作计划　详细的研究　对　公司的　进行了　他们

   ____

2. 这场　表演赛　激烈　进行得　十分

   ____

2. 两场　比赛　在　将　进行　同一时间

   ____

(2) 根据括号里的信息，用“进行”完成对话和句子。

Complete the dialogue and sentence using “进行” based on the information given in the brackets.

1. A：这个问题该怎么办呢？

   B：我们明天要开会对这个问题____________，然后再决定。（讨论）

2. 操场上，同学们正在________________________。（太极拳比赛）

3. 赶快

副词，指抓紧时间或机会、快一点儿去做某件事。多用于祈使句中，说话人常有着急、催促别人的意思；也用于陈述句中。

“赶快” is an adverb, meaning “to seize the time or the opportunity to do something”. It is often used in imperative sentences when the speaker feels anxious and urges others to do something. It is also used in declarative sentences.

1. 赶快把火车票买了吧，票太紧张了，一会儿就要卖光了。
2. 经理着急用这份材料，你现在赶快给他送过去。
3. 听到孩子的叫声，她赶快跑了出去。

(1) 根据括号里的信息，用“赶快”完成对话和句子。

Complete the dialogue and sentences using “赶快” based on the information given in the brackets.

1. A：我__________，下个月就要拍结婚照了，这么胖怎么行呢！

   B：你别为了减肥把身体弄坏了，健康最重要啊！

2. ____________________，明天早上不到六点就要起床。（睡）
3. 孟宏看到一个老爷爷上了车，可是没有座位，__________。（让座）

(2) 用“赶快”完成句子，把短文补充完整。

Complete the sentences in the passage using “赶快”.

丈夫今天很早就回到了家里，今天是妻子的生日，他准备给妻子做一顿饭。饭刚做好，丈夫就听到了妻子开门的声音。他 ❶ ____________________，笑着说：“生日快乐！我给你做了一顿饭。虽然这是我第一次做，但是我觉得做得挺不错的，四菜一汤。我专门做了你最爱喝的西红柿鸡蛋汤，❷ ____________________，看看怎么样。”妻子心里甜甜的，觉得有这样的丈夫太幸福了。她低头喝了一口汤，可是表情马上变得很奇怪。看到妻子的表情，丈夫 ❸ ____________________——天啊！怎么这么甜？原来，丈夫把糖当成盐放进汤里了。

词语辨析 / Distinction between Synonyms

进行—举行

<table>
<tr><th></th><th>进行</th><th>举行</th></tr>
<tr><td>共同点</td><td colspan="2">都是动词，都表示从事某种活动，后边都不能带单音节的宾语。
Both of them are verbs, meaning “to engage in some activity”. They cannot be followed by monosyllabic objects.</td></tr>
<tr><td rowspan="3">不同点</td><td>“进行”既可以用于参与者较多、规模较大的活动，也可以用于参与者不多、规模不大的活动，如谈话、讨论、准备、研究、调查等。
“进行” can be used to describe large-scale activities with a large number of participants, or activities with a few participants, such as a conversation, a discussion, a preparation, a research and a survey, etc.
❶ 昨天，中国学生和留学生进行了一场比赛。
❷ 大家在会议上对这个问题进行了讨论。</td><td>“举行”只能用于参与者较多、规模较大的活动，如集会、比赛、婚礼等。
“举行” can only be used to describe large-scale activities with a large number of participants, such as a rally, a competition, a wedding, etc.
❶ 2020年奥运会将在东京举行。
❷ 这里举行过一次重要的会议。</td></tr>
<tr><td>“进行”后面不能带名词做宾语。
Nouns cannot be used after “进行” as objects.</td><td>“举行”后面可带名词做宾语，如“举行会议 / 晚会 / 展览 / 婚礼”等。
Nouns can be used after “举行” as objects as in “举行会议/晚会/展览/婚礼”, etc.
❶ 我们学校将在今年七月举行毕业晚会。
❷ 你们打算在哪儿举行婚礼？酒店还是教堂（jiàotáng）？</td></tr>
<tr><td>“进行”常常和“下去”搭配使用，即“进行下去”。
“进行” is often used with “下去”, namely “进行下去”.
❶ 如果谁都认为自己是对的，我们的谈话就很难进行下去。
❷ 这个问题一直没有解决，所以项目现在进行不下去了。</td><td>“举行”一般不和“下去”搭配使用。
Generally, “举行” cannot be used with “下去”.</td></tr>
</table>

用"进行"或"举行"填空，把短文补充完整。

Fill in the blanks using "进行" or "举行" and complete the passage.

李老师和他的女朋友很快就要 ❶______婚礼了，时间定在下个月的 18 号。为了这场婚礼，他们很早就开始准备了。他们先是打算 ❷______一个草坪（cǎopíng）婚礼，可是准备工作 ❸______到一半时，他们才发现，草坪婚礼虽然很浪漫，但现在不太适合在他们的城市 ❹______。这是因为这个季节经常刮风，有时还会下雨，如果天气不好，婚礼就很难顺利地 ❺______下去。最后，他们决定把婚礼安排在酒店里，这也是现在大部分中国人的习惯。

语言点注解 / Language Points

1. 不是……，而是……

表示否定"不是"后面的情况，肯定"而是"后面的情况。

It negates the contents following "不是", and affirms what follows "而是".

❶ 这趟航班的起飞时间不是晚上八点，而是早上八点，你别弄错了。

❷ 这件事不是我不想帮忙，而是我帮不了。

❸ 我不是不想买那个手机，而是它太贵了。

用"不是……，而是……"完成对话。

Complete the dialogues using "不是……，而是……".

❶ A：昨天你没来上课，是身体不舒服吗？

B：______________________________

❷ A：已经放假了，你为什么还在公司？不想回家吗？

B：____

❸ A：我这次还是没有通过 HSK 考试，难道是我还不够努力吗？

B：____

2. 疑问代词+（……）+都+（不/没）+V

疑问代词“谁、什么、哪儿、怎么”表示任指，用在“疑问代词+（……）+都+（不/没）+V”结构中，表示无论任何人、任何事物、任何地方或任何方法，都会有“都”后面的情况或结果，没有例外。其中，“都”在肯定句和否定句中都可以用。

The interrogative pronouns “谁、什么、哪儿、怎么” refer to anything. They are used in the structure “疑问代词+（……）+都+（不/没）+V”, which indicates that anyone, anything, anywhere or any method applies to the situations or results after “都” without exception. “都” can be used in both affirmative and negative sentences.

❶ 他很厉害，上课时老师提什么问题他都能答出来。

❷ 今天太热了，我哪儿都不想去。

❸ 昨天我逛了一天商场，可是什么东西都没买。

(1) 用“疑问代词+（……）+都+（不/没）+V”格式将左右两部分连起来，放在合适的句子中。

Match the left to the right using the structure “疑问代词+（……）+都+（不/没）+V” and put the clauses in the appropriate sentences.

谁 ——	不会做
什么	找不到
怎么	去过
哪儿	没有准备

例如：这道题太难了，我们谁都不会做________________。

❶ 我的钥匙丢了，________________________________。

❷ 星期二面试，他们星期一下午才通知我，所以我________________。

❸ 她最大的爱好就是旅游，国内的旅游城市差不多________________。

(2) 用“疑问代词+（……）+都+（不/没）+V”格式回答下列问题。

Answer the following questions using the structure “疑问代词+（……）+都+（不/没）+V”.

1. 如果你这个星期非常累，周末你的朋友找你出去玩，你会怎么说？
2. 如果你这个月剩下的钱已经不多了，陪朋友购物时，你会怎么做？
3. 如果现在有一个很好的免费旅游的机会，你觉得同学们谁想去？

3. 除了……以外

“除了……以外”可以表示不包括“除了”后面的内容，其他部分具有某种共性。此时，“除了……以外”后面常常用“都”来呼应。另外，“除了……以外”在句中也可以整体做定语。

“除了……以外” can indicate that apart from the contents following “除了”, the rest have something in common. It is often used together with “都”. Additionally, “除了……以外” can work as an attributive in a sentence when used as a whole.

1. 除了星期天以外，其他时间我们都要上课。
2. 除了他以外，我们都喜欢吃四川菜。
3. 周一到周五，父母不让他去除了学校以外的其他地方。

“除了……以外”还表示“在什么之外，还有别的”，后面常用“也”或者“还”来呼应。

“除了……以外” also means “in addition to”, and is often used together with “也” or “还” in the latter part of a sentence.

1. 除了玛利亚以外，阿尔达也会包饺子。
2. 除了早上以外，我晚上也喜欢跑步。
3. 除了刘老师以外，我还认识张老师。
4. 除了北京以外，我还去过上海和成都（Chéngdū）。

根据提示，改写下列句子。

Paraphrase the following sentences based on the clues.

1. 这个学校他只认识刘老师，别的老师都不认识。

   → ______________________（除了……以外，都……）

2. 她身体不舒服，只想喝粥。

   → ______________________（除了……以外，都……）

③ 我喜欢踢足球，还喜欢打篮球。

→ ________________________________（除了……以外，还……）

④ 中国人喜欢大熊猫，外国人也喜欢大熊猫。

→ ________________________________（除了……以外，也……）

课文练习 / Text Exercises

1. 你们国家大学的选课方式和中国的大学相同吗？你更喜欢由学校来决定你要上的课程，还是自己决定要上的课程？为什么？

2. 用下列词语和语言点复述课文。

报到　转　景色　赶快　耐心　不是……，而是……

疑问代词＋（……）＋都＋（不／没）+V　除了……以外

PART 3

第三部分

听力实践 Listening Practice

1. 听对话，选择正确答案。 2-8

Listen to the dialogues and choose the correct answers.

❶ A. 招聘人选　B. 工作细节
C. 谁去外地工作　D. 下半年的项目安排

❷ A. 讨论学习计划　B. 回房间选课
C. 申请奖学金　D. 打羽毛球

❸ A. 电影很有吸引力　B. 只有女的去了电影院
C. 男的感觉很失望　D. 女的提前到达了电影院

❹ A. 替女的挂号　B. 找医生开药
C. 陪朋友看病　D. 办出院手续

❺ A. 他要复习功课　B. 他有一些问题要解决
C. 他要布置教室　D. 他不想和女的一起去

2. 听短文，选择正确答案。 2-9

Listen to the passage and choose the correct answers.

❶ A. 他只会打鱼
B. 他只会游泳
C. 除了打鱼以外，他还会游泳
D. 除了外语以外，他还懂哲学

❷ A. 他在海边钓鱼　B. 他胆子很小
C. 他正在做实验　D. 他不会游泳

阅读实践 Reading Practice

校园里的“外语角”

开学不久，我就发现我的一个中国同学英语说得特别__1__，几乎和英国人一样。我一问才知道，他经常去校园里的“外语角”。那是一个学生之间用外语互相交流的地方，也是大家了解各国文化的窗口。在“外语角”，他和别人用英语讨论有意思的话题，互相纠正发音，学习地道的表达，__2__他的英语才进步得那么快。

__3__以后，我还没和除了同班同学__4__的中国人聊过天儿呢。听说“外语角”活动每个周末都有，常常在学校咖啡馆__5__，于是我决定去那里转转。去了“外语角”我才发现，那里可真热闹啊，不但有很多中国学生，__6__还有来自不同国家的留学生。虽然我谁__7__不认识，但很快就有几个热情的中国学生来找我聊天儿了。我们从电影聊到文化，从文化聊到美食，我教他们说地道的英语，他们给我纠正汉语发音，帮我了解校园，了解中国文化，一个晚上转眼就过去了。

从那以后，我就爱上了这个“外语角”。我要告诉我的朋友们，让他们也__8__来看看！

（333 字）

角	jiǎo	名
corner		
几乎	jīhū	副
almost, nearly		
之间	zhījiān	方位
between, among		
交流	jiāoliú	动
communicate		
各	gè	代
every		
窗口	chuāngkǒu	名
window, medium		
话题	huàtí	名
topic		
纠正	jiūzhèng	动
correct		
表达	biǎodá	动
express, convey		
热闹	rènao	形
bustling with noise and excitement		

1. 完形填空。Cloze.

❶	A. 当地	B. 地道	C. 合适	D. 简单
❷	A. 所以	B. 然而	C. 和	D. 还
❸	A. 放学	B. 上课	C. 入学	D. 上班
❹	A. 另外	B. 以前	C. 以后	D. 以外
❺	A. 流行	B. 举行	C. 办理	D. 实现
❻	A. 还是	B. 而是	C. 而且	D. 然而
❼	A. 都	B. 全	C. 会	D. 能
❽	A. 痛快	B. 急忙	C. 迅速	D. 赶快

2. 根据短文，选择正确答案。

Choose the correct answers based on the passage.

❶ “我”听说，在“外语角”： （ ）

A. 几乎都是英国人　B. 学生们用外语对话

C. 只讨论学习方面的事　D. 有老师帮忙纠正发音

❷ “我”决定去“外语角”的原因是： （ ）

A. “我”想了解英国当地文化　B. 那里有教学实践的机会

C. “我”对中国咖啡馆感兴趣　D. “我”希望多和中国人交流

❸ 关于“我”在“外语角”的经历，下列说法中不正确的是： （ ）

A. “我”负责翻译工作　B. “我”教中国人地道的英语

C. “我”遇到了热情的中国学生　D. 中国学生帮“我”纠正汉语发音

❹ “我”对“外语角”的态度是： （ ）

A. 反对　B. 怀疑　C. 支持　D. 批评

听读拓展 More Listening and Reading Practice

1. 登录你们大学的网站，找到你感兴趣的专业。
2. 查一查：这个专业的学生都上哪些课程？其中，必修课和选修课分别是什么？
3. 请根据查到的信息制作一张课程表，包括课程名称、上课时间、上课地点及学分。

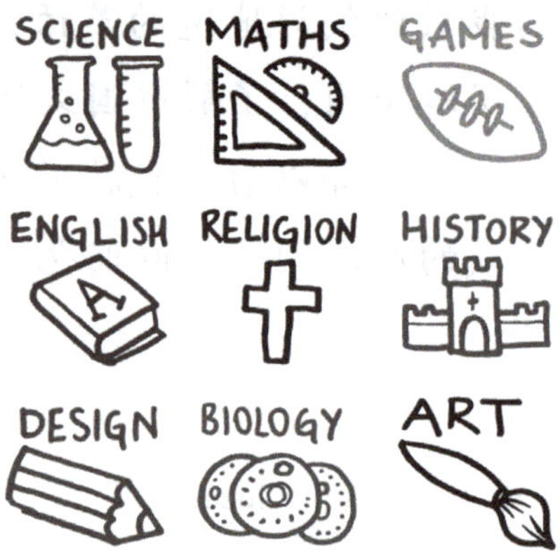

学后反思 Reflection

1. 写出本课你最熟悉的三个生词和一个语言点，并试着用每个生词和语言点各写一个句子。

   Write down three new words and one language point that you are most familiar with in this lesson, and try to make a sentence with each new word and language point.

生词	句子
语言点	句子

2. 你认为本课哪些生词和语言点你还需要加深理解和加强练习？试着查阅资料，用这些生词和语言点各写一个句子。

   Which new words and language points do you need to understand further and practise more in this lesson? Refer to some materials and make a sentence with each new word and language point.

生词	句子
语言点	句子

第三课 LESSON 3

我叫大家笑话了

I Was Laughed at by Everyone

学习目标 Learning Goals

重点生词 / Key Word

完全

词语辨析 / Distinction between Synonyms

❶ 完全—全部　　❷ 关键—重要

重点语言点 / Key Language Points

❶ 并列关系复句
❷ 并列关系复句：不算 A，也不算 B
❸ 固定格式：怎么 +（V）+ 也 / 都……
❹ 固定用法：……得跟什么似的
❺ 俗语：太阳打西边出来了

PART 1

第一部分

预习词语 Preview the Words

听录音，跟读生词。 3-1

Listen to the recording and repeat the new words.

1	笑话	xiàohua	动、名	laugh at; joke
2	闹笑话	nào xiàohua		make a fool of oneself
3	关键	guānjiàn	形、名	crucial; key
4	凌晨	língchén	名	early hours of the morning
5	亮	liàng	动	lighten, shine
6	吵	chǎo	动	make a noise
7	摸黑	mō//hēi	动	grope in the dark
8	牙膏	yágāo	名	toothpaste
9	完全	wánquán	副	completely, fully
10	在意	zàiyì	动	take notice of, care about
11	阳光	yángguāng	名	sunshine
12	灿烂	cànlàn	形	bright, brilliant
13	完美	wánměi	形	perfect
14	表情	biǎoqíng	名	expression
15	友好	yǒuhǎo	形	friendly
16	得意	déyì	形	pleased with oneself, proud of oneself
17	嘴	zuǐ	名	mouth
18	张嘴	zhāng zuǐ		open one's mouth
19	似的	shìde	助	seem to be, just like/as
20	不对劲	bú duìjìn		abnormal, queer
21	泡沫	pàomò	名	foam, bubble
22	鲜艳	xiānyàn	形	gaily-coloured
23	染发膏	rǎnfàgāo	名	hair-dye

① 意大利	Yìdàlì	Italy

第一组生词 Group 1

笑话	关键	亮	摸黑	牙膏	在意	阳光	灿烂	完美
表情	友好	得意	嘴	不对劲	泡沫	鲜艳	染发膏	

1. 将下列词语与对应的图片连线。

Match the following words to the corresponding pictures.

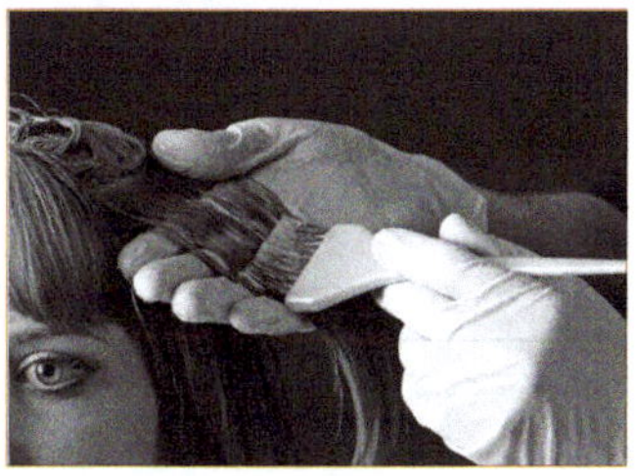
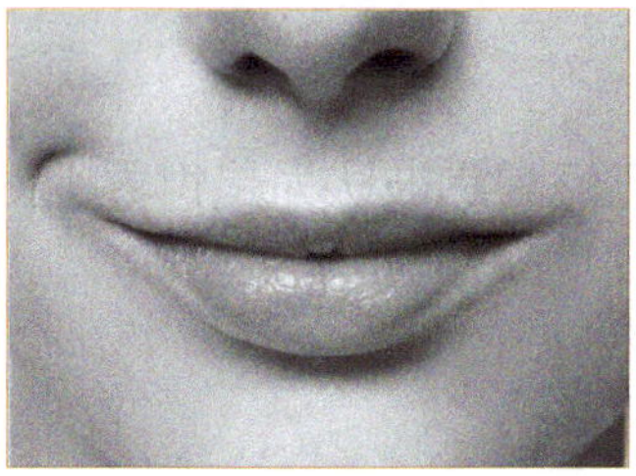

泡沫

嘴

染发膏

牙膏

阳光

亮

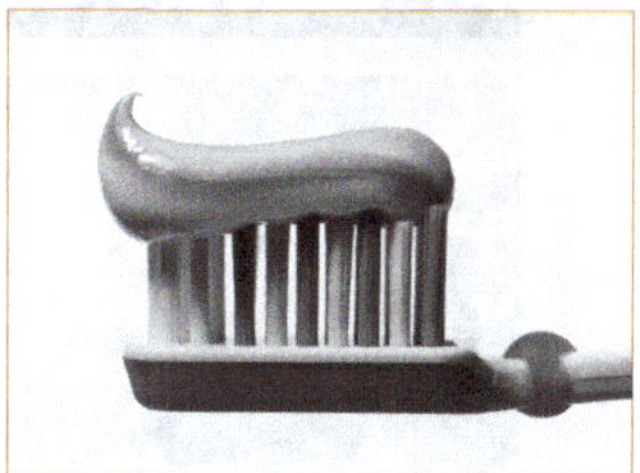

2. 词语搭配连线。Match the collocations.

阳光	友好
表情	灿烂
颜色	完美
计划	鲜艳
比赛	精彩

3. 把下列词语补充完整。Complete the following words.

例如：球___迷___

❶ ________黑　❷ 染发________　❸ ________好　❹ 灿________

❺ ________意　❻ 笑________　❼ 完________　❽ ________情

4. 选择正确的词语，把下列句子补充完整。

Choose the correct words and complete the following sentences.

A. 亮　B. 友好　C. 摸黑　D. 灿烂　E. 不对劲　F. 得意　G. 关键

❶ 为了锻炼身体，他每天天还没__________就起床出去跑步了。

❷ 你看那个女孩儿笑得多么__________，让人看了心情也跟着好起来。

❸ 为了不吵醒丈夫，她__________着__________下床去客厅工作。

❹ 狗是人类的好朋友，它们常常被认为是世界上对人类最__________的动物。

❺ 亲爱的，你今天看起来有点儿__________，发生什么事了？

❻ 小男孩儿把妹妹的蛋糕放到了自己的盘子里，妈妈和妹妹都没发现，他很__________地笑了。

⑦ 谁来解决这个问题不重要，__________是怎么解决。

第二组生词 Group 2

完全

1. 听录音，跟读句子。

3-2

Listen to the recording and repeat the sentences.

当时我只想着比赛，完全没在意牙膏的味道。

我一直在房间里睡觉，完全不知道刚才发生了什么事。

预习语言点 Preview the Language Points

听录音，跟读句子，并完成相应的练习。

3-3

Listen to the recording, repeat the sentences and finish the exercises.

不算A，也不算B

我出门的时间不算早，也不算晚，刚好可以到食堂吃完早饭去上课。

她这样的身高不算太高，也不算太矮，非常适合跳舞。

“不算 A，也不算 B”是并列关系复句。并列关系复句还有哪些常用关联词语？请你写出至少五个并列关系复句。

“不算A，也不算B” is a coordinate complex sentence. Do you know any other correlatives that are often used in coordinate complex sentences? Please write down at least five such sentences.

例如：这个姑娘又聪明，又漂亮。

❶ ______________________________

❷ ______________________________

❸ ______________________________

❹ ______________________________

❺ ______________________________

怎么+（V）+也/都……

距离上课还有好几个小时，可是我却怎么都睡不着了。

染发膏被我当成牙膏了，我怎么也想不到我会闹这样的笑话。

这件衣服上好像有油，我怎么洗也洗不掉。

……得跟什么似的

我刚一张开嘴，同学们就都笑得跟什么似的。

你今天遇到什么好事了？看你高兴得跟什么似的。

太阳打西边出来了

奇怪，今天太阳打西边出来了吗？路人们怎么都变得这么友好了？

你今天怎么起得这么早？真是太阳打西边出来了！

1. 听对话，选出与你听到的内容相符的选项。 3-4

Listen to the dialogues and choose the facts that match what you hear.

❶ A. 她们俩是亲姐妹，而且关系很好。

B. 她们俩不是亲姐妹，可是关系很好。

❷ A. 儿子经常给他们做饭。

B. 儿子很少给他们做饭。

❸ A. 男的觉得面试时表现得很完美。

B. 男的觉得面试时表现得还可以。

❹ A. 女的一直认为马克会顺利通过考试。

B. 女的没有想到马克会顺利通过考试。

2. 听短文，选择正确答案。 🔊 3-5

Listen to the passage and choose the correct answers.

❶ 马克是一个什么样的人？

A. 内向　　B. 细心　　C. 马虎　　D. 勇敢

❷ 根据短文，下列哪个说法是正确的？

A. 比赛时间推迟了　　B. 马克记错了比赛时间

C. 马克把电视弄坏了　　D. 马克记错了电视频道

PART 2

第二部分

课文讲练 Text

听录音，预习课文，思考课文旁边的问题。 3-6

Listen to the recording and preview the text. Think about the questions next to the text.

我叫大家笑话了

1. 马克的爱好是什么？
2. 马克是什么时候看完比赛的？他看完比赛后做了什么？
3. 什么事让马克觉得有点儿奇怪？
4. 马克是什么时候去上课的？路上发生了什么事？
5. 马克到教室以后，同学们有什么反应？为什么？
6. 马克闹了一个什么笑话？

我是意大利队的球迷，只要是意大利队的比赛，无论什么时间，我都一定会看。昨天夜里就有一场既关键又精彩的球赛，可我没想到，因为这场比赛，我竟然闹了个笑话。

看到最后四比零的比分，我高兴得差点儿跳了起来，这个结果太让人兴奋了！比赛结束时大概凌晨四点多，天还没亮，距离上课也还有好几个小时，可是我却怎么都睡不着了。我决定不睡觉了，刷完牙、洗完脸就去吃早饭。因为担心室友让我给吵醒了，我没开灯，是摸着黑刷牙洗脸的。今天的牙膏味道和平时不太一样，有点儿奇怪，可是当时我只想着比赛，完全没在意。

我是快七点的时候出门的，时间不算早，也不算晚，刚好可以到食堂吃完早饭去上课。因为心情好，我觉得天特别蓝，阳光特别灿烂，今天真是完美的一天。走在路上，我感觉每个人看我的表情也都不一样了，好像都在对着我笑一样。奇怪，今天太阳打西边出来了吗？路人们怎么都变得这么友好了？我得意地走进教室，打算好好聊一聊昨晚的比赛。谁知道我刚一张开嘴，同学们就都笑得跟什么似的，有的还让我去照镜子。

我觉得很不对劲，跑去一看，我的牙全都变成了酒红色，嘴边也有一些酒红色的泡沫，颜色鲜艳极了。天啊！染发膏被我当成牙膏了，真没面子啊！怪不得我今天这么"受欢迎"，原来是因为我的牙……我怎么也想不到我会闹这样的笑话。

（483 字）

生词注解 / New Word

1. 完全

副词，表示百分之百，没有例外，后边常常接形容词或表示抽象意义的动词。

It is an adverb, meaning "completely" and "without exception". It is often followed by adjectives or verbs expressing abstract meanings.

❶ 你这样回答完全正确，一点儿问题也没有。

❷ 我完全同意你的看法，下次咱们就这么做。

❸ 我完全不明白你为什么会这样想，我真的不是那个意思。

(1) 根据括号里的信息，用"完全"完成句子。

Complete the sentences using "完全" based on the information given in the brackets.

❶ 我从来没去过那个城市，________________。（熟悉）

❷ ________________，不需要再吃药了。（病）

❸ 她们两个姐妹长得很像，________________。（性格）

(2) 遇到下面这些情况，你该怎么说？

What will you say if you are in the situations below?

❶ 你看到很多中国女孩子夏天时都会打伞，你一点儿也不理解为什么不下雨还要打伞，想问问你的中国朋友。

❷ 你的中国朋友想知道自己说的英语句子正不正确，你想告诉朋友他说得非常正确。

❸ 你忘了和朋友的约会，她生气了，你想向她道歉。

词语辨析 / Distinction between Synonyms

完全—全部

	完全	全部
共同点	都常常放在动词前，表示百分之百，没有例外。 Both of them can be used before verbs, meaning “completely” and “without exception”.	
不同点	侧重强调程度，一般不和“都”连用。 “完全” emphasises the degree and is usually not used with “都”. ❶ 这个故事的结局（jiéjú）和我想的完全一样。 ❷ 我完全不知道她昨天为什么生我的气。	侧重强调数量，表示多个事物的总和，常常和“都”连用。 “全部” emphasises the quantity, referring to the total amount of many things. It is usually used with “都”. ❶ 今天的生词我全部都背下来了。 ❷ 经理，您要的材料我已经全部都准备好了。
	前边可以直接加“不”，表示部分否定。 “不” can be placed directly before “完全” to express partial negation. ❶ 你这道题做得不完全正确，有一些错误。 ❷ 我这次来这儿，不完全是为了开会，顺便也想看看你。	前边不能直接加“不”来表示部分否定。 “不” cannot be placed directly before “全部” to express partial negation.
	不可以和名词搭配使用。 “完全” cannot be used with nouns.	可以和名词搭配使用。 “全部” can be used with nouns. ❶ 这些钱是我今年的全部收入。 ❷ 请把你的全部想法都写下来。

用“完全”或“全部”填空，把短文补充完整。

Fill in the blanks using “完全” or “全部” and complete the passage.

我最近越来越不明白女孩子的想法了。我女朋友昨天又生我的气了，我 ①______不明白她为什么生气，因为前一分钟她还笑着问我：“你看我是不是胖了？”可是我看了她几眼以后，她就不跟我说话了，真是让人 ②______弄不懂她在想什么。没办法，我只好去找我的朋友孟宏，大家都说他是一位“爱情专家”。我对孟宏说，我觉得只要我把 ③______的时间和 ④______的耐心都花在女朋友身上，她就应该对我感到满意。孟宏笑着说：“你说得对，可是也不 ⑤______对。我 ⑥______理解你现在的心情，因为我的女朋友也是这样。让我来告诉你一个小秘密——回答女孩子问你的问题永远不要超过一秒，马上给她想要的答案，你们的感情就会变得越来越好。”

关键—重要

<table>
<tr><th></th><th>关键</th><th>重要</th></tr>
<tr><td>共同点</td><td colspan="2">都可以做形容词，表示对人、事物等有很大的作用或影响。
Both of them can be used as adjectives, indicating that something has great influence on people, things, etc.</td></tr>
<tr><td rowspan="2">不同点</td><td>强调事物在事情的发展中有决定性的作用。
“关键” emphasises the decisive role of something in the course of events.
① 他踢进了最关键的一球，把比分从 3:3 变成了 4:3。
② 这么关键的话，你怎么能忘了告诉他呢？</td><td>强调事物自身的重大影响和作用。
“重要” emphasises the great influence or impact of something.
① 今天的讲座重不重要？一定要去吗？
② 这些材料非常重要，别弄丢了。</td></tr>
<tr><td>常做名词，常见用法有“……的关键”“关键是……”“关键在于（zàiyú）……”等。
“关键” is often used as a noun. The common ways to use it are “……的关键”, “关键是……”, “关键在于（zàiyú）……”, etc.
① 他终于找到了解决这个问题的关键。
② 决定国家发展水平的关键是经济。
③ 这件事能不能顺利完成，关键在于你。</td><td>不可以做名词。
“重要” cannot be used as a noun.</td></tr>
</table>

用“关键”或“重要”填空，把短文补充完整。

Fill in the blanks using “关键” or “重要” and complete the passage.

让我们来看看意大利队和法国队之间的这场球赛。这场比赛决定着谁能得到最后的冠军，每一个进球对两个球队来说都非常 ❶______……比赛还剩下最后 5 分钟，现在比分是 3∶3 平，比赛已经进行到了最后的时刻，决定谁能赢得这场比赛的 ❷______在于谁能在最后这几分钟内抓住机会，踢进一个球。其实对观众们来说，比赛的结果已经不那么 ❸______了，因为两个球队已经给我们带来了一场足够精彩的比赛……意大利队正在组织进球，因扎吉（Yīnzhājí）带球……球进了！在比赛的最后一分钟，因扎吉为意大利队踢进了一个球！这个 ❹______的进球改写了比分！这是本赛季因扎吉踢进的第 12 个球，❺______是他已经 33 岁了，在这样的年纪，以这样的方式进球，可以说这是一个 ❻______的、难忘的时刻。比赛结束！现在，因扎吉正在兴奋地和队友们用他们自己的方式庆祝！祝贺意大利队！

语言点注解 / Language Points

1. 并列关系复句

并列关系复句常用来描写或说明人或事物的几个方面，或是相关的几种情况。分句之间没有主次之分，是平等的并列关系。

Coordinate complex sentences are often used to describe or explain some aspects of a person or a thing, or some related situations. In a coordinate complex sentence, there is no distinction between the clauses in terms of their importance, and the clauses have an equal and coordinate relation.

1. 他一边弹钢琴，一边唱歌。
2. 阿尔达又聪明，又努力。
3. 小李这个人既有丰富的知识，又有很强的工作能力。
4. 手机一方面给我们的生活带来了便利（biànlì），另一方面也给我们带来了许多烦恼。
5. 六月的天气一会儿晴，一会儿阴。
6. 这里一来交通方便，二来环境优美，很适合居住（jūzhù）。

并列关系复句有时也可以不用关联词语。

Sometimes, correlatives are not necessary in a coordinate complex sentence.

1. 春天来了，天气开始暖和起来了，树上长出了绿色的叶子。

按照正确的顺序排列选项，组成语段。

Sequence the choices to make proper utterances.

1. A. 心里感到激动极了
   B. 高兴得差点儿就要跳起来了
   C. 在欢迎新生的晚会上
   D. 他终于见到了那位著名的歌手 ________
2. A. 不让你去上海看演唱会
   B. 另一方面是你还是个学生，好好学习才是正事
   C. 一方面是你一个人去外地我们不放心
   D. 你怎么就不明白呢 ________
3. A. 眼睛也不算大
   B. 那个男人个子不算高
   C. 很难给人留下什么深刻的印象
   D. 样子普普通通 ________
4. A. 还能看到游来游去的小鱼
   B. 我家门前有一条小河
   C. 经常能看到绿色的水草
   D. 河水很清 ________

2. 不算A，也不算B

常用于口语，表示说话人对某个人或事物的评价或判断既不是 A，也不是 B，

而是介于 A 和 B 之间。A 和 B 常是意思相反的形容词。

It is often used in spoken Chinese, indicating that the speaker's comments on or judgements about a person or a thing are neither A nor B but something in between. A and B are often adjectives of opposite meanings.

1. 这个城市的居民（jūmín）每个月的收入大概是5000多元，不算多，也不算少。
2. 我家离学校不算近，也不算远，骑自行车大概十几分钟吧。

“不算 A，也不算 B”还可以用来评价或判断人或事物彼此相关的、不同的几个方面，表示几个方面都达不到 A 和 B 所说的程度。此时，A 和 B 要么都是表示积极意义的词语，要么都是表示消极意义的词语。

“不算A，也不算B” can also be used to evaluate or judge some related and different aspects of a person or a thing, indicating that the person or the thing cannot reach the degree described by A and B in these aspects. In this case, both A and B are either words/phrases with positive meanings, or words/phrases with negative meanings.

1. 他长得很普通，眼睛不算大，鼻子也不算高。
2. 他的工作能力不算很强，工作态度也不算很积极。

(1) 从上面的例句中选择合适的句子完成对话。

Choose the proper sentences from the examples above and complete the dialogues.

1. A：你家离学校近不近？

   B：____________________

2. A：听说这个城市的经济发展得很快，居民收入一定很高吧？

   B：____________________

3. A：____________________

   B：怪不得我对他没什么特别的印象呢。

4. A：小张这个人平时表现得怎么样啊？

   B：____________________

(2) 用“不算A，也不算B”完成对话。

Complete the dialogues using “不算A，也不算B”.

1. A：你新买的那双高跟鞋挺漂亮的，贵吗？

   B：____________________

❷ A：你怎么才来？今天早上是不是起晚了？

B：________________________________

❸ A：听说你男朋友是个运动员，肯定个子又高，身材（shēncái）又好吧？

B：________________________________

❹ A：听说你搬家了，新小区环境啊、交通啊什么的怎么样？

B：________________________________

3. 怎么+（V）+也/都……

表示在任何一种情况下、无论通过什么方法，结果都是一样的，常用于口语。"也"或"都"后边一般是否定形式，"怎么"后边的动词有时可以省略。

It indicates that the results would be the same no matter what the circumstances are or no matter what approaches are used. It is often used in spoken Chinese. "也" or "都" is usually followed by a negative form, and the verbs following "怎么" can sometimes be omitted.

❶ 妈妈就是不同意我一个人去旅行，我怎么说都不行。

❷ 我最近一直在想这个问题，怎么想也想不明白。

❸ 汉字太难写了，我怎么（写）都写不好。

❹ 马克兴奋得怎么（睡）也睡不着。

(1) 根据括号里的信息，用"怎么+（V）+也/都……"完成句子。

Complete the sentences using "怎么+（V）+也/都……" based on the information given in the brackets.

❶ 这首歌太好听了，我听了好几遍，________________。（够）

❷ 大家________________，她这么快就要结婚了。（想）

❸ 她一直不停地哭，________________。（劝）

(2) 根据括号里的信息，用“怎么+（V）+也/都……”描述图片内容，注意不要少于三句话。

Describe the picture using “怎么+（V）+也/都……” based on the information given in the brackets. You should say more than three sentences.

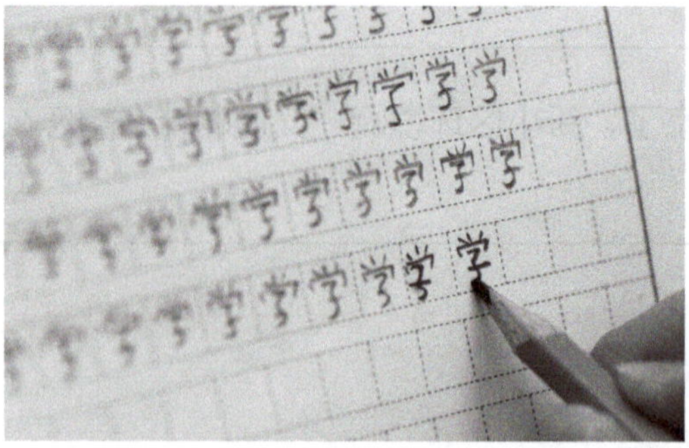

（学习汉字，画画，记，发现）

4. ……得跟什么似的

口语中常用的格式，表示程度高得很难形容，常和形容词或表示情绪或心理的动词连用。

It is a structure commonly used in spoken Chinese, meaning that the degree is too high to describe. It is often used with adjectives or verbs expressing one's emotions or mental activities.

1. 你的房间里怎么到处都是东西？乱得跟什么似的。
2. 看到这么多人，他紧张得跟什么似的，脸都白了。
3. 一说到那件事，他就后悔得跟什么似的。

用“……得跟什么似的”完成句子。

Complete the sentences using “……得跟什么似的”.

1. 他怎么都找不到房间钥匙了，________________。
2. 我________________，哪有时间去看电影啊？
3. 周围的人________________，只有他一点儿也不害怕。

5. 太阳打西边出来了

口语俗语，用太阳从西边升起来比喻几乎不可能的事情，常表示某一反常行为或现象出乎说话人的意料。也可以说“太阳从西边出来了”。

It is a proverb used in spoken Chinese. It compares the sun rising from the west to the impossible things and indicates that some unusual behaviour or phenomenon is out of the speaker's expectations. "太阳从西边出来了" can also be used.

1. 太阳打西边出来了！从来不打扫房间的马力今天把房间打扫得干干净净。
2. 你平时总爱睡懒觉，今天是不是太阳打西边出来了？你怎么起得这么早？
3. 你让我跟他一起住？除非（chúfēi）太阳从西边出来！

将左右两部分连起来，放在合适的对话中。

Match the left to the right and put the sentences in the appropriate dialogues.

你妈是不会让你那么晚回家的	他也不可能主动帮你
即使太阳打西边出来	真是太阳打西边出来了
今天他竟然自己把电视关了	除非太阳打西边出来
你平时从来不主动（zhǔdòng）给我发信息	今天太阳从西边出来了吗

例如：A：这孩子平时都是一看电视就停不下来，今天他竟然自己把电视关了，真是太阳打西边出来了！

B：孩子大了，知道学习了嘛。

1. A：你看到我给你发的信息了吗？

   B：看到了。不过__________

2. A：唉，他要是能帮帮我就好了！

   B：你别想了，__________

3. A：爸，我晚上要去参加同学聚会，得晚点儿回来，大概 11 点多吧。

   B：__________

课文练习 / Text Exercises

1. 课文中，马克闹了一个笑话，那么你或者你身边的朋友有没有闹过笑话呢？请说说你或你的朋友闹笑话的经历。

2. 用下列词语和语言点复述课文。

笑话　完全　表情　得意　不对劲　……得跟什么似的

PART 3

第三部分

听力实践 Listening Practice

1. 听对话，选择正确答案。 3-7

Listen to the dialogues and choose the correct answers.

❶ A. 他拒绝了女的的建议　B. 他可能弄丢了词典
C. 他没达到女的的要求　D. 他提出和女的分手

❷ A. 价格合理　B. 风景优美
C. 大小刚好　D. 交通方便

❸ A. 兴奋　B. 难受
C. 不安　D. 期待

❹ A. 他出席了毕业晚会　B. 他下载了李教授的论文
C. 他接待了学校领导　D. 他明白了几个法律问题

❺ A. 他获得了博士学位　B. 他出色地完成了任务
C. 他平时不去图书馆　D. 他今天表现得很成熟

2. 听短文，选择正确答案。 3-8

Listen to the passage and choose the correct answers.

❶ A. 它的腿已经没劲儿了　B. 它在等待水温降低
C. 水温让它感觉很舒适　D. 它总是找不到出口

❷ A. 不在意周围的变化　B. 享受现有的环境
C. 让自己处于安全中　D. 不断学习并改变

阅读实践 Reading Practice

方便的时候不能来

一个外国小伙子刚到中国来，因为不__1__了解中国的语言和文化，闹了好几次__2__。有一天，小伙子被邀请到一个中国朋友家吃饭，他一进门，就礼貌地称赞朋友家__3__干净又整洁。朋友谦虚地说："哪里哪里。"小伙子以为自己说得不清楚，赶紧接着说："客厅、厨房，都很干净啊！"朋友一听，知道小伙子__4__了，就笑着告诉他，"哪里哪里"只是中国人在被别人称赞时客气的回答。

接下来，小伙子在朋友家吃饭，吃到一半，朋友说："不好意思，我去方便一下。"小伙子不是十分明白，朋友的太太告诉他，"方便"__5__"去厕所"。"__6__是这样啊！"小伙子记住了。吃完饭，和朋友聊天儿的时候，小伙子说希望下次能邀请朋友去他自己家做客。朋友很高兴地对他说："好啊，下次你方便的时候，我去你家做客吧。"小伙子听了，吓得马上摇头，用不太__7__的汉语说："你什么时候都可以来，就是我方便的时候不能来！"

（306字）

小伙子	xiǎohuǒzi	名 young fellow
称赞	chēngzàn	动 compliment
整洁	zhěngjié	形 tidy
客厅	kètīng	名 living room
厨房	chúfáng	名 kitchen
太太	tàitai	名 wife
厕所	cèsuǒ	名 toilet
摇头	yáo//tóu	动 shake one's head

1. 完形填空。Cloze.

	A	B	C	D
❶	A. 确实	B. 完全	C. 基本	D. 全部
❷	A. 笑话	B. 微笑	C. 玩笑	D. 完整
❸	A. 既然	B. 由于	C. 即使	D. 既
❹	A. 耽误	B. 体会	C. 错误	D. 误会
❺	A. 就	B. 就是	C. 就能	D. 于是
❻	A. 原来	B. 未来	C. 本来	D. 以来
❼	A. 确定	B. 肯定	C. 标准	D. 舒服

2. 根据短文，选择正确答案。

Choose the correct answers based on the passage.

❶ 小伙子说朋友家：（　　）

A. 整洁　　B. 整齐　　C. 普通　　D. 潮湿

❷ 在__________时，中国人会说“哪里哪里”。（　　）

A. 被别人误会　　B. 询问地理位置

C. 被别人称赞　　D. 感觉十分得意

❸ 小伙子想邀请朋友：（　　）

A. 参加他的婚礼　　B. 去自己家做客

C. 参观美术展览　　D. 到大学做演讲

❹ 小伙子说“我方便的时候不能来”，说明：（　　）

A. 他不喜欢招待客人　　B. 他没有空闲的时间

C. 他可能要装修房子　　D. 他没理解朋友的话

听读拓展 More Listening and Reading Practice

1. 查一查或问一问：中国的“国球”是什么？在这项运动中，中国有哪些非常有名的运动员？

2. 选择其中一位你感兴趣的运动员，上网搜索一下这位运动员的个人信息，包括他/她的年龄、取得的成绩、他/她练习这项运动的时间等等。

学后反思 Reflection

1. 写出本课你最熟悉的三个生词和一个语言点，并试着用每个生词和语言点各写一个句子。

Write down three new words and one language point that you are most familiar with in this lesson, and try to make a sentence with each new word and language point.

生词	句子
语言点	**句子**

2. 你认为本课哪些生词和语言点你还需要加深理解和加强练习？试着查阅资料，用这些生词和语言点各写一个句子。

Which new words and language points do you need to understand further and practise more in this lesson? Refer to some materials and make a sentence with each new word and language point.

生词	句子
语言点	**句子**

第四课 LESSON 4

不打不相识

No Discord, No Concord

学习目标 Learning Goals

重点生词 / Key Words

❶ 千万　❷ 难免　❸ 几乎

词语辨析 / Distinction between Synonyms

❶ 千万—一定　❷ 几乎—差点儿

重点语言点 / Key Language Points

❶ 因果关系复句

❷ 因果关系复句：由于……的缘故，……

❸ 固定用法：不……不……

❹ 固定用法：说实话

❺ 成语：不打不相识

PART 1

第一部分

预习词语 Preview the Words

听录音，跟读生词。 4-1

Listen to the recording and repeat the new words.

1	相识	xiāngshí	动	get acquainted with each other
2	成语	chéngyǔ	名	idiom, set phrase (in Chinese)
3	矛盾	máodùn	名	conflict, contradiction
4	实话	shíhuà	名	truth
5	电池	diànchí	名	battery
6	充电器	chōngdiànqì	名	charger
7	穿着	chuānzhuó	名	dress, attire, apparel
8	旗袍	qípáo	名	cheongsam [a traditional close-fitting woman's dress with the skirt slit way up the sides]
9	古典	gǔdiǎn	形	classical
10	时尚	shíshàng	形	fashionable
11	传统	chuántǒng	形	traditional
12	经过	jīngguò	动	experience, undergo
13	允许	yǔnxǔ	动	permit
14	解释	jiěshì	动	explain
15	欣赏	xīnshǎng	动	value highly, like, appreciate
16	缘故	yuángù	名	reason, cause
17	千万	qiānwàn	副	[used in entreating, exhortation, etc] be sure to, must
18	删	shān	动	delete
19	事物	shìwù	名	thing, object
20	好奇	hàoqí	形	curious
21	难免	nánmiǎn	形	hardly avoidable

22	反应	fǎnyìng	动	respond, react
23	冲	chòng	介	towards, to
24	发	fā	动	show one's feelings
25	脾气	píqi	名	temper
26	发脾气	fā píqi		lose one's temper, get angry
27	大方	dàfang	形	(of one's manner) easy, natural and poised
28	伸	shēn	动	stretch, extend
29	几乎	jīhū	副	almost, nearly

第一组生词 Group 1

成语	矛盾	实话	电池	充电器	穿着	旗袍
古典	时尚	传统	允许	解释	欣赏	删
事物	好奇	反应	脾气	大方	伸	

1. 将下列词语与对应的图片连线。

Match the following words to the corresponding pictures.

- 电池
- 旗袍
- 好奇
- 充电器
- 矛盾
- 删

2. 近义词连线。Match the synonyms.

欣赏	原因
实话	说明
解释	同意
允许	真话
缘故	流行
时尚	喜欢

3. 词语搭配连线。Match the collocations.

发生	大方
新鲜	音乐
穿着	矛盾
古典	事物
传统	解释
耐心	服装

4. 选择正确的词语，把下列句子补充完整。

Choose the correct words and complete the following sentences.

A. 反应	B. 脾气	C. 穿着	D. 允许	E. 伸	F. 成语

❶ 汉语里有一种特殊的词语叫作__________，这些词语常常用很少的字来告诉我们一个道理。

❷ 非常抱歉，这儿不__________抽烟，请您把烟灭掉。

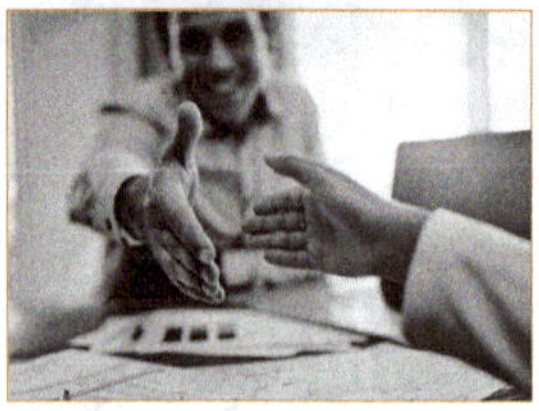

❸ 两个人握手时，应该谁先__________出手来呢？

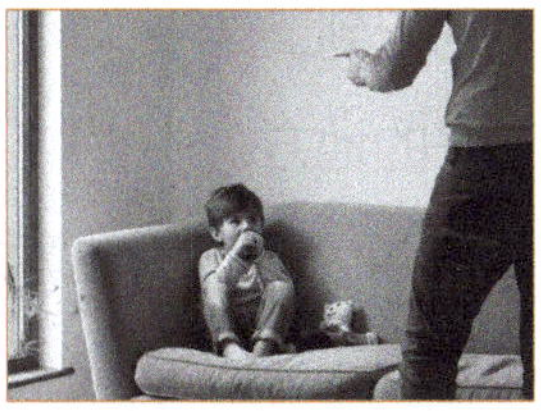

4 爸爸的________不太好，经常因为一点儿小事就说我。

5 这次面试很重要，你的________一定要正式，不能太随便。

6 我叫了他好几遍，可是他一点儿________也没有。

第二组生词 Group 2

千万　难免　几乎

1. 听录音，跟读句子。 4-2

Listen to the recording and repeat the sentences.

你千万不要生我的气，要是你觉得不舒服的话，我现在就把照片删掉。

去银行办银行卡的时候，千万别忘了带上护照。

我是个留学生，第一次到中国来，不太了解中国文化，难免有做得不合适的地方。

好朋友这样说你，你感到伤心是难免的。

就这样，我们俩成为了朋友，几乎每周都会见面。

她既聪明又漂亮，是一个几乎没有缺点的女孩儿。

2. 按听到的先后顺序为下列句子排序，将序号写在句子前面的横线上，并在括号中填上你听到的生词。 4-3

Sequence the following sentences in the order you hear them, write the sequence numbers on the lines in front of each sentence, and fill in the brackets with the words you hear.

_____ 我刚来中国时（　　　）一句汉语都听不懂，可是现在我已经能听懂大部分了。

______ 明天上午九点的会议非常重要，大家（　　　）别迟到。

______ 年轻人经验不够，工作中（　　　）会有做得不好的地方。

______ 赛前我们都认为他得第一名（　　　）是不可能的事，没想到他竟然做到了。

______ 这个秘密只有你和我知道，你（　　　）不要告诉别人。

______ 你刚来到这儿，不习惯是（　　　）的，不要担心。

预习语言点 Preview the Language Points

听录音，跟读句子，并完成相应的练习。 4-4

Listen to the recording, repeat the sentences and finish the exercises.

由于……的缘故，……

我给你拍照，是由于欣赏你的缘故，觉得你穿这身旗袍看上去很漂亮。

非常抱歉，由于天气的缘故，飞机现在还不能起飞。

“由于……的缘故，……”是因果关系复句。因果关系复句还有哪些常用关联词语？请你写出至少三个因果关系复句。

“由于……的缘故，……” is a complex sentence of causative relation. Do you know any other correlatives that are often used in complex sentences of causative relation? Please write down at least three such sentences.

例如：因为他勤奋用功，所以汉语水平提高得很快。

1. ______________________________
2. ______________________________
3. ______________________________

不……不……

最近，我学会了一句话，叫“不打不相识”。

四川人最爱吃辣，每顿饭都得吃一点儿辣的，不吃不舒服。

说实话

说实话，我和我的好朋友就是通过“不打不相识”的方式认识的。

说实话，你说话的方式让我觉得很不舒服。

不打不相识

“不打不相识”的意思是要不是两个人之间发生了矛盾，他们就不会相互理解、成为朋友。

没想到我们从刚开始互相不喜欢，到现在成为了好朋友，真是“不打不相识”。

1. 听对话，选出与你听到的内容相符的选项。 4-5

Listen to the dialogues and choose the facts that match what you hear.

❶ A. 女的必须用自己的筷子吃饭。

B. 女的认为带筷子既不干净，也不卫生。

❷ A. 她演讲的时候一点儿也不紧张，男的看出来了。

B. 她演讲的时候非常紧张，然而男的没看出来。

❸ A. 男的打算回哈尔滨工作是因为要照顾父母。

B. 男的打算回哈尔滨工作是因为不喜欢现在的工作。

❹ A. 他们俩成为朋友是因为从来不吵架。

B. 他们俩成为朋友是因为吵了一架。

2. 听短文，选择正确答案。 4-6

Listen to the passage and choose the correct answers.

❶ 关于旗袍，下列哪个说法不正确？

A. 旗袍是中国传统服装的代表　　B. 旗袍有 100 年左右的历史

C. 传统旗袍看起来古典但不时尚　　D. 旗袍受到了留学生的喜爱

❷ 关于孟宏，下列哪个说法不正确？

A. 他对旗袍产生了浓厚的兴趣　　B. 他的专业是中国传统服饰

C. 他从来没看到过穿旗袍的女孩子　　D. 他对任何新鲜事物都感到很好奇

PART 2
第二部分

课文讲练 Text

听录音，预习课文，思考课文旁边的问题。 4-7

Listen to the recording and preview the text. Think about the questions next to the text.

不打不相识

汉语里有一个成语，叫“不打不相识”，意思是要不是两个人之间发生了矛盾，他们就不会相互理解、成为朋友。说实话，我和我的好朋友就是这样认识的。

那天，我到商场买电池和充电器，遇见了一个女孩子。她的穿着和别人都不一样——她穿着一件漂亮的旗袍，打扮得既古典又时尚。我那几天正好对中国的传统服装感兴趣，我想让我的老师和同学们也看一看她的穿着打扮，就忍不住用手机把她拍了下来，结果被她发现了。她生气地说：“你怎么不经过别人的允许，随便给别人拍照呢！”“啊，真对不起！”我赶快解释，“我平时喜欢拍照，给你拍照，是由于欣赏你的缘故，觉得你穿这身旗袍看上去很漂亮，你千万不要生我的气。要是你觉得不舒服的话，我现在就把照片删掉。”听了我的话，她又看了看我：“听你的发音，你不是中国人吧？”我告诉她，我是个留学生，第一次到中国来，对这里

1. “不打不相识”是什么意思？
2. 孟宏在商场遇见的女孩子穿着什么样的衣服？
3. 女孩子同不同意被拍照？她有什么反应？
4. 孟宏是怎么解释的？女孩子原谅他了吗？
5. 孟宏和女孩子后来的关系有没有改变？

的很多新鲜事物都感到很好奇，都想拍下来，所以难免有做得不合适的地方。听到这儿，她有点儿不好意思地说："是我反应有点儿大，不应该冲你发脾气。这算是'不打不相识'吧？我叫李静，认识你很高兴。"说完，她大方地向我伸出了手。就这样，我们俩成为了朋友，几乎每周都会见面。慢慢地，她变成了我最好的朋友。

（437 字）

生词注解 / New Words

1. 千万

副词，表示说话人对听话人的劝告、请求、叮咛，有"一定"的意思，只能用在祈使句中，与"别""不能""不要""要"等一起使用，语气比较重。

It is an adverb used when the speaker is offering advice, making a request or giving a warning to the listener. It contains the meaning of "一定". It can only be used in imperative sentences and is often used together with "别", "不能", "不要", "要" and so on to express a strong tone.

1. 要是她知道了这件事，一定会受不了，你千万别告诉她。
2. 酒后千万不能开车，这样太危险了！
3. 路上的车那么多，你过马路的时候千万要小心呀！

(1) 用"千万"完成句子。 Complete the sentences using "千万".

1. 那条河里的水很深，________________。
2. 天气预报说今天有大雨，________________。
3. 这件事只有咱们两个人知道，________________。

(2) 遇到下面这些情况，你该怎么说？

What will you say if you are in the situations below?

1. 下个星期六你有一个重要的约会，你担心自己忘了，想让同屋提醒你。

❷ 你的好友戒了一周烟，坚持不下去了，想要放弃，你打算好好劝劝他。

❸ 你的同屋要去外地旅游，你想提醒他 / 她带上必要的东西。

2. 难免

形容词，表示“不容易避免，很可能会出现”，常和“会”“要”连用，有“虽然很难接受但是也只好接受”的意味。

It is an adjective, meaning that something is hard to avoid and is very likely to happen. It is often used with “会” and “要”, and it implies that something is hard to be accepted but has to be.

❶ 他还是个孩子，难免会有淘气的时候。

❷ 奶奶，下完雪以后路上很滑，难免会摔倒，您还是别出去了。

❸ 你第一次负责这样的工作，遇到问题是难免的，以后就好了。

(1) 连词成句。 Put the words or phrases in the correct order to make sentences.

❶ 交流　一些　难免　就会　缺少　遇到　问题

____

❷ 碰到　要　一生中　难免　都　每个人　一些困难

____

❸ 是难免的　过程中　在　飞行　气流　飞机　遇到

____

(2) 根据括号里的信息，用“难免”完成对话。

Complete the dialogues using “难免” based on the information given in the brackets.

❶ A：他来公司的时间不长，对工作还不熟悉，你别生他的气了。

B：唉……是啊，缺少工作经验的话，____________________。（出错）

❷ A：他为什么总是不听我的意见就随便做决定呢！

B：两个人的想法不同，____________________也是难免的。（意见）

❸ A：刷卡这么方便，我不准备带现金了。

B：出去旅行____________________，你还是带一些吧。（意外）

3. 几乎

副词，多用于书面语，表示接近某种情况、程度、状态，也表示接近某个数量、范围，有“差不多”的意思。除此之外，“几乎”还有“差点儿”的意思，表示某件事眼看就要发生结果却没有发生。

It is an adverb frequently used in written Chinese. It means "being close to a certain situation, degree or state", as well as "being close to a certain amount or scale". Its meaning is similar to "差不多". In addition, "几乎" means "差点儿", indicating that something is about to happen but it doesn't.

1. 这个月几乎每天都在下雨，让人心情糟糕极了。（接近某种情况）
2. 他讲的笑话太好笑了，大家几乎要笑疯了。（接近某种程度、状态）
3. 我们班几乎有三分之二的学生都来自泰国。（接近某个数量）
4. 利用两个月的假期，他几乎走遍了半个中国。（接近某个范围）
5. 这件事要不是你提醒我，我几乎忘了。（差点儿）

(1) 用“几乎”改写下列句子。 Paraphrase the following sentences using "几乎".

1. 昨天发生的事，差不多所有人都知道了。

   → ______________________________

2. 奶奶年纪大了，头发差不多全白了。

   → ______________________________

3. 这辆车的价格差不多是那辆车的两倍，太贵了。

   → ______________________________

4. 她的变化太大了，我差点儿都认不出来她了。

   → ______________________________

(2) 根据括号里的信息，用“几乎”完成句子，把短文补充完整。

Complete the sentences in the passage using "几乎" based on the information given in the brackets.

麦克是一个刚毕业的小伙子，他进入了一家不错的公司。为了得到老板的赞赏（zànshǎng），他不但工作时间认真干活儿，下了班也不回家，继续留在办公室加班，❶ ________________（很晚）。他以为老板会给他加薪（jiā xīn），谁知道却收到了被辞退（cítuì）的邮件。看到邮件的时候，❷ ________________（相信）。他怎么想也想不出来，为什么自己勤劳努力，却成了一起入职（rùzhí）的员工中第一个被辞退的人。他不知道的是，老板的想法其实是，本来只有八个小时的工作，❸ ________________（一倍），这样的人千万不能用。

词语辨析 / Distinction between Synonyms

千万——一定

<table>
<tr><th></th><th>千万</th><th>一定</th></tr>
<tr><td>共同点</td><td colspan="2">都可用在祈使句中，表示说话人对听话人的劝告、请求、叮咛等。
Both of them can be used in imperative sentences when the speaker is offering advice, making a request or giving a warning to the listener.</td></tr>
<tr><td rowspan="3">不同点</td><td>语气更重。
The tone is stronger.</td><td>语气稍轻。
The tone is slightly weaker.</td></tr>
<tr><td colspan="2">❶ 你千万 / 一定别忘了提醒我那件事。
❷ 考试时遇到难题要冷静思考，千万 / 一定不要慌张。</td></tr>
<tr><td>只用于祈使句，不可以用于祈使句以外的句式。
“千万” can only be used in imperative sentences and cannot be used in any other kinds of sentences except imperative sentences.
❶ 这个文件非常重要，你千万别不小心删了。
❷ 他说的那些话，你千万别在意。</td><td>可用于祈使句以外的句式，表示非常坚决的态度或对某种情况非常肯定的判断。
“一定” can be used in other kinds of sentences besides imperative sentences, expressing a very firm attitude or a very positive judgement about a certain situation.
❶ 这次比赛对我来说是个很好的机会，我一定要参加。
❷ 看她不高兴的样子，这件事她一定早就知道了。
❸ 便宜的东西质量一定差吗？</td></tr>
</table>

续表

	千万	一定
不同点	更常用于否定句。 “千万” is more often used in negative sentences. ❶ 你千万不要忘了我说的话。 ❷ 这是垃圾邮件，里面有病毒，你千万不能点开！	在肯定句、否定句中都很常用。 “一定” is commonly used in both positive sentences and negative sentences. ❶ 你今天一定要把词典还给我，我急着用。 ❷ 你一定不要把这些资料给别人看。
	本身无否定式。 “千万” itself has no negative form.	本身有否定式“不一定”，表示对某事发生可能性的判断。 The negative form of “一定” is “不一定”, which indicates the judgement about the likelihood that something will happen. ❶ 我下个星期出差，不知道什么时候回来，不一定能参加聚会。 ❷ 这场比赛谁能赢，现在还不一定呢！
	不可以用作形容词。 “千万” cannot be used as an adjective.	可以用作形容词，表示“某种程度的、相当的”。 “一定” can be used as an adjective, meaning “certain”. ❶ 通过努力，我们的汉语水平有了一定程度的提高。 ❷ 这道题有一定的难度，不是每个人都能做对。

用“千万”或“一定”填空，把短文补充完整。

Fill in the blanks using “千万” or “一定” and complete the passage.

愤怒（fènnù）是一种每个人都 ❶ ______ 会有的情绪（qíngxù）。感到愤怒的时候，我们通常会忍不住发脾气。可很多时候，发了脾气以后我们又会后悔，因为我们发脾气的对象（duìxiàng）常常是父母、孩子、好友这些我们最亲近（qīnjìn）的人。他们不 ❷______是让我们生气的人，却总是成为我们情绪的“垃圾桶”。我们每次都告诉自己，下一次 ❸______要控制（kòngzhì）住自己，但还是忍不住要发脾气，这和我们的情绪管理有 ❹______的关系。愤怒的情绪对我们自己和别人都没有好处，我们要努力提高自己的情绪管理能力，❺______不要因为一点儿小事就打开愤怒的大门。

几乎—差点儿

<table>
<tr><th></th><th>几乎</th><th>差点儿</th></tr>
<tr><td rowspan="2">共同点</td><td colspan="2">都可以表示接近某种状态、程度。
Both of them can be used to express “being close to a certain state or degree”.
❶ 你的变化太大了，我几乎 / 差点儿不敢相信自己的眼睛。
❷ 听说自己考试得了第一名，他高兴得几乎 / 差点儿跳了起来。</td></tr>
<tr><td colspan="2">都可以用于说话人不希望发生的事情，都有“庆幸”的意思。
Both of them can be used to describe a certain incident that the speaker doesn’t wish to happen, expressing “being fortunate”.
❶ 老奶奶脚下滑了一下，几乎 / 差点儿摔倒了。
= 老奶奶脚下滑了一下，几乎 / 差点儿没摔倒。
❷ 我今天早上起晚了，几乎 / 差点儿没赶上火车。</td></tr>
<tr><td>不同点</td><td>“几乎”可以表示数量、范围上的接近，相当于“差不多”。
“几乎” means “being close to a certain amount or scale”. It is similar to “差不多”.
❶ 这个城市今年的降雨量几乎是去年的两倍。
❷ 他几乎把整本书的内容都背下来了。</td><td>“差点儿”不可以表示数量、范围上的接近。
“差点儿” cannot be used to express “being close to a certain amount or scale”.</td></tr>
</table>

续表

	几乎	差点儿
不同点	"几乎"的使用受到说话人意愿的限制。当表示说话人希望发生的事情没有发生，后边多为肯定式时，一般不用"几乎"。 The use of "几乎" is determined by the will of the speaker. When what the speaker wants fails to happen and the following part is affirmative, "几乎" is almost never used.	"差点儿"的使用不受说话人意愿的限制，也不受肯定式和否定式的限制。当表示说话人希望发生的事情没有发生，后边多为肯定式时，一般用"差点儿"，和"就"连用。 The use of "差点儿" is not determined by the will of the speaker, or the affirmative and negative form of the sentence. When what the speaker wants fails to happen and the following part is affirmative, "差点儿" is often used and is used together with "就". ❶ 我排了好几个小时的队，差点儿就买到门票了。 ❷ 我差点儿就赶上飞机了，就差那么几分钟。
	"几乎"有较强的书面语色彩。 "几乎" is often used in written Chinese.	"差点儿"口语色彩较强。 "差点儿" is often used in spoken Chinese.

用"几乎"或"差点儿"填空，把短文补充完整。

Fill in the blanks using "几乎" or "差点儿" and complete the passage.

昨天我 ❶______一夜没睡，一直在准备会议的材料。早上起得很晚，我脸都没洗就出门了。今天路上的车特别多，堵车堵了 ❷______一个钟头，我花了比平时 ❸______多一倍的时间才赶到公司，❹______没迟到，还 ❺______被老板发现。今天真是倒霉的一天！

语言点注解 / Language Points

1. 因果关系复句

因果关系复句前后两个分句之间存在原因和结果的关系，前一个分句说明原因，后一个分句引出结果。表示原因的分句也可以放在后边。分句之间可以使用成对的关联词语，也可以只使用其中一个，或者不用关联词语。常用的关联词语有“因为”“由于”“因此”“所以”“之所以……，是因为……/ 是由于……的缘故”等。

In complex sentences of causative relation, the two clauses have a cause and effect relation. The former clause usually states the reason, and the latter clause states the result. The clause expressing the reason can also be placed after the clause expressing the result. We can use a pair of correlatives, one correlative or no correlative between clauses. The commonly used correlatives are “因为”, “由于”, “因此”, “所以”, “之所以……，是因为……/是由于……的缘故” and so on.

1. 因为汉字很难写，所以我要多练习写汉字。
2. 由于睡眠不足，他今天感到有点儿没精神。
3. 我跟她一起工作了很多年，因此很了解她的脾气和性格。
4. 他之所以没来开会，是因为家里有急事。
5. 知道孩子很安全，妈妈放心了。

按照正确的顺序排列选项，组成语段。

Sequence the choices to make proper utterances.

1. A. 因此表演得到了观众的喜爱
   B. 表演时每个演员也都积极表现
   C. 由于演出前做了充分的准备
   D. 昨天晚上我们进行了最后的演出 ________
2. A. 很多少数民族都有自己的语言和文字
   B. 中国是一个人口众多的国家
   C. 也是一个多民族的国家
   D. 因此政府非常重视保护和发展少数民族语言文字 ________
3. A. 之所以会出现这样的现象
   B. 说的是雪融化时气温会下降
   C. 是由于雪融化时需要吸收热量的缘故
   D. “下雪不冷化雪冷”这句话 ________

2. 由于……的缘故，……

“由于……的缘故”表示原因，常用于比较正式的书面语，意思相当于“因为”。可以用在表述的开始，也可以用在表述的最后。“由于”也可以用“因为”代替，此时口语感更强。

“由于……的缘故” indicates reasons and is commonly used in formal written Chinese, meaning “因为”. It can be used at the beginning or the end of the sentence. “由于” can be replaced by “因为”, which is often used in spoken Chinese.

1. 由于生病的缘故，他改变了原来的工作计划。
2. 他没来参加这次会议是由于去外地出差的缘故。
3. 因为各方面的缘故，事情变成了现在这样；有他自己的缘故，也有其他缘故。

(1) 用“由于……的缘故”回答下列问题。

Answer the following questions using “由于……的缘故”.

1. 你选择来到中国学习汉语，是由于父母的缘故吗？
2. 你迟到过吗？一般是由于什么缘故才迟到的呢？
3. 你们班谁汉语学得最好？你觉得他 / 她汉语学得好是由于什么缘故？

(2) 根据括号里的信息，用“由于……的缘故”描述图片内容，注意不要少于三句话。

Describe the picture using “由于……的缘故” based on the information given in the brackets. You should say more than three sentences.

（电影，眼泪，经历）

3. 不……不……

“不……不……”是表示假设关系的固定用法，意思是“如果不……，就不……”，有必须要做第一个“不”后面的那件事的意思。“不”的后边可以是一个词，也可以是一个短语。

“不……不……” is a fixed usage indicating a hypothetical relation. It means “如果不……，就不……” and indicates that it's necessary to do the thing stated after the first “不”. “不” can be followed by a word or a phrase.

1. 飞机还有半个小时就要起飞了，咱们不走不行了。
2. 他的性格很直接，有什么话一定得说出来，不说出来不舒服。
3. 很多人习惯把要做的事情留到最后一天，不到最后一天不开始做。

(1) 用“不……不……”改写下列句子。

Paraphrase the following sentences using “不……不……”.

1. 要是我没去这个地方，我都不知道原来这里的风景这么美。

   → ______________________________

2. 买衣服之前一定要试试，要是不试的话，就不会知道是不是合适。

   → ______________________________

3. 这个女孩子每天出门前都要先打扮打扮，不打扮的话，她是不会见人的。

   → ______________________________

(2) 用“不……不……”完成对话和句子。

Complete the dialogue and sentences using “不……不……”.

1. A：这道菜看起来不好看，闻起来味道也一般，可是你尝尝就知道味道怎么样了。

   B：天啊！______________，这道菜实在是太好吃了！
2. 我知道你不喜欢打针，可是你烧得这么厉害，__________。
3. 大家都说“失败是成功之母”，______________。

4. 说实话

“说实话”常用在口语中，通常用于告知别人，后边的话说的是自己最真实的情况、态度、评价等；也可以按字面意思去理解，表示“说真话、不说假话”。

“说实话” is often used in spoken Chinese. It is used to tell others that the speaker's following words are his/her real situations, attitude, comments, etc. This phrase can also be interpreted literally, meaning “to tell the truth rather than lie”.

1. 你们都说他的小说很受欢迎，可是说实话，我从来没看过他写的小说。

2. A：你觉得我穿这件衣服好看吗？

   B：说实话，我觉得这件衣服不太适合你。你穿那件衣服应该会更好看。

3. 你跟我说实话，这件事是不是你干的？

用"说实话"完成对话。 Complete the dialogues using "说实话".

1. A：网上说那部新电影特别好看，你看了以后觉得怎么样？

   B：______________________________________

2. A：下一个就是你表演节目了，你紧不紧张？

   B：______________________________________

3. A：______________________________________

   B：嗯，我昨天确实有点儿生你的气。

5. 不打不相识

"不打不相识"常用来说明两个人成为朋友的原因，即两个人是因为发生了矛盾或产生了误会才互相熟识并成为朋友的。

"不打不相识" is often used to explain the reason why two people become friends, meaning that they get to know each other and become friends due to some conflicts or misunderstandings.

1. 真是"不打不相识"，你看他们现在关系多好啊！
2. 那件事以后，他和马克成为了"不打不相识"的好朋友。
3. 要不是那次吵架，我们俩也不会互相理解、成为朋友，真是"不打不相识"啊！

课文练习 / Text Exercises

1. 你有没有和朋友或同学产生误会的经历？如果有，你用了什么方法来化解误会？结果怎么样？

2. 用下列词语和语言点复述课文。

相识　矛盾　允许　解释　千万　难免　几乎

由于……的缘故，……　不……不……

PART 3
第三部分

听力实践 Listening Practice

1. 听对话，选择正确答案。 4-8

Listen to the dialogues and choose the correct answers.

1. A. 给手机充满电　B. 准备好会议方案
   C. 随身带着电脑　D. 复印开会的材料
2. A. 她不适应实习的生活　B. 她已经大学毕业了
   C. 她差不多每天都上课　D. 她对所有课程都感兴趣
3. A. 名牌手表　B. 家庭纪念册
   C. 数码相机　D. 红葡萄酒
4. A. 他脾气很差　B. 他没保守秘密
   C. 他不懂礼貌　D. 他不承认错误
5. A. 他最近常常熬夜　B. 他刚失去了工作
   C. 他的家人受伤了　D. 他和女友吵架了

2. 听短文，选择正确答案。 4-9

Listen to the passage and choose the correct answers.

1. A. 他很年轻就当上了警察　B. 他考虑任何问题都很周到
   C. 他总有解决矛盾的办法　D. 他总能分析出问题的原因
2. A. 她们因为吵架非常惭愧　B. 她们认识到了自己的错误
   C. 她们接受了彼此的道歉　D. 她们不想承认自己年纪大

阅读实践 Reading Practice

中国文化的“超级粉丝”

第一次见到玛利亚，是在上海一所大学的校园里，她坐在长椅上，在笔记本上认真地写着一些东西。由于__1__的缘故，我站在她身后看了一会儿，对她能写出这么漂亮的汉字感到很吃惊。

在交谈中，我了解到她是一名法国留学生，__2__对中国感兴趣，两年前来到中国学习汉语。刚到中国的时候，她一句汉语__3__不会说，而且在学习汉语的过程中__4__有很多不适应的地方，然而她__5__坚持了下来。为了能尽快用汉语跟别人交流，她__6__每天都在不停地学习，并且坚持用汉语进行表达，能不说英语就不说英语。说到最初她开始对汉语感兴趣的原因时，她笑了笑说：“你__7__别笑话我，我其实是看了一部中国电影，就想到中国看看。没想到，到了这儿就爱上了这儿。我现在已经成为中国文化的‘超级粉丝’了。”

（277 字）

超级	chāojí	形
super		
粉丝	fěnsī	名
fan		
交谈	jiāotán	动
talk with each other		
过程	guòchéng	名
process		
适应	shìyìng	动
adapt to		
然而	rán'ér	连
but, however		
最初	zuìchū	名
beginning		

1. 完形填空。Cloze.

	A	B	C	D
❶	A. 谨慎	B. 好奇	C. 奇怪	D. 偶尔
❷	A. 因此	B. 由于	C. 经过	D. 于是
❸	A. 也	B. 还	C. 可	D. 而
❹	A. 反应	B. 允许	C. 难免	D. 难得
❺	A. 并不	B. 还是	C. 还在	D. 终于
❻	A. 几乎	B. 立刻	C. 差点儿	D. 其实
❼	A. 肯定	B. 一定	C. 十分	D. 千万

2. 根据短文，选择正确答案。

Choose the correct answers based on the passage.

❶ “我”感到很吃惊，是由于：（　　）

A. 她住在我的隔壁　　B. 她来中国学习汉语了

C. 她的汉语退步了　　D. 她的汉字写得很漂亮

❷ 玛利亚来到中国，是因为：（　　）

A. 她对中国感兴趣　　B. 她想见偶像明星

C. 来参加摄影比赛　　D. 她想学习拍电影

❸ 为了学好汉语，玛利亚：（　　）

A. 参加汉语夏令营　　B. 坚持用汉语表达

C. 每天学习到深夜　　D. 经常看中国电影

❹ 文中的“超级粉丝”的意思是：（　　）

A. 对中国文化着迷的人　　B. 胃口特别好的人

C. 很喜欢中国明星的人　　D. 十分有魅力的人

听读拓展 More Listening and Reading Practice

1. 根据问题，用最快的速度浏览后面的短文，找到问题的答案。

❶ “我”平时早饭吃什么？（　　）

A. 包子　　B. 煎饼　　C. 饼干　　D. 面包

❷ “我”伸出两根手指是什么意思？（　　）

A. 要两个　　B. 很好吃　　C. 打招呼　　D. 两个人

❸ 阿姨为什么给了“我”五个煎饼？（　　）

A.“我”今天胃口不错　　B. 阿姨误会了“我”的意思

C. 阿姨向“我”表示感谢　　D. 阿姨让“我”午饭时再吃

2. 查一查或问一问：下面这些词语都是什么意思？试着用汉语解释一下。

❶ 动手：________________

❷ 胃口大开：________________

❸ 路过：________________

每天早上上班前，我都在公司门口买一个煎饼当早饭。时间一长，就和卖煎饼的阿姨熟了。每次我举起手，伸出一根手指，阿姨就会马上动手，做好一个煎饼，等我停好车以后过来拿。有时候我胃口大开，觉得一个不够吃，伸两根手指就行了。昨天我起得很早，在家里吃了面包、喝了牛奶以后才去上班。路过卖煎饼的地方，就抬手跟阿姨打了个招呼。停好车以后，我打算直接进公司。没想到阿姨跑过来，手里拿着一个袋子，说："你刚才伸了五根手指，我就做了五个煎饼，等了半天你都不来拿，只好给你送过来了。你快趁热吃吧！"

学后反思 Reflection

1. 写出本课你最熟悉的三个生词和一个语言点，并试着用每个生词和语言点各写一个句子。

Write down three new words and one language point that you are most familiar with in this lesson, and try to make a sentence with each new word and language point.

生词	句子
语言点	句子

2. 你认为本课哪些生词和语言点你还需要加深理解和加强练习？试着查阅资料，用这些生词和语言点各写一个句子。

Which new words and language points do you need to understand further and practise more in this lesson? Refer to some materials and make a sentence with each new word and language point.

生词	句子

语言点	句子

第五课 LESSON 5

有朋自远方来

Friends Coming from Afar

学习目标 Learning Goals

重点生词 / Key Words

❶ 竟然　❷ 自从　❸ 临

词语辨析 / Distinction between Synonyms

自从—从

重点语言点 / Key Language Points

❶ 递进关系复句

❷ 递进关系复句：……，甚至……

❸ 转折关系复句：……，却……

❹ 固定用法：与……相比

❺ 固定用法：……之一

❻ 俗语：有朋自远方来

PART 1

第一部分

预习词语 Preview the Words

听录音，跟读生词。 5-1

Listen to the recording and repeat the new words.

1	陌生	mòshēng	形	unfamiliar, strange
2	竟然	jìngrán	副	unexpectedly
3	自从	zìcóng	介	from, since
4	分别	fēnbié	副	separately, respectively
5	甚至	shènzhì	连	even, so much so that
6	招待	zhāodài	动	receive (guests), entertain
7	接机	jiē//jī	动	meet (a person) at the airport
8	相比	xiāngbǐ	动	contrast, compare with each other
9	却	què	副	but, yet
10	通	tòng	量	[for a complete course of activity]
11	特色	tèsè	名	characteristic, distinguishing feature
12	指	zhǐ	动	point at, point to
13	海鲜	hǎixiān	名	seafood
14	特产	tèchǎn	名	special local product
15	之一	zhī yī		one of (sth)
16	摇	yáo	动	shake
17	摇头	yáo//tóu	动	shake one's head
18	过敏	guòmǐn	动	be allergic to
19	闽南菜	mǐnnáncài	名	the cuisine of the south of Fujian Province
20	回忆	huíyì	动	recollect, recall
21	时代	shídài	名	period in one's life
22	游览	yóulǎn	动	go sightseeing

23 美好	měihǎo	形	glorious, happy
24 时光	shíguāng	名	times, years, days
25 短暂	duǎnzàn	形	short
26 临	lín	介	just before
27 度过	dùguò	动	spend, pass
28 难忘	nánwàng	形	unforgettable

1 厦门	Xiàmén		Xiamen

第一组生词 Group 1

陌生	招待	接机	特色	指	海鲜	摇头	过敏
回忆	时代	游览	美好	时光	短暂	度过	难忘

1. 将下列词语与对应的图片连线。

Match the following words to the corresponding pictures.

海鲜

指

接机

游览

过敏

摇头

2. 近义词连线。 Match the synonyms.

特色	旅游
游览	时间
时代	年代
时光	特点

3. 反义词连线。 Match the antonyms.

陌生	长远
短暂	熟悉
摇头	送机
接机	点头
美好	糟糕

4. 选择正确的词语，把下列句子补充完整。

Choose the correct words and complete the following sentences.

A. 招待　B. 过敏　C. 特色　D. 难忘　E. 度过　F. 回忆

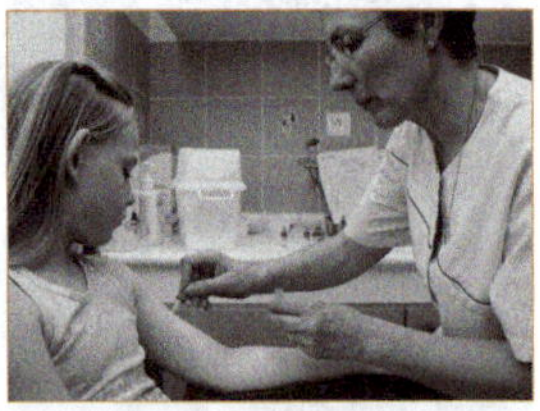

❶ 这个孩子一吃海鲜就__________，必须去医院打针。

❷ 北京烤鸭是北京的__________菜，到了这儿怎么能不尝尝呢？

❸ 我在这儿生活了十年，这儿的一切都给我留下了非常__________的回忆。

❹ 去年暑假，我们一家人去海南旅行，__________了一个非常愉快的假期。

⑤ 他是咱们公司非常重要的客人，你一定要好好__________他，让他满意。

⑥ 看看老照片，__________一下年轻时候的美好时光，也是一件很幸福的事。

第二组生词 Group 2

竟然　自从　临

1. 听录音，跟读句子。 5-2

Listen to the recording and repeat the sentences.

我接到了一个陌生号码打来的电话，竟然是我的大学同学。

你竟然把妈妈的生日都忘了，太不应该了！

自从毕业以后，我们分别去了不同的城市，已经很久没有见过面了。

自从第一次见到你，我就喜欢上了你。

临上飞机，他告诉我，这几天是他度过的非常难忘的一段时光。

演出临开始前，演员们都感到有点儿紧张。

2. 按听到的先后顺序为下列句子排序，将序号写在句子前面的横线上，并在括号中填上你听到的生词。 5-3

Sequence the following sentences in the order you hear them, write the sequence numbers on the lines in front of each sentence, and fill in the brackets with the words you hear.

______ 你（　　　）走前别忘了把空调关掉。

______ （　　　）来到中国以后，我就学会了打太极拳。

______ 你（　　　）真的要辞职去别的公司？我以为你只是随便说说呢。

______ 飞机（　　　）起飞前，请各位乘客关闭手机、电脑等电子设备。

______ 我戒烟一年多了，（　　　）去年九月起，我就再也没抽过烟了。

______ 刚才还是个大晴天呢，这么一会儿（　　　）就下起了大雨。

预习语言点 Preview the Language Points

听录音，跟读句子，并完成相应的练习。 5-4

Listen to the recording, repeat the sentences and finish the exercises.

……，甚至……

自从毕业以后，我们已经很久没有见过面了，甚至他长什么样子我都快忘记了。

爸爸平时特别忙，每天都工作到半夜，甚至春节都没有休息。

"……，甚至……"是递进关系复句。递进关系复句还有哪些常用关联词语？请你写出至少三个递进关系复句。

"……，甚至……" is a complex sentence of progressive relation. Do you know any other correlatives that are often used in complex sentences of progressive relation? Please write down at least three such sentences.

例如：她们不但互相认识，而且是非常好的朋友。

1. ______________________________
2. ______________________________
3. ______________________________

……，却……

我的老同学变化不大，还是老样子，可是他却笑话了一通我的啤酒肚。

这位老师十分年轻，却有着丰富的教学经验。

与……相比

在机场接老同学时，我一眼就认出他来了，与读书时相比，他的变化不大。

他这次的考试成绩与期中考试相比，有了很大的提高。

……之一

来了厦门，怎么能不尝尝海鲜呢？这可是厦门特产之一。

桂林是中国最美的城市之一，来中国旅游一定要去桂林看看。

有朋自远方来

有朋自远方来，我怎么会不欢迎呢？

你们从不同的国家来到这里，和我们相聚在一起，真是“有朋自远方来”啊！

1. 听对话，选出与你听到的内容相符的选项。 5-5

Listen to the dialogues and choose the facts that match what you hear.

❶ A. 张义达最近工作很忙，除了周末以外其他时间都得加班。

B. 张义达最近工作很忙，连周末都得加班。

❷ A. 男的觉得今年夏天没有去年热。

B. 男的觉得今年夏天比去年热。

❸ A. 虽然女的假期想出去旅行，可是因为没买到票不能去。

B. 因为女的想待在家里休息，所以假期没打算出去旅行。

❹ A. 这次比赛只有张丽红一个人获奖了。

B. 这次比赛张丽红是获奖者中的一个。

2. 听短文，选择正确答案。 5-6

Listen to the passage and choose the correct answers.

❶ 厦门为什么被认为是“最适合居住的城市”之一？

A. 经济最发达　　B. 风景十分优美

C. 地理位置好　　D. 气候比较干燥

❷ 关于厦门，可以知道什么？

A. 厦门是福建省的省会　　B. 闽南方言和普通话没有区别

C. 厦门是一座沿海城市　　D. 海鲜只在夏季和秋季能吃到

PART 2

第二部分

课文讲练 Text

听录音，预习课文，思考课文旁边的问题。 5-7

Listen to the recording and preview the text. Think about the questions next to the text.

有朋自远方来

上个星期，我接到了一个陌生号码打来的电话，竟然是我的大学同学张义达。听到老同学的声音，我既吃惊又兴奋。自从毕业以后，我们分别去了不同的城市，已经很久没有见过面了，甚至他长什么样子我都快忘记了。老同学在电话里说，他这个星期要来厦门开会，正好来看看我，问我欢不欢迎。我开玩笑说："有朋自远方来，我怎么会不欢迎呢？你这个大忙人难得来一趟，这回我得好好招待招待你。"

在机场接机时，我一眼就认出他来了。与读书时相比，他的变化不大，还是老样子，可是他却笑话了我一通，说几年不见，我都有啤酒肚了。我说："走吧，咱们找个饭馆，一边吃一边聊。"老同学是第一次来厦门，他问我这里什么最有特色，我指了指远处的海，说："来了厦门，怎么能不尝尝海鲜呢？这可是厦门特产之一。"老同学摇了摇头："我什么都能吃，就是不能吃海鲜，一吃就过敏。"我想了想，既然来了厦门，就尝尝闽南菜吧。最后，我们找了一家闽南菜馆，菜很地道，我们聊得很开心。我们一起回忆过去，好像又回到了学生时代。接下来的几天，老同学

1. "我"接到了谁打来的电话？接到这个电话时"我"吃惊吗？
2. 老同学为什么给"我"打电话？他要来干什么？
3. "我"和老同学互相认出来了吗？"我们"的变化大不大？
4. "我"要带老同学吃什么？他赞同吗？为什么？
5. "我"和老同学这几天是怎么度过的？
6. 老同学为什么觉得这段时光非常难忘？

白天开会，晚上我们一起吃吃喝喝，到处游览，玩得很开心。

美好的时光总是特别短暂，几天时间转眼就过去了。临上飞机，他告诉我，这几天他好像又回到了学生时代，是他度过的非常难忘的一段时光。

（459 字）

生词注解 / New Words

1. 竟然

副词，表示出现了说话人没有想到的结果或情况，有惊讶、出乎意料的意思。

It is an adverb, indicating a result or a situation that is out of the speaker's expectations. The speaker expresses his/her surprise by saying "竟然".

1. 这么重要的事情，你竟然没和家人商量就决定了？
2. 需要一个月才能做完的工作，大家竟然十五天就完成了。
3. 他最近工作太忙了，竟然把女朋友的生日都给忘了。

(1) 连词成句。 Put the words or phrases in the correct order to make sentences.

1. 放弃了　机会　竟然　你　把　重要的　这么

   ____

2. 公司　没想到　竟然　被　真　他　辞掉了

   ____

3. 画家　竟然　就　那个　走遍　一个月　中国　只用　打算

   ____

(2) 根据括号里的信息，用"竟然"完成对话和句子。

Complete the dialogue and sentences using "竟然" based on the information given in the brackets.

1. A：______________________________。（比赛）

   B：是啊，我自己也没想到，我以为我能进前十名就很不错了呢！

2. 我以为做西红柿炒鸡蛋很麻烦呢，______________________________。（容易）
3. 大家谁都没想到______________，这真是个令人惊讶的消息。（辞职）

2. 自从

介词，表示从过去的某一个时间开始。常和“以后”“开始”“起”等表示时间的词连用，可以用在句子最开始，也可以用在主语的后面。

It is a preposition, meaning “from a certain time in the past”, and it is often used with words expressing time, such as “以后”, “开始”, “起”, etc. It can be used at the beginning of the sentence or after the subject.

1. 自从开始减肥，她每天就只吃一顿饭。
2. 自从我第一眼见到那幅画起，我就决定要把它买下来。
3. 我自从看了那部电影以后，就喜欢上了汉语这门语言。
4. 咱们自从毕业以后就没见过面。

(1) 从上面的例句中选择合适的句子完成对话。

Choose the proper sentences from the examples above and complete the dialogues.

1. A：咱们多长时间没见面了？

   B：挺长时间了，______________________________

2. A：你是从什么时候开始喜欢上汉语的？

   B：______________________________________

3. A：那幅画不是著名画家画的，而且不便宜，你怎么还是买了呢？

   B：我也说不清楚，______________________________

4. A：________________________。这样下去她的身体会坏掉的！

   B：是啊，咱们好好劝劝她吧，不好好吃饭可不是减肥的好方法。

(2) 根据括号里的信息，完成下列句子。

Complete the following sentences based on the information given in the brackets.

1. ______________，我就对中国文化产生了兴趣。（自从……以后）
2. _________________，你的脸色就一直很难看。（自从……开始）
3. ________________________，我就喜欢上了你。（自从……起）
4. 自从辞职以后，_____________________________。（收入）
5. 自从上个月开始，___________________________。（天气）

3. 临

介词，常用在动词前面，和“前”“时”等词连用，表示动作行为发生前很短的时间。

It is a preposition and is often used before verbs and together with “前”, “时” and so on, indicating a very short time before the action.

1. 老师常常告诉我们，不要等到临考试前才复习。
2. 我先出门了，你临走前别忘了把灯关掉。
3. 这次出差时间太紧张了，临离开北京时才给你买了个礼物。

(1) 朗读句子，学习下列含有“临”的词语，并将“临”的正确意思填在句子前面的横线上。

Read aloud the sentences, learn the following words that contain “临”, and write the correct meaning of “临” on the lines in front of each sentence.

A.（时间）接近，将要、快要　B. 挨着、靠近（地方）　C. 来，到

例如：__B__　高美家在一个临河的小区里，环境非常好。

1. ______　你的发言非常精彩，一点儿都听不出来是临时准备的。
2. ______　售货员热情地对我说：“欢迎光临，请到里边看看。”
3. ______　昨天的电视剧你看了吗？男主角临死前说的话真让人感动啊！
4. ______　我不喜欢临街的房子，虽然交通方便，但是太吵了。

(2) 用“临”完成句子。 Complete the sentences using “临”.

1. 他______________________________才发现自己忘了带身份证。
2. ______________，同学们都忙着复习功课，有的人甚至整晚都不睡觉。
3. 他____________________一定要听爸爸给他讲故事，不听完不睡。
4. 你不应该到了______________才开始准备会议材料，这样怎么能不出问题呢？

词语辨析 / Distinction between Synonyms

自从—从

	自从	从
共同点	都可以用来表示时间的起点。 Both of them can be used to indicate the starting point of time.	
不同点	只能表示过去的时间。 "自从" can only indicate time of the past. ❶ 自从来到中国以后，我才开始真正了解中国。 ❷ 自从去年六月开始，我就再也没有见过他。	可以表示过去，也可以表示现在、将来。 "从" can indicate time of the past, the present and the future. ❶ 从昨天晚上开始，外边就一直在下雨。 ❷ 从现在开始，请大家不要说话，保持安静。 ❸ 他已经决定从明天开始戒烟了。
	不可以表示地点、范围等的起点。 "自从" cannot indicate the starting point of places or ranges.	可以表示地点、范围等的起点。 "从" can indicate the starting point of places or ranges. ❶ 这趟航班是从哪儿起飞的？ ❷ 这篇课文他从头到尾都能背下来。

用"自从"或"从"填空，把短文补充完整。

Fill in the blanks using "自从" or "从" and complete the passage.

前几天，我 ❶______北京坐飞机到厦门出差，没想到遇到了老同学。❷______毕业以后，我们就再也没有见过面。老同学很惊讶，他没想到我一眼就把他认出来了。我告诉他，❸______上研究生起，他的样子就没怎么变过，我当然认得出来。我们俩都很高兴，找了个饭馆边吃边聊，两个人聊得很开心，❹______母校聊到公司，❺______工作聊到家庭。我把我做了爸爸的消息告诉了老同学，他说他也有了一个女儿，而且 ❻______做了爸爸以后，他就更加努力地工作赚钱了。另外，老同学还有一件高兴的事，那就是 ❼______下个月开始，他就要 ❽______普通员工变成部门经理了，这真是个好消息！最后，我们约好以后有机会的话，要多聚聚。

语言点注解 / Language Points

1. 递进关系复句

递进关系复句的前后两个分句是递进关系，后一个分句的意思比前一个分句更进了一层，语义更重了一些，事例更加突出。关联词语一般成对使用，常用的关联词语有“不但”“不仅”“不光”“不只”“不单”等，常用“而且”“还”“甚至”等来呼应。

The two clauses in a complex sentence of progressive relation have a progressive relation. The latter clause goes further in meaning than the first one, and the example in the latter clause is more outstanding. Correlatives in such sentences are usually used in pairs. The commonly used correlatives include “不但”, “不仅”, “不光”, “不只”, “不单”, etc. These correlatives are used together with “而且”, “还”, “甚至” and so on.

❶ 这份工作不但工资高，而且很有趣。

❷ 她不仅会做家常菜，而且会做很多点心。

❸ 我们不光学会了汉语，还了解到了很多中国文化。

❹ 植物健康生长不只需要水和阳光，还需要合适的温度和湿度。

❺ 听说梁老师不单走遍了亚洲，还去过非洲的很多国家。

按照正确的顺序排列选项，组成语段。

Sequence the choices to make proper utterances.

❶ A. 甚至从来没有打过招呼
B. 自从他搬到这儿
C. 我们不但没有说过话
D. 我家对面新搬进来一个小伙子 ________

❷ A. 就是有一定的副作用，不能过量服用
B. 这种药不仅效果明显

C. 我们研究出了一种新药

D. 而且药效时间长 ________

3. A. 而且还会更加努力地继续坚持下去

B. 为了把画画好

C. 我已经努力了这么长时间

D. 所以我不但不会放弃画画这个爱好 ________

4. A. 反而显得更加美丽了

B. 昨晚下了一场大雪

C. 可它们不仅没有落下来

D. 树叶都变黄了 ________

2. ……，甚至……

“甚至”是连词，后边提出的是更进一步、更加突出的例子，有强调的意味。常常和“也”“都”一起使用，有时候“甚至”也可以放在主语前。

“甚至” is a conjunction followed by further and more outstanding examples. It is used to stress a point and is often used with “也” and “都”. Sometimes, “甚至” can be placed before the subject.

1. 她学习特别努力，甚至走路时都在背生词。
2. 我非常讨厌这种水果，甚至闻到它的气味都想吐。
3. 天气实在是太热了，甚至（连）坐着都会出汗。
4. 这道题太难了，甚至（连）阿尔达都不会做。

(1) 将左右两部分连起来，放在合适的对话中。

Match the left to the right and put the sentences in the appropriate dialogues.

你的发音非常标准	甚至连买水果的钱都没有
最近我的工作太多了	甚至都听不出来你是留学生
我跟他吵架了，不想见到他	甚至连吃饭的时间也没有
我最近很缺钱	甚至不想听到他的名字

1. A：老师，您觉得我的汉语发音怎么样？

B：________________________________

② A：艾米丽，你跟马克怎么了？怎么不说话了？

B：____

③ A：最近你忙不忙？出来喝一杯怎么样？

B：真抱歉，________________________，真没时间出来啊。

④ A：我们今天晚上去逛街，你去吗？

B：________________________________，就不去了。

(2) 根据括号里的信息，用"甚至"完成句子，把短文补充完整。

Complete the sentences in the passage using "甚至" based on the information given in the brackets.

现在，手机在我们的生活中占据（zhànjù）了越来越重要的位置，无论是工作还是休息，人们都离不开手机。很多人手里没有了手机，就觉得缺少了点儿什么。这些人无论是吃饭、聚会，还是走路、坐车，❶________________（睡觉），都不能没有手机。这些在任何时候、任何地方都习惯低着头看手机的人被形象地称为"低头族（zú）"。在公交车上、地铁里，我们都常常能看到他们的身影（shēnyǐng）。对于这些习惯依赖手机的人来说，手机方便了他们的生活，却让人与人之间的距离变远了。以前，人们之间有很多交流，可是现在，❷________________（打招呼）。跟朋友约好的聚会，变成了换个地方玩手机；说好要陪家人和孩子，变成了自己在旁边玩手机；有的人因为玩手机，❸________________（孩子，丢）。生活需要交流，不要让手机遮（zhē）住了我们的眼睛和耳朵。

3. ……，却……

“却”是副词，表示转折，相当于“但是”“可是”等，语气较轻，常用在主语后，不能用在主语前。

“却” is an adverb, indicating a transition. It is similar to “但是”, “可是”, etc. The tone of transition is not very strong. It is usually used after the subject but cannot be placed before the subject.

1. 这是一个很好的工作机会，他却放弃了。
2. 孟宏虽然来中国的时间不长，却很快就习惯了这里的一切。
3. 自从工作以后，姐姐就想出去旅行，却一直没有时间。

用“……，却……”改写下列句子。

Paraphrase the following sentences using “……，却……”.

1. 他们住在一个楼里，虽然每天都见面，但是他们互相不认识。

   → ________________________________

2. 周末的时候，马克喜欢出去玩，但我和他不同，我喜欢待在宿舍看书。

   → ________________________________

3. 北方的冬天外边冷，房间里热，常常是外边下着大雪，可是房间里很暖和。

   → ________________________________

4. 与……相比

经常位于句首，将两个事物或情况进行比较，突出和强调后边不一致的情况，多用在书面语中。

“与……相比” is usually placed at the beginning of a sentence, indicating the comparison between two things or situations. It emphasises what is different in the latter thing or situation and is often used in written Chinese.

1. 与水相比，同样质量的冰体积更大一些。
2. 与过去的生活相比，现在人们的生活质量更高了。
3. 与坐火车相比，我更愿意选择坐飞机旅行，因为坐飞机既快捷又舒适。

(1) 从上面的例句中选择合适的句子完成对话。

Choose the proper sentences from the examples above and complete the dialogues.

1. A：你更愿意选择哪种出行方式？坐火车还是坐飞机？

   B：________________________________

2. A：现在人们的生活质量提高了很多。

   B：没错，______________________________

3. A：同样质量的水和冰，哪个体积更大一些？

   B：________________________________

(2) 用“与……相比”改写下列句子。

Paraphrase the following sentences using “与……相比”.

1. 我认为价格比样子更重要，因此我买了这个手机。

   → ________________________________

2. 小说比历史书更吸引人，所以我更喜欢看小说。

   → ________________________________

3. 如果有两个选择——待在家里和出去逛街，我更愿意选择待在家里休息。

   → ________________________________

5. ……之一

“之一”用在名词的后面，表示若干事物中的一个，“之”相当于“的”。“……之一”可以和“最”连用，即“最 +A+ 的 +N+ 之一”。

“之一” is used after nouns, indicating one of several things. “之” is similar to “的”. “……之一” can be used together with “最”, namely “最+A+的+N+之一”.

1. 工资低只是他辞职的原因之一，并不是最重要的原因。
2. 北京大学是中国最有名的大学之一。
3. 春节是中国最重要的节日之一；除了春节以外，重要的节日还有端午节、中秋节等。

(1) 从上面的例句中选择合适的句子完成对话。

Choose the proper sentences from the examples above and complete the dialogues.

1. A：你知道北京大学吗？

   B：当然知道了，________________

2. A：听说他从公司辞职了，是不是因为工资太低了？

   B：________________

3. A：中国都有哪些重要的节日啊？

   B：________________

(2) 用“……之一”完成对话和句子。

Complete the dialogue and sentences using “……之一”.

1. A：你学习汉语的过程中遇到过什么困难？

   B：我遇到过很多困难，________________

2. 他选择这个工作有很多原因，________________

3. 我觉得住在中国人家里有很多好处，________________

6. 有朋自远方来

这句话出自《论语》中的“有朋自远方来，不亦乐乎？”，常用来欢迎从很远的地方来的客人。

“有朋自远方来” is from “有朋自远方来，不亦乐乎？” in *The Analects of Confucius*. It is often used to welcome guests from afar.

1. 有朋自远方来，欢迎各位老师、同学来我校参观学习！
2. 有朋自远方来，你们是客人，今天这顿饭必须让我来请。

课文练习 / Text Exercises

1. 你觉得课文中张义达的老同学招待他的方式怎么样？如果你的朋友来到你生活的城市，你会怎么招待他/她？

2. 用下列词语和语言点复述课文。

竟然　甚至　招待　游览　……，却……　与……相比　……之一

PART 3
第三部分

听力实践 Listening Practice

1. 听对话，选择正确答案。 5-8

Listen to the dialogues and choose the correct answers.

❶ A. 等待登机时　　B. 办理手续时
　C. 收拾行李时　　D. 快要出发前

❷ A. 她成功申请到了银行贷款　　B. 她想招待亲戚朋友
　C. 她的新工作工资比以前高　　D. 她的丈夫十分富有

❸ A. 他经常参加"汉语角"　　B. 他是华裔美国人
　C. 他学习汉语很用功　　D. 他有专门的辅导教师

❹ A. 她已经吃够了　　B. 她的脸过敏了
　C. 为了保持身材　　D. 鸡蛋变质了

❺ A. 放弃爬到山顶　　B. 克服眼前的困难
　C. 劝朋友继续坚持　　D. 到山顶拍漂亮的照片

2. 听短文，选择正确答案。 5-9

Listen to the passage and choose the correct answers.

❶ A. 他会因为病重而去世　　B. 他会实现自己的梦想
　C. 他会面临失业的困难　　D. 他的身体会越来越差

❷ A. 他的身体状况变好了　　B. 医生成功地说服了他
　C. 有一片绿叶没掉下来　　D. 家人给了他很大鼓励

阅读实践 Reading Practice

兰州牛肉面

与南方主要以米饭为主食___1___，面食在北方人的日常饮食中非常受欢迎，光是面条儿就有极其丰富的做法，___2___兰州牛肉面就是中国最有特色的面条儿之一。

兰州位于中国西部，是甘肃省的省会。提起兰州，人们第一时间想到的___3___这里的牛肉面。这种面食在清代出现，到现在已经有两个多世纪的历史了。在兰州，每天一碗牛肉面的人不在少数，很多当地人的一天就从早上的一碗牛肉面开始。对于兰州人来说，___4___没有人不会做牛肉面，街上也到处都是牛肉面馆。随便走进一家面馆，吃上一口面条儿，喝上一口热汤，再配上牛肉和辣椒，别提多舒服了！

现在，全国各地的街头都能看到兰州牛肉面馆。可是，很多人___5___说，牛肉面出了兰州就变味了。这是为什么呢？因为兰州牛肉面味道的___6___，不在面条儿，而在于汤。黄河的水，加上当地的粮食和牛肉，诞生了味道独特的汤。这也是很多游客___7___到兰州来吃牛肉面的原因。如果你有机会到兰州来，一定要吃上一碗兰州的牛肉面。

（347 字）

词语	拼音	词性	释义
以……为……	yǐ…wéi…		take... as...
日常	rìcháng	形	daily
光	guāng	副	merely, solely
极其	jíqí	副	extremely
位于	wèiyú	动	be located
省会	shěnghuì	名	provincial capital
清代	Qīngdài	专名	Qing Dynasty
世纪	shìjì	名	century
少数	shǎoshù	名	small number
当地	dāngdì	名	locality
配	pèi	动	mix, blend
辣椒	làjiāo	名	hot/chilli pepper
别提多……了	biétí duō…le		[used to describe a deep degree]
在于	zàiyú	动	be determined by
粮食	liángshi	名	grain
诞生	dànshēng	动	come into being
独特	dútè	形	unique
游客	yóukè	名	tourist

1. 完形填空。Cloze.

	A	B	C	D
❶	A. 相似	B. 相同	C. 不同	D. 一致
❷	A. 此外	B. 其中	C. 于是	D. 因此
❸	A. 竟然	B. 到底	C. 就是	D. 之间
❹	A. 几乎	B. 差点儿	C. 自从	D. 完全
❺	A. 虽然	B. 却	C. 突然	D. 显然
❻	A. 重要	B. 重点	C. 关键	D. 关系
❼	A. 顺便	B. 专门	C. 随便	D. 难免

2. 根据短文，选择正确答案。

Choose the correct answers based on the passage.

❶ 关于兰州牛肉面，可以知道：（　　）

A. 它受到南方人的欢迎　　B. 它很适合招待客人

C. 它在国外也十分流行　　D. 它非常有中国特色

❷ 在兰州，很多人都会：（　　）

A. 每天吃一碗牛肉面　　B. 经营一家牛肉面馆

C. 游览这里的名胜古迹　　D. 向游客推销牛肉面

❸ 很多人来兰州吃牛肉面是因为：（　　）

A. 这里的面最地道　　B. 其他城市没有牛肉面馆

C. 这里的面种类很多　　D. 这里的街上到处都是牛肉面馆

❹ 作者对兰州牛肉面的态度是：（　　）

A. 好奇　　B. 推荐　　C. 否定　　D. 得意

听读拓展 More Listening and Reading Practice

厦门是中国东南沿海重要的中心城市，也是最受欢迎的旅游城市之一。

查一查或问一问：

❶ 厦门人说哪种方言？这种方言叫什么名字？

❷ 除了厦门以外，还有哪些省、市也说同样的方言？

❸ 中国还有哪些比较有特色的方言？

❹ 方言和普通话在哪些方面有较大差别？留学生学习的是方言还是普通话？

学后反思 Reflection

1. 写出本课你最熟悉的三个生词和一个语言点，并试着用每个生词和语言点各写一个句子。

Write down three new words and one language point that you are most familiar with in this lesson, and try to make a sentence with each new word and language point.

生词	句子
语言点	**句子**

2. 你认为本课哪些生词和语言点你还需要加深理解和加强练习？试着查阅资料，用这些生词和语言点各写一个句子。

Which new words and language points do you need to understand further and practise more in this lesson? Refer to some materials and make a sentence with each new word and language point.

生词	句子
语言点	**句子**

第六课 LESSON 6

没有比那儿更美的地方了

Nowhere Is More Beautiful

学习目标 Learning Goals

重点生词 / Key Words

❶ 趁　❷ 准　❸ 果然

词语辨析 / Distinction between Synonyms

果然—当然

重点语言点 / Key Language Points

❶ 取舍关系复句
❷ 取舍关系复句：与其 A，不如 B
❸ 取舍关系复句：宁可 A，也不 / 也要 B
❹ 固定用法：再……不过了
❺ 固定格式：没有比……更 / 再……的（N）了
❻ 俗语：桂林山水甲天下

PART 1
第一部分

预习词语 Preview the Words

听录音，跟读生词。 6-1

Listen to the recording and repeat the new words.

1	趁	chèn	介	taking advantage of
2	远离	yuǎnlí	动	stay away from
3	人群	rénqún	名	crowd, throng
4	山水	shānshuǐ	名	scenery with hills and waters
5	闲	xián	形	not busy, idle
6	赞成	zànchéng	动	approve of, agree with
7	与其	yǔqí	连	rather than
8	不如	bùrú	连	had better, might as well
9	中国通	zhōngguótōng	名	China hand
10	准	zhǔn	副	definitely, certainly
11	果然	guǒrán	副	as expected, really
12	有山有水	yǒu shān yǒu shuǐ		there are hills and waters
13	甲	jiǎ	动	be in first place
14	天下	tiānxià	名	the whole world
15	全	quán	形	whole
16	正确	zhèngquè	形	correct, right
17	连	lián	动	link, join
18	座	zuò	量	[for mountains, buildings, and other similar immovable objects]
19	组成	zǔchéng	动	form, make up
20	形状	xíngzhuàng	名	shape
21	兔子	tùzi	名	rabbit

22	大象	dàxiàng	名	elephant
23	面	miàn	量	[used for flags, mirrors, etc]
24	乘	chéng	动	ride, take
25	竹子	zhúzi	名	bamboo
26	周围	zhōuwéi	名	circumambience
27	面对	miànduì	动	face, confront
28	烦恼	fánnǎo	形	annoyed, worried
29	宁可	nìngkě	连	(would) rather
30	赚	zhuàn	动	make a profit
31	赚钱	zhuàn qián		make money

1	桂林	Guìlín		Guilin

第一组生词 Group 1

远离	人群	山水	闲	赞成	天下
正确	组成	形状	兔子	大象	乘
竹子	周围	面对	烦恼	赚	赚钱

1. 将下列词语与对应的图片连线。

Match the following words to the corresponding pictures.

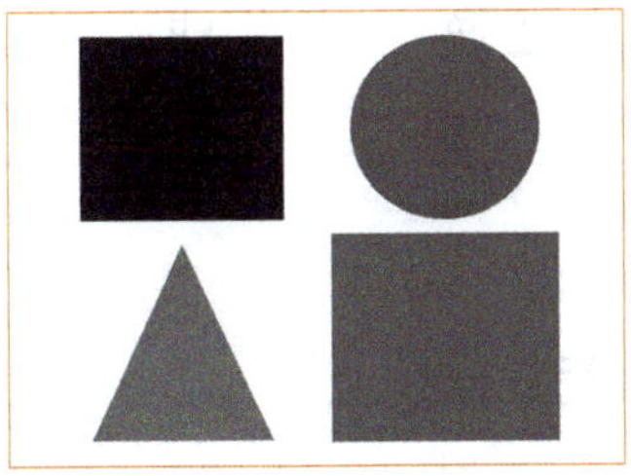

人群

竹子

形状

组成

2. **近义词连线。** Match the synonyms.

山水	坐
天下	同意
乘	世界
赞成	风景
周围	附近

3. **反义词连线。** Match the antonyms.

远离	开心
赞成	忙
闲	错误
正确	接近
烦恼	反对

4. **把下列词语补充完整。** Complete the following words.

❶ 人________	❷ ________成	❸ 远________	❹ ________恼
❺ 形________	❻ 赚________	❼ 面________	❽ ________子
❾ 周________	❿ 正________	⓫ 山________	⓬ 大________

5. **选择正确的词语，把下列句子补充完整。**

Choose the correct words and complete the following sentences.

A. 赞成　B. 周围　C. 赚　D. 烦恼　E. 正确　F. 组成

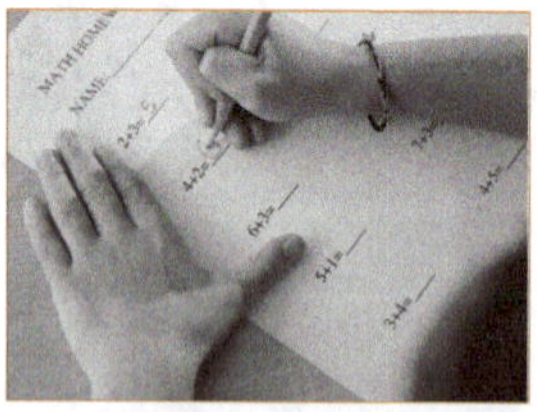

❶ 请你把________答案写在横线上。

❷ 他通过买卖股票（gǔpiào）________了不少钱。

❸ 既然大部分人都________他的意见，那就按他的意见办吧。

❹ “好”是由“女”和“子”两部分________的。

❺ 除了地球以外，太阳________还有其他行星，比如木星、土星、金星等等。

❻ 他最近经常因为工作而感到________。

第二组生词 Group 2

趁　准　果然

1. 听录音，跟读句子。 6-2

Listen to the recording and repeat the sentences.

艾米丽说她想**趁**着假期去中国其他地方转转。
这家书店好不容易才有活动，我要**趁**打折多买几本。

他去过的地方多，**准**知道哪儿有意思。
这**准**是你的主意吧？其他人想不出来这么好的办法。

大家都说阿尔达是个“中国通”，**果然**，他给我们推荐了一个有山有水的地方——桂林。
阿尔达说得没错，这儿的风景**果然**很美。

2. 按听到的先后顺序为下列句子排序，将序号写在句子前面的横线上，并在括号中填上你听到的生词。 6-3

Sequence the following sentences in the order you hear them, write the sequence numbers on the lines in front of each sentence, and fill in the brackets with the words you hear.

______ （　　　）周末不上课，我要好好休息休息，睡个懒觉。

______ 你一个人去国外旅行，你父母（　　　）会担心，还是再考虑考虑吧。

______ 按照你说的方法拍照，照片（　　　）拍得很漂亮。

______ 咱们（　　　）天还没黑赶快下山吧，再晚就不好走了。

______ 这儿的天气（　　　）和我想的一样，不但冷，而且还干燥。

______ 你有什么问题就问他，他（　　　）能帮你解决。

预习语言点 Preview the Language Points

听录音，跟读句子。 6-4

Listen to the recording and repeat the sentences.

与其A，不如B

与其自己在这儿想要去哪里旅游，不如去问问“中国通”阿尔达吧。

天气这么好，你与其睡懒觉，不如早点儿起床锻炼锻炼身体。

宁可A，也不/也要B

许多桂林人宁可少赚一点儿钱，也要留在这里，不愿意去别的地方工作、生活。

我宁可多花点儿钱打车，也不想挤公共汽车。

再……不过了

想要看山水的话，去桂林再合适不过了。

我在北京生活了十年，对这儿的情况再熟悉不过了。

没有比……更/再……的（N）了

去桂林真是个再正确不过的决定了，因为没有比那儿更美的地方了！

在我心里，世界上没有比妈妈再美的人了！

1. 听对话，选出与你听到的内容相符的选项。 6-5

Listen to the dialogues and choose the facts that match what you hear.

1. A. 虽然男的的妻子是美国人，但是她汉语说得标准极了。
   B. 因为男的的妻子不是北京人，所以她汉语说得不太标准。
2. A. 女的的意思是北京烤鸭没有其他东西好吃。
   B. 女的的意思是北京烤鸭是最好吃的东西。
3. A. 女的后悔去海南，觉得在家里待着更舒服。
   B. 因为海南人特别多，所以女的打算在家里待着。
4. A. 女的打算多花一点儿钱买这个手机。
   B. 女的打算少花一点儿钱买别的手机。

2. 听短文，选择正确答案。 6-6

Listen to the dialogue and choose the correct answers.

1. 关于桂林，可以知道什么？
   A. 桂林是中国北方的一个城市　　B. 桂林是个有山有水的地方
   C. 桂林的经济非常发达　　D. 桂林是个游客很少的地方
2. 根据短文，下列哪个说法是正确的？
   A. 桂林的天很蓝，水也很蓝　　B. 因为阿尔达，“我”知道了桂林
   C. 阿尔达还没去过桂林　　D.“我”不打算一个人去桂林

PART 2
第二部分

课文讲练 Text

听录音，预习课文，思考课文旁边的问题。 6-7

Listen to the recording and preview the text. Think about the questions next to the text.

没有比那儿更美的地方了

艾米丽说她想趁着假期去中国其他地方转转，找一个远离人群的地方，看看山水，放松放松，问我去不去。我正闲得无聊呢，当然赞成这个想法。可是，我们商量了半天，也没商量出个结果。艾米丽说，与其自己在这儿想，不如去问问阿尔达。他是个"中国通"，去过的地方多，准知道哪儿有意思。果然，阿尔达给我们推荐了一个有山有水的地方——桂林。他告诉我们，汉语里有一句话，叫作"桂林山水甲天下"。这句话的意思是说，桂林的山水是全天下最美的。想要看山水的话，去桂林再合适不过了。

到了桂林我们才发现，去桂林真是个再正确不过的决定了，因为没有比那儿更美的地方了！桂林的山不是连在一起的，而是由一座一座小山组成的。桂林的山形状真多啊，有的像兔子，有的像大象；桂林的水真绿啊，好像一面绿色的镜子，让人难忘。我们乘着竹子做的小船在水上游览，周围只有山和水，真觉得自己好像在画里一样。面对这样美丽的风景，谁还记得烦恼呢？怪不得许多

1. 艾米丽打算什么时候去旅游？打算去什么样的地方旅游？
2. 他们为什么让阿尔达推荐好玩的地方？阿尔达给他们推荐了哪里？
3. "桂林山水甲天下"，这句话是什么意思？
4. 他们认为去桂林这个决定怎么样？为什么？
5. 桂林的山是什么样子的？那里都有什么形状的山？桂林的水是什么颜色的？
6. 他们为什么觉得自己好像在画里一样？
7. 为什么许多桂林人不愿意去桂林以外的其他地方工作和生活？
8. 为什么马克说桂林的山水会一直在他心里？

桂林人宁可少赚一点儿钱，也要留在这里，不愿意去别的地方工作、生活，因为这儿真的是个让人来了就不想走的地方。

五天的旅游很快就结束了，但是桂林的山水会一直在我心里。

（431 字）

生词注解 / New Words

1. 趁

介词，表示利用时间、机会等，后面可以带“着”。

“趁” is a preposition, meaning “to seize the time and opportunity”. It can be followed by “着”.

1. 趁同屋不在宿舍，我给女朋友打了一会儿电话。
2. 过几天，爸爸要趁来北京出差的机会来看我。
3. 你应该趁着年轻多学一些东西。

(1) 用“趁”改写下列句子。

Paraphrase the following sentences using “趁”.

1. 汤要热的时候喝，凉了就不好喝了。

   → ______________________

2. 今天有空，我要把宿舍好好打扫打扫。

   → ______________________

3. 你应该好好利用这次机会，让大家看看你的工作能力。

   → ______________________

4. 孩子一看妈妈没注意，赶快又拿了一块糖。

   → ______________________

5. 我现在在中国学习，我要多去几个城市看看。

   → ______________________

(2) 根据括号里的信息，用“趁”完成句子，把短文补充完整。

Complete the sentences in the passage using “趁” based on the information given in the brackets.

世界那么大

最近，一位年轻人的辞职信在网上引起了大家的讨论。辞职信特别简单，只有一句话：“世界那么大，我想去看看。”是啊，生活的压力让人们感到疲惫（píbèi），很多人越来越渴望 ❶________________（年轻）来一场“说走就走”的旅行，去感受不一样的生活。这样的想法当然没有错，“说走就走”听起来也再酷（kù）不过了。但是，在行动之前，我们也应该好好考虑考虑：房租有没有交？父母要不要你照顾？……其实，旅行带来的更多是心态（xīntài）上的改变，❷________________（机会），停下来思考一下自己的学习、工作或生活，之前不能接受的事情接受了，想不通的事情想通了，这才是旅行真正的意义。

2. 准

副词，表示说话人可以肯定或保证，对推测很有把握，常用于口语。

“准” is an adverb, indicating that the speaker is certain about something or can guarantee something. It means that the speaker is very sure about what he/she expects. It is often used in spoken Chinese.

❶ 她是孟宏的女朋友。孟宏的事，你问她，她准知道。
❷ 看你的黑眼圈就知道昨天晚上你准熬夜了，对不对？
❸ 你这样做爸爸准不高兴，不信的话你就试试。

用"准"改写下列句子。 Paraphrase the following sentences using "准".

1. 这么漂亮的汉字一定是玛利亚写的。

   → ______________________________

2. 外边那么冷，你穿这身出去肯定得感冒。

   → ______________________________

3. 你别担心，这次任务咱们百分之百能按时完成。

   → ______________________________

3. 果然

副词，表示"确实如此"，即事实与说的或是预测的一致。

"果然" is an adverb, meaning "sure enough". That is to say, the fact is consistent with what is said or predicted.

1. 听说那部电影很好看，我也去看了，果然不错。
2. 早就听说阿尔达说汉语说得好，今天我跟他聊了一会儿，果然说得好，像中国人一样。
3. 我记得我把钥匙放在抽屉里了，刚才在抽屉里一找，果然在那儿。

根据括号里的信息，用"果然"完成句子。

Complete the sentences using "果然" based on the information given in the brackets.

1. 昨天天气预报说今天有雨，结果______________。（下雨）
2. 我们都认为你不会迟到，______________。（准时）
3. 听说这种新药对病人很有效，爷爷试用了以后______________。（好转）

词语辨析 / Distinction between Synonyms

果然—当然

<table>
<tr><th></th><th>果然</th><th>当然</th></tr>
<tr><td rowspan="2">共同点</td><td colspan="2">都可用作副词，都可以用在主语或谓语动词、形容词前。
Both of them can be used as adverbs usually before the subject, the predicate and the adjective.</td></tr>
<tr><td colspan="2">都表示肯定，有加强语气的作用。
Both of them indicate affirmation and strengthen the tone.</td></tr>
<tr><td rowspan="2">不同点</td><td>“果然”表示事实符合预期和推测，表示“不出意料，确实如此”。
“果然” indicates that something is in line with one’s expectations and speculations, and it means “as expected, sure enough”.
❶ 听说那本小说很好看，我看了之后觉得果然很不错。
❷ 哈尔滨果然像你说的那么冷。</td><td>“当然”表示事情符合情理，表示不需要疑问，理应这样。
“当然” indicates that something is reasonable, or there is no need to question it and it should be this way.
❶ 没人告诉我这件事，我当然不知道。
❷ 皮还是绿的，这个橘子当然不好吃了。</td></tr>
<tr><td>“果然”前面常有表示“预测”的内容，用于已经发生的事。
“果然” usually follows something that indicates predictions, and it is used to describe something that has already happened.
❶ 我们都认为这次篮球比赛留学生队会获得冠军，他们最后果然赢了。
❷ 我最担心的事果然还是发生了。</td><td>“当然”前面常有表示“理由”的内容，可以用于已经发生的事，也可以用于还没发生的事。
“当然” usually follows something that indicates reasons. It can be used to describe something that has already happened, or something that hasn’t happened.
❶ 我在他背后，他当然没看见我。
❷ 你一个人去不安全，我当然要跟你一块儿去。</td></tr>
</table>

用“果然”或“当然”填空，把短文补充完整。

Fill in the blanks using “果然” or “当然” and complete the passage.

有一对刚刚结婚的夫妻，他们生活得很幸福。丈夫虽然工作很忙，但每天下班都会按时回到家。有一天，妻子像平时一样，早早地把晚饭做好了等丈夫回家，可是等到快十点，还是不见丈夫回来。这么晚不回家，妻子 ❶______很担心，她试着给丈夫打电话，电话却一直打不通。妻子开始怀疑丈夫是不是遇到了什么意外（yìwài），心里越来越乱。最后，她 ❷______没办法就这样等下去了，就穿上衣服，打算去楼下等。妻子走到小区门口，等了一会儿，还是没看到丈夫的身影（shēnyǐng）。她突然想到，丈夫会不会已经从小区后门回家了？于是她又赶快回到了家里。打开家门，看到家里黑黑的，她的心凉了一半。一开灯，❸______，丈夫还是没回来。就在妻子急得不知道怎么办才好时，她接到了一个电话——她最担心的事情 ❹______还是发生了——电话是医院打来的，丈夫被车撞伤了。

语言点注解 / Language Points

1. 取舍关系复句

取舍关系复句的两个分句表示不同的事物或情况，表示经过比较，选择其中一个，放弃另一个。用“与其……，不如……”表取舍时，选择的是“不如”后面的内容；用“宁可……，也不……”表取舍时，选择的是“宁可”后面的内容。

The two clauses in complex sentences of preference relation describe two different things or situations. After comparison, someone decides to choose one and give up the other. Using the correlatives “与其……，不如……”, he/she chooses the content after “不如”; Using the correlatives “宁可……，也不……”, he/she chooses the content after “宁可”.

❶ 早上的空气这么新鲜，你与其在家里睡懒觉，不如出去运动运动。

❷ 你与其在这儿生气，不如想想这个问题怎么解决。

❸ 我宁可饿着肚子，也不想吃方便面。

❹ 你宁可被别人误会，也不愿意告诉大家实话吗？

用“宁可……，也要……”表取舍时，两个分句所表示的都是所选择的内容。

When the correlatives “宁可……，也要……” are used, the contents in both clauses are the choices.

1. 我宁可一夜不睡觉，也要把这篇论文写完。
2. 我宁可多花一点儿钱，也要买一辆好一点儿的车。

在括号里填上表示取舍关系的关联词语。

Fill in the brackets with correlatives indicating preference relation.

1. 咱们（　　　　）这样等着，（　　　　）找点儿事情做。
2. 老张人真好，（　　　　）自己吃点儿亏，（　　　　）尽力帮助别人。
3. 他对妻子非常好，（　　　　）自己累一点儿，（　　　　）让妻子干一点儿活儿。
4. 他这次比赛得了第一名，（　　　　）说是他厉害，还（　　　　）说是对手太弱。

2. 与其A，不如B

“与其 A，不如 B”表示说话人在比较 A、B 两种情况并进行取舍时，放弃或反对 A 而选择或赞成 B，常用来提出建议。

“与其A，不如B” indicates that the speaker gives up or opposes A but chooses or supports B when comparing A and B to make a choice.

1. 网上订票这么方便，你与其去火车站排队买票，不如直接在网上订票。
2. 你与其选个热门的专业，不如选个你自己喜欢的专业。
3. 你与其在这儿着急，不如想想有什么办法可以改正你的汉语发音。
4. 咱们与其在这里等，不如去她家找她。

(1) 从上面的例句中选择合适的句子完成对话。

Choose the proper sentences from the examples above and complete the dialogues.

1. A：要选专业了，现在哪个专业最热门呢？

   B：我觉得________________________________

2. A：我今天要去火车站买火车票，不能陪你去图书馆了。

   B：去什么火车站啊，________________________________

3. A：约好了在这儿见面，都过了半个小时了，她怎么还不来？

   B：________________________________

④ A：好烦啊！我的汉语发音不标准，总是叫同学们笑话！

B：______________________________

(2) 按照正确的顺序排列选项，组成语段。

Sequence the choices to make proper utterances.

① A. 还要照顾两位老人

B. 还不如找一个人来帮忙

C. 你一个人要照顾两个孩子

D. 与其自己这么辛苦 ________

② A. 可我觉得

B. 倒不如教给他们独立生活的能力

C. 与其把钱留给孩子

D. 有些人老想着给孩子多留点儿财产 ________

③ A. 下班后我已经很累了

B. 不如一个人安安静静地待一会儿

C. 需要放松一下

D. 与其和那么多人一起聚餐 ________

3. 宁可A，也不/也要B

“宁可 A，也不 B”表示为了避免出现某种情况 B，做出并不特别理想的选择 A。

“宁可A，也不B” indicates that in order to avoid B, someone chooses A which is not very ideal.

① 她宁可早到半个小时，也不想迟到。

② 我宁可没有男朋友，也不想和自己不喜欢的人在一起。

③ “十一”黄金周到处都是人，我宁可在家里待着，也不想出去旅游。

“宁可 A，也要 B”表示为了达到某种目的 B，做出并不特别理想的选择 A。

“宁可A，也要B” indicates that in order to achieve B, someone chooses A which is not very ideal.

① 她是个非常用功的学生，宁可熬夜，也要把作业全部写完。

② 很多人宁可工资低一点儿，也要做自己喜欢的工作。

③ 这项工作你宁可做慢一点儿，也要做好一点儿。

(1) 用“宁可A，也不/也要B”将左右两部分连起来，并把句子写在下面的横线上。

Match the left to the right using “宁可A，也不/也要B” and write the sentences on the lines below.

多花一点儿钱	愿意解释
天天吃方便面	存在银行里
把钱都花掉	买便宜却质量差的东西
被别人误会	攒钱买这个照相机

例如：我宁可把钱都花掉，也不存在银行里。

1. ______________________________
2. ______________________________
3. ______________________________

(2) 按照正确的顺序排列选项，组成语段。

Sequence the choices to make proper utterances.

1. A. 也不想在这里继续待下去了
   B. 这个公司的管理很乱
   C. 我宁可重新去找工作
   D. 给员工的工资也不高 ________
2. A. 意思就是说
   B. 也要买质量有保证的东西
   C. 人们宁可多花一点儿钱
   D. 人们常常说：“便宜没好货，好货不便宜” ________

4. 再……不过了

“再……不过了”表示程度非常高，相当于“最、非常、太……了”，多用来评价或者回答问题。“再”后面一般为形容词。“再……不过”也可以做定语，修饰后面的名词。

“再……不过了” expresses a very high degree and is similar to “最、非常、太……了”. It is often used to evaluate or answer questions. Generally, “再” is followed by an adjective. “再……不过” can be used as attributives, modifying the nouns after it.

1. 通过手机软件，只需要动动手指，就能买到自己想要的飞机票，真是再方便不过了！

2. A：你刚到这里，先休息一下，然后咱们出去吃饭，下午再开会。怎么样？

   B：这样的安排再好不过了！

3. 她出生在一个再普通不过的家庭。

(1) 用“再……不过了”改写下列句子。

Paraphrase the following sentences using “再……不过了”.

1. 妈妈做的饭菜最好吃了，我永远也吃不够！

   → ______________________________

2. 这个问题他已经解释得非常清楚了，你还有什么不明白的？

   → ______________________________

3. 美国人不会用筷子是一件十分正常的事，你不用感到奇怪。

   → ______________________________

(2) 遇到下面这些情况，你该怎么说？

What will you say if you are in the situations below?

1. 你的朋友想知道某个句子他翻译得是否准确，你想告诉他这样翻译非常准确。

2. 你和朋友一起去商场买衣服，朋友试穿了一条裙子，问你觉得怎么样，你想说非常合适。

5. 没有比……更/再……的（N）了

口语格式，用来表示在某个方面或者某个范围内，某人或某事最突出或程度最高。

It is used in spoken Chinese, indicating that someone or something really stands out or achieves the highest degree in a certain respect or within a certain scope.

1. 我们班里没有比阿尔达更努力的学生了。
2. 世界上没有比家再温暖的地方了。
3. 他特别看重学习成绩，对他来说，没有比考试考得很糟糕更让他难过的了。

用“没有比……更/再……的（N）了”改写下列句子。

Paraphrase the following sentences using “没有比……更/再……的（N）了”.

1. 我觉得我们班玛利亚汉语水平最高。

   → ______________________

2. 对有些女孩子来说，穿衣打扮这件事最重要。

   → ______________________

3. 父母是世界上最爱你的人。

   → ______________________

6. 桂林山水甲天下

“甲、乙、丙、丁……”是汉语中的一种排序方法，其中，“甲”代表第一位。在“桂林山水甲天下”这个俗语中，“甲”表示“处于第一位”；“天下”的意思是“全世界”。“甲天下”一般用来赞美人或事物在某一方面的级别最高，“桂林山水甲天下”就是在赞美桂林的风景是全世界最美的。

“甲、乙、丙、丁……” is a ranking method in Chinese, and “甲” stands for the first place. In the proverb “桂林山水甲天下”, “甲” means “in the first place”; “天下” means “the whole world”. “甲天下” is normally used to praise people or things of the highest rank or level in a certain respect . “桂林山水甲天下” praises Guilin's scenery as the most beautiful in the world.

学以致用 / Study for the Sake of Application

选择合适的词语或语言点，把短文补充完整。

Complete the passage by choosing the proper words or language points.

趁　不如　再……不过了　没有比……更 / 再……的（N）了

你知道吗？很多中国人都有午睡的习惯。很多人在工作一上午后都会放下手中的工作，❶ ______________________。他们认为在较长时间的工作后，与其用喝咖啡的办法来缓解（huǎnjiě）疲劳，❷ ______________________。那么，睡多长时间合适呢？一项研究表明，24 分钟的午睡能够有效帮助人们集中注意力，做出正确的决定。也就是说，20—30 分钟 ❸ ______________________。如果你下午经常感到没精神，那就试试睡个午觉吧，❹ ______________________。

课文练习 / Text Exercises

1. 根据课文内容，说一说桂林是一座怎样的城市。如果是你，你会选择到桂林旅游吗？除了桂林，你还想去什么地方旅游？为什么？

2. 用下列词语和语言点复述课文。

趁　不如　果然　形状　乘　宁可　没有比……更 / 再……的（N）了

PART 3
第三部分

听力实践 Listening Practice

1. 听对话，选择正确答案。 6-8

Listen to the dialogues and choose the correct answers.

1. A. 车没在楼下　B. 学校临时举行了会议
   C. 办公室的门锁了　D. 办公室的电话没人接
2. A. 女的自己选择　B. 按照原计划执行
   C. 让领导决定　D. 询问大家的意见
3. A. 休婚假时　B. 新房装修时
   C. 学期结束后　D. 获得批准后
4. A. 男的是美术专业的　B. 女的有可以推荐的人
   C. 公司要举办展览　D. 原来的编辑要辞职
5. A. 不耐烦　B. 难过　C. 不在乎　D. 发愁
6. A. 与不喜欢的人结婚　B. 不找到喜欢的人就不结婚
   C. 立刻嫁人　D. 尊重长辈的安排

2. 听短文，选择正确答案。 6-9

Listen to the passage and choose the correct answers.

1. A. 豆腐最美味　B. 豆腐营养十分丰富
   C. 豆腐脂肪含量低　D. 豆腐很有利于健康
2. A. 他觉得豆腐太清淡　B. 他最近消化不好
   C. 他真正喜欢的是肉　D. 他给邻居留面子

3. 听讲话，选择正确答案。 6-10

Listen to the speech and choose the correct answers.

1. A. 温度合适时　B. 气温较低时
   C. 天气晴朗时　D. 下过雨后
2. A. 使走路更轻松　B. 应对气温变化
   C. 防止衣物丢失　D. 方便及时更换

3 A. 含盐的矿泉水　　B. 含维生素的饮料
C. 无糖的可乐　　D. 含适量糖的咖啡

阅读实践 Reading Practice

世界公园

我来北京已经半年了，可是还没去过世界公园[1]。听说，那儿有世界上大部分的著名景点，像法国的埃菲尔铁塔啦，埃及的金字塔啦，美国的白宫啦，还有中国的长城。不用换地方就可以玩遍＿1＿世界，没有比这＿2＿酷的事了。我一直在想，这么多不同国家的景点＿3＿在一起，会是什么样子呢？

趁着周末没有课，我和朋友终于有机会到世界公园看一看了。路上，我们一直在讨论会不会有我们自己国家的景点，朋友说准会有的。＿4＿，我们一进门就看到了＿5＿熟悉不过的建筑，那不就是我们国家的歌剧院吗？不过，这个歌剧院可比悉尼的小多了，最多有十分之一那么大。我们很想多拍两张照片，可是在这儿拍照的游客太多了，拍到的大部分都是人。朋友说，＿6＿在这儿拍假的，还不如回国拍真的，还是去看看别的景点吧，特别是中国的。于是，我们去看了长城，那里游客倒是不多，趁着游客少，我们好好拍了几张照片。

面对这个不太大的长城，朋友开玩笑说："不是有一句话叫'不到长城非好汉'吗？今天咱们也算来了回长城，也成'好汉'了吧？"

（368 字）

[1] 世界公园：北京著名景点。

景点	jǐngdiǎn	名
scenic spot		
埃菲尔铁塔	Āifēi'ěr Tiětǎ	专名
Eiffel Tower		
埃及	Āijí	专名
Egypt		
金字塔	jīnzìtǎ	名
pyramid		
白宫	Bái Gōng	专名
White House		
酷	kù	形
cool		
建筑	jiànzhù	名
building		
歌剧院	gējùyuàn	名
opera house		
悉尼	Xīní	专名
Sydney		
分之	fēnzhī	名
[indicating a fraction]		
倒是	dàoshì	副
[indicating a transition]		
非	fēi	动
be not		

1. 完形填空。Cloze.

❶ A. 所有　B. 都　C. 全　D. 全部

❷ A. 很　B. 更　C. 太　D. 多

❸ A. 站　B. 挤　C. 连　D. 放

❹ A. 果然　B. 所以　C. 然而　D. 终于

❺ A. 再　B. 太　C. 非常　D. 已经

❻ A. 宁可　B. 如果　C. 与其　D. 不想

2. 根据短文，选择正确答案。

Choose the correct answers based on the passage.

❶ 下列选项中，不是世界公园里的景点的是：（　　）

A. 埃菲尔铁塔　B. 故宫　C. 金字塔　D. 长城

❷ “我们”见到的悉尼歌剧院：（　　）

A. 规模没有悉尼的大　B. 建筑风格十分古典

C. 内部结构相当复杂　D. 和悉尼的完全不同

❸ “我”和朋友没在歌剧院前拍很多照片，是因为：（　　）

A. 游客数量太多了　B.“我们”已经拍过了

C. 相机电量不足了　D.“我们”只想拍中国的景点

❹ “不到长城非好汉”的意思是：（　　）

A. 不是所有英雄都去过长城　B. 只有厉害的人才去过长城

C. 没登过长城就不是英雄　D. 不用登长城也可以成为英雄

听读拓展 More Listening and Reading Practice

1. 请你在中国地图上找到桂林，看一看桂林在中国的哪个省或自治区。

2. 看桂林山水常常需要乘坐一种样子很特别的小船，在网上找到这种船的照片，查一查或问一问：这种船用汉语怎么说？是用什么材料做的？

3. 查一查或问一问：除了桂林以外，中国还有哪些地方的山水也非常有特色？请你至少找出两个地方。

学后反思 Reflection

1. 写出本课你最熟悉的三个生词和一个语言点，并试着用每个生词和语言点各写一个句子。

Write down three new words and one language point that you are most familiar with in this lesson, and try to make a sentence with each new word and language point.

生词	句子
语言点	**句子**

2. 你认为本课哪些生词和语言点你还需要加深理解和加强练习？试着查阅资料，用这些生词和语言点各写一个句子。

Which new words and language points do you need to understand further and practise more in this lesson? Refer to some materials and make a sentence with each new word and language point.

生词	句子
语言点	**句子**

第七课

LESSON 7

从自助餐到自驾游

From Buffet to Self-drive Tour

学习目标 Learning Goals

重点生词 / Key Words

❶ 腻　　❷ 按照

词语辨析 / Distinction between Synonyms

按照—根据

重点语言点 / Key Language Points

❶ 紧缩复句

❷ 紧缩复句：想 V 就 V

❸ 固定用法：随着 A 的……，B……

❹ 固定用法：（就）拿……来说

❺ 固定用法：不再……了

PART 1

第一部分

预习词语 Preview the Words

听录音，跟读生词。 7-1

Listen to the recording and repeat the new words.

1	自助餐	zìzhùcān	名	buffet
2	自驾游	zìjiàyóu	动	do a self-drive tour
3	年代	niándài	名	decade of a century
4	曾经	céngjīng	副	once, at one time
5	如何	rúhé	代	how, what
6	享受	xiǎngshòu	动	enjoy
7	印象	yìnxiàng	名	impression
8	深刻	shēnkè	形	deep, profound
9	勤劳	qínláo	形	hardworking, industrious
10	节俭	jiéjiǎn	形	thrifty
11	忙碌	mánglù	形	busy
12	休闲	xiūxián	动	be not working, have leisure
13	偷	tōu	动	steal
14	收入	shōurù	名	income
15	随着	suízhe	介	with, as
16	腻	nì	形	bored/tired of
17	牛排	niúpái	名	steak
18	披萨	pīsà	名	pizza
19	外卖	wàimài	名	takeaway, takeout
20	任何	rènhé	代	any
21	旅行团	lǚxíngtuán	名	travel group
22	唯一	wéiyī	形	only, sole
23	郊外	jiāowài	名	suburbs, outskirts

24 减轻	jiǎnqīng	动	lighten, lessen, alleviate
25 出行	chūxíng	动	go on a journey
26 按照	ànzhào	介	according to, on the basis of

第一组生词 Group 1

自助餐	自驾游	年代	曾经	如何	享受	印象
深刻	勤劳	节俭	忙碌	休闲	收入	牛排
披萨	外卖	任何	旅行团	唯一	郊外	减轻

1. 将下列词语与对应的图片连线。

Match the following words to the corresponding pictures.

收入

披萨

旅行团

自助餐

外卖

郊外

忙碌

牛排

2. 把下列词语补充完整。Complete the following words.

❶ ______受　❷ 勤______　❸ 节______　❹ 休______

❺ ______经　❻ 如______　❼ 忙______　❽ ______象

❾ 自______游　❿ ______代

3. 选择正确的词语，把下列句子补充完整。

Choose the correct words and complete the following sentences.

A. 深刻	B. 任何	C. 唯一	D. 年代	E. 享受	F. 减轻	G. 勤劳

❶ 在 19 世纪六七十______，中国人的穿着和现在非常不同，特别是女孩子的穿着。

❷ 她虽然工作很忙碌，可是常常给自己放假，喝喝咖啡、看看电影、旅旅游……非常会______生活。

❸ 看到这个牌子了吗？______人都不允许把车停在这里。

❹ 她没有兄弟姐妹，爸爸前几年也去世了，现在妈妈就是她______的亲人。

❺ 对她来说，跑步是一个______压力的好办法。

❻ 这座城市又干净又漂亮，给游客留下了______的印象。

7 我的爷爷是一个__________、善良的老人。

第二组生词 Group 2

腻　　按照

1. 听录音，跟读句子。 7-2

Listen to the recording and repeat the sentences.

吃腻了中餐，你可以换西餐。

这部电影特别有意思，看多少遍都看不腻。

越来越多的中国人开始按照自己喜欢的方式安排自己的生活。

请按照号码顺序把这些箱子放好。

2. 按听到的先后顺序为下列句子排序，将序号写在句子前面的横线上，并在括号中填上你听到的生词。 7-3

Sequence the following sentences in the order you hear them, write the sequence numbers on the lines in front of each sentence, and fill in the brackets with the words you hear.

______ 这些文件非常重要，请你（　　　）顺序把它们放好，千万别弄丢了。

______ 这首歌你听了多少遍了，还没听（　　　）吗？

______ 办签证的时候，得（　　　）要求把需要的材料交给大使馆。

______ 每天都做一样的工作，我早就做（　　　）了。

预习语言点 Preview the Language Points

听录音，跟读句子。 7-4

Listen to the recording and repeat the sentences.

想V就V

自助餐想吃多少就吃多少，非常受人们欢迎。

一个人旅行的好处就是想去哪儿就去哪儿，非常自由。

随着A的……，B……

随着中国经济的发展，人们的生活质量越来越高，选择也越来越多。

随着年龄的增长，人的反应会变得越来越慢。

（就）拿……来说

随着中国经济的发展，人们的生活质量也越来越高。就拿吃饭这件事来说吧，现在人们有了更多的选择。

中国许多城市都有自己的特点，拿桂林来说，那儿的山水特别美。

不再……了

对现在的中国人来说，参加旅行团不再是唯一的旅行方式了。

只要努力去做，成功还是失败就不再那么重要了。

1. 听对话，选出与你听到的内容相符的选项。 7-5

Listen to the dialogues and choose the facts that match what you hear.

❶ A. 科学技术快速发展，各国的环境问题也越来越严重。

B. 环境问题越来越严重，解决这些问题需要科学技术的发展。

❷ A. 在中国，过节的时候，人们都会吃饺子，中秋节的时候也会吃。

B. 在中国，不是每个节日都要吃饺子，比如中秋节时会吃月饼。

❸ A. 女的不让男的说他想说出来的话。

B. 女的让男的把想说的话都说出来。

❹ A. 女的吃了药以后不发烧了。

B. 女的吃了药以后还有点儿发烧。

2. 听短文，选择正确答案。 🔊7-6

Listen to the passage and choose the correct answers.

❶ 现在百姓的饮食更注重哪些方面？

A. 营养与味道　　B. 价格与质量

C. 成分与热量　　D. 原料与制法

❷ 为什么买车变成了一件再普通不过的事？

A. 因为汽车普遍降价了　　B. 因为百姓的需求量增加了

C. 因为百姓的收入提高了　　D. 因为百姓的生活观念改变了

PART 2

第二部分

课文讲练 Text

1. 六七十年代的中国人让人印象最深刻的是什么？为什么？
2. 为什么原来大多数中国人更愿意在家吃饭？
3. 中国经济的发展给人们的生活带来了哪些变化？在吃饭方面的变化是什么？
4. 不想做饭也不想出去吃的话可以怎么办？
5. 为什么自助餐很受欢迎？
6. 中国人在旅行方面有哪些变化？现在流行什么旅行方式？
7. 周末和节假日时，人们会去什么地方自驾游？自驾游的好处是什么？
8. 为什么越来越多的中国人开始按照自己的喜好安排生活了？

听录音，预习课文，思考课文旁边的问题。 7-7

Listen to the recording and preview the text. Think about the questions next to the text.

从自助餐到自驾游

在六七十年代，曾经有人说，中国人不知道如何享受生活。那时的中国人让人印象最深刻的是他们的勤劳和节俭。他们为了生活整天忙碌，休闲都是忙里“偷”闲，好像休闲是偷来的，而不是应该的。那时，人们的收入也不高。为了省钱，大多数人更愿意选择在家里吃饭，也很少出去旅行。

现在，随着中国经济的发展，人们的生活质量越来越高，选择也越来越多。就拿吃饭这件事来说吧，吃腻了中餐可以换西餐，牛排啦，披萨啦，想吃什么就吃什么。不想做饭也不想出去吃的时候可以叫外卖，只要打个电话，十几分钟内就能吃到任何想吃的菜。去饭店可以点菜，还可以吃自助餐。自助餐想吃多少就吃多少，非常受人们欢迎。

说完了吃，我们再来说说旅行。对现在的中国人来说，参加旅行团不再是唯一的旅行方式了。自助游、半自助游、自驾游等正在变得越来越流行，甚至成为一种时尚。就拿自驾游来说吧，一到周末和节假日，人们就会叫上自己的亲朋好友，自己开着车，到郊外或者环境好的地方去转转，想拍照就拍照，想休息就休息，既减轻了压力，又放松了心情。

从饮食到出行，从自助餐到自驾游，越来越多的中国人开始按照自己喜欢的方式安排自己的生活，因为人们发现，生活既需要“忙”，也需要“闲”。

（446 字）

生词注解 / New Words

1. 腻

形容词，常用在动词后，表示因为长时间或重复做一件事而感到厌烦，如“玩腻”“听腻”等。

“腻” is an adjective generally used after a verb. It is used when one is tired of doing something for a long time or doing something repeatedly, for example, “玩腻”, “听腻”, etc.

1. 食堂里的这些东西我已经吃腻了，咱们去外边吃一顿吧。
2. 如果你小说看腻了的话，就看看别的类型的书吧。
3. 这个电脑游戏我已经玩了好几遍了，怎么玩都玩不腻。

将左右两部分连起来，放在合适的对话中。

Match the left to the right and put the sentences in the appropriate dialogues.

我天天在家待着都待腻了	还没吃腻吗
我就是喜欢听她说话	一看到它就想把它换掉
这部手机我用了好几年了，早就用腻了	正好想出去转转呢
你每次都吃这家的外卖	天天听也听不腻

1. A：你这部手机又没坏，为什么要换新的啊？

   B：________________________________

2. A：你天天给你女朋友打那么长时间电话，不会腻吗？

   B：________________________________

❸ A：明天出去看电影吗？有一部新电影好像很不错。

B：好啊，____

❹ A：____

B：这家外卖特别好吃，学校附近没有比这家更好吃的了。

2. 按照

介词，后边常常加名词或名词性短语，表示做一件事有固定的方法、标准、原则或计划，方法、标准、原则或计划是什么就做什么，不会改变。

"按照" is a preposition. It is often followed by a noun or a nominal phrase to indicate that there is a fixed method, standard, principle or plan to do something. One should follow the method, the standard, the principle or the plan as it is.

❶ 我不太会做菜，只能按照菜谱（càipǔ）来做。

❷ 医生已经告诉你这种药怎么吃了，你按照医生说的吃就行了。

❸ 请你按照从小到大的顺序排列这些数字。

(1) 连词成句。 Put the words or phrases in the correct order to make sentences.

❶ 您的要求　整理好了　按照　我已经　把文件

____

❷ 并没有　做　约定　我们之间的　按照　你

____

(2) 根据括号里的信息，用"按照"完成对话和句子。

Complete the dialogues and sentence using "按照" based on the information given in the brackets.

❶ A：明天咱们去哪儿参观呢？

B：____。（计划）

❷ A：老师，这次作业您为什么给我这么低的分啊？

B：____。（要求）

❸ ____________________，我们每学期至少要选三门选修课。（规定）

词语辨析 / Distinction between Synonyms

按照—根据

	按照	根据
共同点	都可用作介词，后边都可以加名词或名词性短语。 Both of them can be used as prepositions and followed by a noun or a nominal phrase.	
不同点	侧重别人说什么就做什么，强调做某件事有固定的方法、标准、原则或计划。 “按照” emphasises that you do whatever other people say, and there is a fixed method, standard, principle or plan to do something. ❶ 按照我们公司的规定，员工请病假必须要有请假条。 ❷ 按照医生的建议，这种药每天吃三次，每次吃一片。	侧重自己的评判，表示以某事物为前提或基础，做出某一动作或行为。 “根据” emphasises your own judgements, and it indicates that you perform an action on the premise or basis of something. ❶ 根据我的判断，你现在的汉语水平应该能达到 HSK 五级。 ❷ 你可以根据自己的时间来安排这些工作任务。
	不可用作名词。 “按照” cannot be used as a noun.	可以用作名词。 “根据” can be used as a noun. ❶ 网上的这些消息一点儿根据也没有，完全是假消息。 ❷ 你得出这样的结论，有什么根据吗？

用“按照”或“根据”填空，把短文补充完整。

Fill in the blanks using “按照” or “根据” and complete the passage.

《唐山大地震》是一部感人的电影。这部电影是 ❶______一个真实的故事改编的。故事从河北省唐山市一场 7.8 级的大地震开始，一对双胞胎

（shuāngbāotāi）被压在了同一块楼板的两边。❷______当时的情况，母亲只能选择救一个孩子。无论选择哪个孩子，都必须要放弃另外一个。母亲最终选择了从小就体弱多病（tǐruò-duōbìng）的弟弟，而姐姐听到了母亲当时的选择。母亲本以为姐姐肯定已经去世了，没想到她却奇迹般地活了下来，但也和母亲、弟弟失去了联系。后来，姐姐考上了医学院，❸______计划完成了学业。没想到，她又重新遇到了自己的母亲和弟弟。一家人经过了无数困难，最后终于走到了一起。

语言点注解 / Language Points

1. 紧缩复句

紧缩复句就是把复句中两个分句表达的意思紧缩在一个句子中进行表达的复句。这样的句子看起来像单句，读起来没有停顿，书面上也没有标点符号（如逗号），但是表达的意义与复句一样。使用紧缩复句可以让语言变得经济、简练。

A contracted complex sentence is a complex sentence in which the meanings of two clauses are contracted into one sentence. Such a complex sentence looks like a simple sentence. When reading it, there should not be any pause. When writing it, there should not be any punctuation mark (for example, a comma). However, the meaning it expresses is the same as it is in a complex sentence. Using a contracted complex sentence can make the language economical and concise.

❶ 同学们边唱边跳。 = 同学们一边唱，一边跳。

❷ 没有困难我就不来找你了。 = 如果没有困难，我就不来找你了。

❸ 我写完再给你看吧。 = 我先写完，再给你看吧。

❹ 你不说我也知道。 = 即使你不说，我也知道。

❺ 你想喝什么就喝吧。 = 如果你想喝什么，你就喝吧。

根据提示，把下列复句改写为紧缩复句。

Paraphrase the following complex sentences into contracted complex sentences based on the clues.

❶ 我只要有空，就锻炼身体。（一……就……）

→ ________________________________

❷ 无论大家怎么劝他，他都不听。（……都……）

→ ____________________

❸ 这件衣服即使很贵，我也要买下来。（再……也……）

→ ____________________

❹ 他是因为生病，才错过比赛的。（因……而……）

→ ____________________

❺ 如果你想去那个城市，你就去吧。（想……就……）

→ ____________________

2. 想V就V

口语格式，是一种表示假设关系的紧缩复句，含有“如果……，就……”的意思，表示能够按照自己的想法做事，即“如果想做什么，就可以做什么；如果不想做什么，就可以不做什么”。该紧缩复句中，“想……就……”关联的是完全或部分相同的两个词语。

“想V就V”, a structure in spoken Chinese, is a type of contracted complex sentence of hypothetical relation. It contains the meaning of “如果……就……” and indicates that you can do whatever you want, namely “如果想做什么，就可以做什么；如果不想做什么，就可以不做什么”. In this contracted complex sentence, “想……就……” connects two identical or partially identical words or phrases.

❶ 星期二我不用上班，在家里想吃就吃，想睡就睡，想玩就玩，舒服死了。

❷ 你应该对自己好一点儿，别太节俭了，想买什么就买。

❸ 你已经长大了，可以自己做决定了。你要是真的想好了，想辞职就辞吧。

(1) 从上面的例句中选择合适的句子完成对话。

Choose the proper sentences from the examples above and complete the dialogues.

❶ A：爸爸妈妈，我觉得现在的工作对我的发展没有好处，我有点儿想辞职。

B：____________________

❷ A：明天是星期二，又不是星期五，你怎么这么高兴啊？

B：____________________

3 A：这件衣服我喜欢是喜欢，可是太贵了……买不买呢？

B：______________________________

(2) 用"想V就V"完成对话。Complete the dialogues using "想V就V".

1 A：这道菜闻起来好香啊，可是好像热量很高，我不敢吃……

B：哎呀，你又不胖，______________________________

2 A：超市还有四十分钟就关门了，咱们还去吗？

B：______________________________，现在去的话还来得及。

3 A：我想去海边游一会儿泳，可是这么晚下水会不会不安全呢？

B：这里很安全，______________________________

3. 随着A的……，B……

介词"随着"常位于句子开头，用在"随着A的……，B……"格式中。其中，"随着A的"后面要加"发展、增加、推移"等表示事物发展变化的词语。"随着"也可以用在"随着……越……越……"格式中，这两个格式都表示发生一件事所需要的条件。

Generally, the preposition "随着" is placed at the beginning of a sentence, and it is used in the structure "随着A的……，B……". "随着A的" should be followed by words indicating the development and change of things, such as "发展、增加、推移", etc. "随着" can also be used in the structure "随着……越……越……". Both structures indicate the condition necessary for something to happen.

1 随着科学技术的发展，手机已经成为人们生活中不可缺少的一部分。
2 随着收入的增加，人们的购买能力也越来越强。
3 随着时间的推移，这一切都变成了回忆。
4 随着雨越下越大，路也越来越难走。

(1) 根据括号里的信息，用"随着"完成对话和句子。

Complete the dialogues and sentence using "随着" based on the information given in the brackets.

1 A：你的汉语水平提高了，你和中国人的交流变得更容易了吗？

B：______________________________。（提高）

② A：你的父母年纪越来越大了，他们有哪些变化？

B：____。（反应）

③ ______________________，这个地区的房价也越来越高。（经济）

(2) 根据括号里的信息，用“随着”完成句子，把短文补充完整。

Complete the sentences in the passage using “随着” based on the information given in the brackets.

①______________________（产生和发展），人们的生活越来越依赖（yīlài）互联网（hùliánwǎng），很多人把互联网当作一个获取信息的重要渠道（qúdào）。的确，利用互联网可以得到大量信息。然而，这其中的很多信息没有真实的根据，并不可靠，甚至很有可能是虚假（xūjiǎ）的。许多信息②______________________（推移）已经失效，但却因为各种原因很难清理，成为“信息垃圾”，影响人们有效地吸收那些有用的信息。

4. （就）拿……来说

举例说明时常用的口语格式。说话人先陈述一个事实，或提出一个观点或看法，然后用具体实例做进一步解释。

“（就）拿……来说” is a structure in spoken Chinese, and it is commonly used to give examples. The speaker first states a fact or presents a view, and then he/she further explains it with a specific example.

① 刚来中国的时候，我对这里一点儿也不了解。就拿买东西来说吧，哪里有超市我都不知道。

② 同一个音节，声调不同，意思也会不一样。就拿“wu”这个音节来说，它分别加上四个声调可以变成“屋”“无”“五”“物”。

③ 现在买东西越来越方便了。拿支付（zhīfù）方式来说吧，以前只能付现金，现在刷卡、微信都可以支付了。

(1) 用“（就）拿……来说”完成句子。

Complete the sentences using “（就）拿……来说”.

❶ 留学生学习汉语的目的各不相同，________________。

❷ 中国的节日多，过节的风俗习惯也多，________________。

❸ 学习汉语其实有很多有效的方法，________________。

(2) 遇到下面这些情况，你该怎么说？

What will you say if you are in the situations below?

❶ 大家在讨论“便宜的东西是不是质量一定很差”，你觉得不一定，想举个例子来说明。

❷ 你的朋友感到自己经常被同屋打扰，生活受到了很大影响，所以他想搬出去住。你想举个例子告诉他，搬出去住也有很多麻烦。

5. 不再……了

表示放弃、停止做某件事，以后都不会再做这件事；或者事物发生了变化，以后将继续保持变化后的状态。

“不再……了” indicates that someone gives up or stops doing something and will never do it again, or that something has changed and it will remain its changed state.

❶ 他决定听从医生的建议，以后不再抽烟喝酒了。

❷ 他们彻底分手以后就不再联系了。

❸ 那件事以后，他不再是那个经常迟到的学生了，每天都准时到校。

根据括号里的信息，用“不再……了”完成句子。

Complete the sentences using “不再……了” based on the information given in the brackets.

❶ 有一天你会发现，父母头上的白头发多了起来，__________。（年轻）

❷ 医生给孩子打过针之后，________________。（发烧）

❸ 如果一个人经常说假话，那么被发现以后很可能__________。（信任）

学以致用 / Study for the Sake of Application

选择合适的词语或语言点，把短文补充完整。

Complete the passage by choosing the proper words or language points.

按照　想V就V　（就）拿……来说　不再……了

人们都说，男人和女人之间存在着巨大的差别。❶ ________________，男人购物一般都是 ❷ ________________ 有目的地去买，不喜欢闲逛。他们十分清楚自己要买什么，会用最快的速度走到放着这件商品的货架前，买完了就 ❸ ________________，也不会专门去寻找打折商品。而女人购物则更加随意。很多女人购物的前提（qiántí）不是需不需要某个东西，而是心情的好坏。❹ ________________ 当然很痛快，结果却是女人常常买回一大堆自己一点儿也不需要的东西。

课文练习 / Text Exercises

1. **随着中国经济的发展，人们的生活发生了很大变化。那么，来中国以前，你觉得中国是什么样子的？来到中国以后，你觉得中国和你想象的一样吗？**

2. **用下列词语和语言点复述课文。**

享受　印象　收入　随着　腻　任何　唯一　按照 （就）拿……来说　不再……了

PART 3
第三部分

听力实践 Listening Practice

1. 听对话，选择正确答案。 7-8

Listen to the dialogues and choose the correct answers.

❶ A. 男的说服了女的看比赛　B. 今天有场开幕式
　C. 女的同意让男的看比赛　D. 儿子明天不上学

❷ A. 她记不住别人的姓名　B. 她想不出解决问题的方法
　C. 她总是丢失随身物品　D. 她经常忘记领导的安排

❸ A. 他得了心脏病　B. 他生病住院了
　C. 他最近失眠了　D. 他喝酒喝腻了

❹ A. 她看得太多了　B. 她猜不出后面的情节
　C. 她工作太忙碌　D. 她不喜欢剧中的演员

❺ A. 女儿选了中文专业　B. 女儿有自己的想法
　C. 女儿还没参加高考　D. 女儿听从了男的的建议

2. 听短文，选择正确答案。 7-9

Listen to the passage and choose the correct answers.

❶ A. 食物特别烫　B. 勺子太长了
　C. 发生了意外　D. 食物没煮熟

❷ A. 只考虑自己　B. 满足个人愿望
　C. 具有同情心　D. 主动帮助别人

3. 听讲话，选择正确答案。 7-10

Listen to the speech and choose the correct answers.

❶ A. 口味更多样　B. 更利于健康
　C. 价格较实惠　D. 更利于瘦身

❷ A. 混合了水果汁　B. 改变了制作方法
　C. 提高了含糖量　D. 更换了生产设备

❸ A. 营养丰富　B. 能补充微量元素
　C. 没有苦味　D. 更容易长期保存

阅读实践 Reading Practice

夜市

有人说，__1__你想在短时间内了解一座城市，了解当地人的日常生活，你可以坐上公交车，没有目的地转上一天；另一个选择就是去当地的夜市逛一逛，买点儿小东西，吃点儿小吃。如今，逛夜市已经逐渐成为很多游客旅行中的一大乐趣。

夜市主要是指在夜间做生意的市场，白天还是普通的街道，到了晚上，就跟白天__2__是两个样子了，吃饭的、逛街的、卖花的、弹吉他的……挤满了街道。夜市上没有昂贵的名牌，东西大都很普通，可是价格实惠，从食物到服装，从日常用品到杂货，你几乎可以找到__3__东西。夜市上__4__还有好玩的小游戏，让人__5__压力。可以说，夜市是了解当地居民生活的好地方。

夜市另一个吸引人的地方当然就是来自各地的美食了。吃__6__了米饭炒菜、面条儿饺子，偶尔换一换口味，也是一种__7__。你可以多选几种，想吃什么__8__吃什么。逛累了，还可以坐下来，和朋友喝上一杯啤酒，感受夜生活的美好。

要是去某一个城市旅行，你还在查那里有哪些有名的景点吗？还是花点儿时间来查查那些有名的夜市吧！

（358 字）

在……内 zài…nèi within
逐渐 zhújiàn 副 gradually
乐趣 lèqù 名 joy, pleasure
弹吉他 tán jítā play the guitar
满 mǎn 形 full (of)
昂贵 ánggùi 形 expensive
实惠 shíhuì 形 affordable
杂货 záhuò 名 groceries
居民 jūmín 名 resident, inhabitant
口味 kǒuwèi 名 taste
感受 gǎnshòu 动 experience, feel
某 mǒu 代 certain

1. 完形填空。Cloze.

1	A. 否则	B. 并且	C. 要是	D. 不然
2	A. 全部	B. 完全	C. 要是	D. 不然
3	A. 如何	B. 大概	C. 随便	D. 任何
4	A. 至于	B. 甚至	C. 至少	D. 总之
5	A. 减轻	B. 增加	C. 轻易	D. 下降

⑥ A. 饱　B. 腻　C. 完　D. 光

⑦ A. 受伤　B. 感受　C. 承受　D. 享受

⑧ A. 才　B. 就　C. 只　D. 却

2. 根据短文，选择正确答案。

Choose the correct answers based on the passage.

① 很多人逛夜市是为了：（　　）

A. 学到很多本领　B. 和陌生人沟通

C. 迅速了解城市　D. 尽快找到工作

② 在夜市里，人们能够：（　　）

A. 买到昂贵的衣服　B. 和朋友一起喝酒

C. 找到很少的东西　D. 玩一些大型游戏

③ 夜市里的食物：（　　）

A. 来自不同的地方　B. 可选的种类不多

C. 制作方法很复杂　D. 主要是米饭炒菜

④ 作者认为，去一座城市旅行应该：（　　）

A. 游览名胜古迹　B. 逛有名的夜市

C. 多参观博物馆　D. 购买当地特产

听读拓展 More Listening and Reading Practice

1. 查一查或问一问：中国人常用的旅游网站有哪些？

2. 选一个你感兴趣的旅游网站，看看这个网站上有没有去你们国家的旅游路线。如果有，分别去哪几个城市？

3. 这个网站上一共有几种旅游方式？分别是什么？

4. 问一问你的中国朋友，如果出去旅游，他们会选择哪种旅游方式。

学后反思 Reflection

1. 写出本课你最熟悉的三个生词和一个语言点，并试着用每个生词和语言点各写一个句子。

Write down three new words and one language point that you are most familiar with in this lesson, and try to make a sentence with each new word and language point.

生词	句子
语言点	句子

2. 你认为本课哪些生词和语言点你还需要加深理解和加强练习？试着查阅资料，用这些生词和语言点各写一个句子。

Which new words and language points do you need to understand further and practise more in this lesson? Refer to some materials and make a sentence with each new word and language point.

生词	句子
语言点	句子

第八课 LESSON 8

只买对的，不选贵的

Buy the Right One, Not the Costly One

学习目标 Learning Goals

重点生词 / Key Words

❶ 值得　❷ 往往

词语辨析 / Distinction between Synonyms

往往—常常

重点语言点 / Key Language Points

❶ 假设让步关系复句

❷ 假设让步关系复句：即使……，也……

❸ 并列关系复句：一来……，二来……

❹ 紧缩复句：非……不……

❺ 紧缩复句：再……也……

PART 1

第一部分

预习词语 Preview the Words

听录音，跟读生词。 8-1

Listen to the recording and repeat the new words.

1	热门	rèmén	名	something that is currently popular
2	答案	dá'àn	名	answer
3	品牌	pǐnpái	名	brand
4	制造	zhìzào	动	make, manufacture
5	国产	guóchǎn	形	domestic, homebred
6	程度	chéngdù	名	degree
7	令	lìng	动	cause, make
8	惊讶	jīngyà	形	surprised, astonished
9	消费	xiāofèi	动	consume
10	消费者	xiāofèizhě	名	consumer
11	赢得	yíngdé	动	win, gain
12	本身	běnshēn	代	itself, oneself
13	产品	chǎnpǐn	名	product
14	设计	shèjì	动	design
15	以及	yǐjí	连	as well as, and
16	观念	guānniàn	名	idea, conception
17	外观	wàiguān	名	outward appearance
18	功能	gōngnéng	名	function
19	薄	báo	形	thin, slight
20	销售	xiāoshòu	动	sell, market
21	尽量	jǐnliàng	副	as far as possible
22	突出	tūchū	动	stress, highlight
23	使用	shǐyòng	动	use
24	群体	qúntǐ	名	group

25	需求	xūqiú	名	requirement, need
26	节奏	jiézòu	名	rhythm
27	充电	chōng//diàn	动	charge (a battery)
28	俗语	súyǔ	名	proverb
29	值得	zhí//dé	动	be worthy
30	拥有	yōngyǒu	动	possess, have
31	大量	dàliàng	形	many, much
32	转变	zhuǎnbiàn	动	transform, change
33	实际	shíjì	形	practical, realistic
34	往往	wǎngwǎng	副	often, frequently

第一组生词 Group 1

热门	品牌	制造	国产	程度	惊讶	消费
赢得	本身	产品	设计	以及	观念	外观
功能	薄	销售	尽量	突出	使用	群体
需求	节奏	充电	俗语	拥有	大量	转变

1. 将下列词语与对应的图片连线。

Match the following words to the corresponding pictures.

消费

惊讶

充电

薄

产品

制造

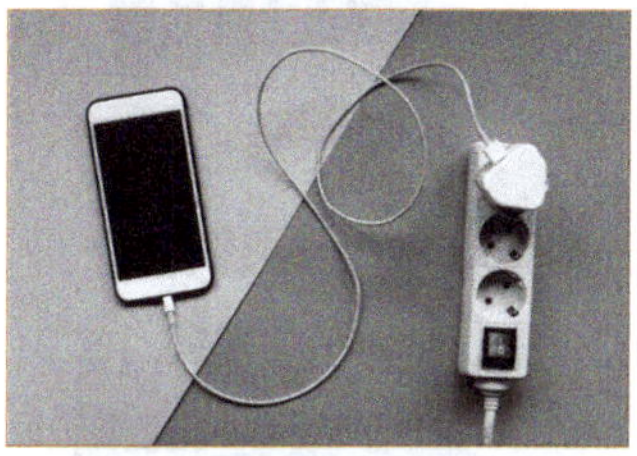

2. **近义词连线。** Match the synonyms.

拥有	用
外观	作用
使用	样子
功能	改变
转变	想法
观念	牌子
品牌	有

3. **把下列词语补充完整。** Complete the following words.

① ________产　② 本________　③ ________度　④ 节________

⑤ ________语　⑥ ________计　⑦ ________量　⑧ 突________

⑨ ________体　⑩ 需________

4. **选择正确的词语，把下列句子补充完整。**

Choose the correct words and complete the following sentences.

A. 以及	B. 销售	C. 赢得	D. 尽量	E. 热门	F. 需求

① 近些年来，随着中国经济的发展，汉语逐渐成为了一门________语言。

② 为了提高图书________量，这家书店想了很多办法，比如打折、送礼物等等。

③ “北上广”指的是中国的三座大城市，分别是北京、上海________广州。

4. 只有了解用户真正的__________，才能做出令用户满意的产品。

5. 为了能够__________这场比赛，队员们准备了好几个星期。

6. 熬夜对身体没有好处，你还是__________早一点儿睡觉吧。

第二组生词 Group 2

值得　往往

1. 听录音，跟读句子。 8-2

Listen to the recording and repeat the sentences.

为了买到好东西，多花一点儿钱也是值得的。
坐一天一夜的火车只为在成都待一天？我觉得一点儿也不值得。

只买对的，不选贵的，适合自己的往往才是正确的选择。
现在的年轻人结婚以后往往不喜欢和父母一起住。

2. 按听到的先后顺序为下列句子排序，将序号写在句子前面的横线上，并在括号中填上你听到的生词。 8-3

Sequence the following sentences in the order you hear them, write the sequence numbers on the lines in front of each sentence, and fill in the brackets with the words you hear.

______ 这件衣服虽然很漂亮，但是太贵了，不（　　　）买。
______ 以前，没有火车和飞机，到另一个城市（　　　）要很多天，可是现在只需要几个小时。
______ 那部电影好不好看？（　　　）花钱去电影院看吗？
______ 地震发生前，某些动物（　　　）会有异常的反应。

预习语言点 Preview the Language Points

听录音，跟读句子，并完成相应的练习。 8-4

Listen to the recording, repeat the sentences and finish the exercises.

即使……，也……

大部分人认为，只要是好东西，即使花再多的钱，也是值得的。

即使我有钱，也不买这么贵的车。

“即使……，也……”是假设让步关系复句。假设让步关系复句还有哪些常用关联词语？请你写出至少两个假设让步关系复句。

“即使……，也……” is a complex sentence of hypothetical concession relation. Do you know any other correlatives that are often used in complex sentences of hypothetical concession relation? Please write down at least two such sentences.

例如：别人的意见，就算不完全正确，也应该先听一听。

❶ ______________________________

❷ ______________________________

一来……，二来……

国产手机一来外观轻薄，二来在功能的设计上更能满足消费者的不同需要。

她选择在这儿买房子，一来离公司近，二来价格也合适。

非……不……

这些国产品牌是如何吸引那些从前非外国手机不买的消费者的呢？

我儿子非买那个玩具不可，怎么说都不听。

再……也……

这个国产手机只需要充电五分钟，就能通话两小时，电用得再多也不怕。

身体健康最重要，工作再忙也要按时吃饭。

1. 听对话，选出与你听到的内容相符的选项。 8-5

Listen to the dialogues and choose the facts that match what you hear.

1. A. 男的还要继续写小说。

   B. 男的打算放弃写小说。

2. A. 因为天气太热，女的打算整天都不出门。

   B. 不管外面天气多热，女的都要出门。

3. A. 男的说了一个不跟大家一起吃饭的原因。

   B. 男的说了两个不跟大家一起吃饭的原因。

4. A. 女的初中时就说过以后一定要去大城市。

   B. 女的初中时就说过以后可能会去大城市。

2. 听短文，选择正确答案。 8-6

Listen to the passage and choose the correct answers.

1. 近几十年，电话发生了什么变化？

   A. 功能更加完善　　B. 价格不断降低

   C. 体积逐渐变小　　D. 内存越来越大

2. 关于智能手机，可以知道什么？

   A. 无法满足消费者需求　　B. 方便了人们的生活

   C. 仅可以实现通话功能　　D. 可选的种类比较少

PART 2

第二部分

1. 中国现在最热门的手机是外国品牌的手机吗？
2. 国产手机的哪些方面让人感到很惊讶？
3. 作者认为国产手机获得成功的原因是什么？
4. 国产手机有哪些优势？
5. 国产手机在哪个方面满足了年轻人的需求？
6. “便宜没好货，好货不便宜”是什么意思？
7. “充电五分钟，通话两小时”的手机是为哪类人群设计的？
8. 人们购买手机的标准发生了哪些变化？作者举了什么例子？
9. 作者觉得购买手机时，什么样的选择才是正确的？

课文讲练 Text

听录音，预习课文，思考课文旁边的问题。 8-7

Listen to the recording and preview the text. Think about the questions next to the text.

只买对的，不选贵的

如果要问现在中国最热门的手机是什么，答案不再是外国品牌的手机，而是一些中国自己制造的国产手机。最近几年，这些国产手机无论是发展速度还是受欢迎程度，都很令人惊讶。这些品牌是如何吸引那些从前非外国手机不买的消费者，逐渐赢得他们的心的呢？不得不说，这和国产手机本身的产品设计以及人们的消费观念有一定关系。

近年来，国产手机在外观和功能的设计上下了很多功夫。与外国品牌的手机相比，国产手机一来外观同样轻薄；二来在功能的设计上更能满足消费者的不同需要，在销售时也尽量突出手机的使用群体。比方说，有的手机品牌为年轻人设计了专门的拍照手机，用手机拍照片甚至比相机效果还好；有的品牌为老年人设计了老人手机，从各个方面照顾到老年人的使用需求；还有的品牌为适应消费者快节奏的生活方式，设计出了充电只需要五分钟的手机……这些都是国产手机能把消费者吸引过来的原因。

中国有一句俗语，“便宜没好货，好货不便宜”。大部分人认为，只要是好东西，即使花再多的钱，也是值得的。这也是从前有些外国品牌的手机卖得比其他手机都贵，却拥有大量粉丝的原因之一。而现在，国产手机的质量越来越好，价格却并不昂贵，“好货”也可以很便宜了。面对这些既便宜又好用的国产手机，越来越多的人开始转变自己的消费观念，考虑自己的实际需求。比如使用国产手机的张先生说：

“我平时经常出差，以前的手机电用一会儿就没有了，充电也需要挺长时间，在外面出差的时候别提多着急了。还是现在这个国产手机更能满足我的需要，充电五分钟，通话两小时，电用得再多也不怕。”是啊，只买对的，不选贵的，适合自己的往往才是正确的选择。

（616 字）

生词注解 / New Words

1. 值得

动词，表示认为做某事有好处，为做这件事花费时间、精力、金钱等有价值、有意义。“值得”前可以加上表示程度的副词，如“很”“非常”“最”等。

“值得” is a verb, indicating that doing something is beneficial and spending time, energy and money on it is worthy and meaningful. Adverbs of degree, such as “很”, “非常”, “最” and so on can be placed before “值得”.

1. 你花一千块钱买一件这样的衣服，一点儿都不值得。
2. 很多人都认为东西贵一点儿没关系，只要自己喜欢，就是值得的。
3. 她做事特别认真，同事们都认为她是最值得信任的人。
4. 他这种努力学习的精神值得我们每一个人学习。

(1) 用“值得”完成句子。 Complete the sentences using “值得”.

1. 科学家们都认为这项新课题____________________。
2. 北京动物园特别有意思，我认为____________________。
3. 他花了四年时间终于考上了一直想上的大学，他觉得__________。

(2) 遇到下面这些情况，你该怎么说？

What will you say if you are in the situations below?

1. 你的朋友正在为和男朋友吵架而伤心。你很不喜欢她的男朋友，想告诉她，为他那样的人伤心是没有意义的。
2. 你的朋友不理解你为什么要把一本小说看很多遍，你该怎么回答他？

③ 你的老同学花了六年时间，终于实现了自己开画展的梦想。他跟你聊天儿时说到自己吃了很多苦，你该对他说什么？

2. 往往

副词，是对目前为止出现的情况的总结，主要强调这种情况有规律地重复出现。

"往往" is an adverb, suggesting a summary of all the cases having occurred so far. It mostly emphasises that such cases occur regularly and repeatedly.

① 那些做事犹豫的人往往会失去很多机会。

② 李静有个习惯，睡前往往要先喝一杯牛奶才能睡着。

③ 我觉得，与性格安静的人相比，性格活泼的人往往会更受欢迎。

④ 他虽然不怎么爱说话，但是往往会在你最需要帮助的时候出现。

(1) 连词成句。 Put the words or phrases in the correct order to make sentences.

① 并　往往　不一定　是真的　耳朵听到的

____

② 为我们　乐观的态度　带来好运　能　往往

____

(2) 用"往往"完成对话。 Complete the dialogues using "往往".

① A：听说那个城市风很大，咱们还是别去了，换个地方吧。

B：放心吧，______________，现在这个季节风不大。

② A：唉，我昨天心情不好，又跟我妈发脾气了。

B：心情不好的时候，______________

③ A：你觉得什么样的人更容易获得成功？

B：______________

词语辨析 / Distinction between Synonyms

往往—常常

	往往	常常
共同点	都是副词，都表示某种情况经常出现。 Both of them are adverbs, indicating that a certain case occurs frequently.	
不同点	使用“往往”时，一般要指明某种情况发生的条件。 When “往往” is used, the condition for something to happen should generally be pointed out. ❶ 周末的时候，他往往一个人去图书馆学习；平时会有一个女孩子陪着他。 ❷ 每学期社会实践的时候，我们往往会到老人院照顾老人。	使用“常常”时，一般不需要指明某种情况发生的条件。 When “常常” is used, it is generally not necessary to point out the condition for something to happen. ❶ 他常常一个人去图书馆学习。 ❷ 我们常常去老人院照顾老人。
	使用“往往”时，某情况的经常出现一般具有规律性。 When “往往” is used, the frequent occurrence of a certain case is often regular. ❶ 研究表明，喜欢白色的人性格往往比较冷静。 ❷ 凌晨两三点钟往往是人们熟睡的时候。	使用“常常”时，某情况的经常出现不一定具有规律性。 When “常常” is used, the frequent occurrence of a certain case is not necessarily regular. ❶ 她很喜欢白色，常常买白色的衣服。 ❷ 他常常熬夜，凌晨两三点钟才睡觉。
	“往往”不用于主观意愿。 “往往” cannot be used to describe a subjective will.	“常常”可以用于主观意愿。 “常常” can be used to describe a subjective will. ❶ 她希望可以常常收到老公送的礼物。 ❷ 希望你常常来我家玩。
	“往往”不能用于将来的事情。 “往往” cannot be used to describe something in the future.	“常常”可以用于将来的事情。 “常常” can be used to describe something in the future. ❶ 毕业以后我们要常常联系啊。 ❷ 以后我一定要常常锻炼身体。

用“往往”或“常常”填空，把短文补充完整。

Fill in the blanks using “往往” or “常常” and complete the passage.

我们 ❶ ______ 会在新闻中看到火灾（huǒzāi）造成伤亡（shāngwáng）的报道。那么，假如遇到了火灾，我们应该怎么做呢？研究告诉我们，火灾之所以会造成伤亡，❷ ______ 不是因为火灾本身，而是因为人们缺乏自救知识。在火灾环境中，人们会非常紧张，这样的状态 ❸ ______ 使人无法保持冷静，做出错误的判断。当火势（huǒshì）已经较大时，我们不要试着去灭（miè）火，而是应该尽快选择可行的逃生（táoshēng）路线，比如经常使用的门、窗户等，最好能直接到达地面。

语言点注解 / Language Points

1. 假设让步关系复句

假设让步关系复句的前一个分句提出一个假设的、比较极端的情况或条件，后一个分句说明结果不会因为受到这个情况或条件的影响而改变。假设让步关系复句常常使用成对的关联词语。在口语中，常用“就算”“哪怕”；在书面语中，常用“即使”；而在口语和书面语中都可以用“即使”。

In a complex sentence of hypothetical concession relation, the former clause puts forward a hypothetical extreme situation or condition, and the latter indicates that the result will not be affected or changed by the situation or condition. Pairs of correlatives are often used in complex sentences of hypothetical concession relation. In spoken Chinese, the common correlatives are “就算” and “哪怕”. In written Chinese, “即便” is commonly used. “即使” can be used both in spoken and written Chinese.

❶ 我复习功课，成绩好；即使我不复习功课，成绩也好。

❷ 他已经赚到了足够多的钱，即使下半辈子不工作，也不用担心。

❸ 就算你不愿意，这件事也必须这么办。

4. 哪怕你再生气，也不应该随便冲孩子发脾气。
5. 即使失去一切，我们还拥有未来。

按照正确的顺序排列选项，组成语段。

Sequence the choices to make proper utterances.

1. A. 也来不及了
   B. 即使你现在想要修改
   C. 还是想想别的办法吧
   D. 邮件已经全部都发出去了　　________
2. A. 这样既体现了礼貌，也给自己创造了额外的机会
   B. 有些求职者也会给公司写一封感谢信
   C. 即便没有被录用
   D. 感谢公司为他提供了应聘机会　　________
3. A. 哪怕全世界的人都不同意
   B. 也一定要这样做
   C. 我宁可被父母反对
   D. 被朋友误会　　________

2. 即使……，也……

使用“即使”时，说话人提出某个特殊情况或条件，说明在这种情况或条件下，结果也不会改变。“即使”后面可以是词、短语或小句。

When using “即使”, the speaker puts forward a special situation or condition, indicating that the result will not be changed by the situation or condition. “即使” can be followed by a word, a phrase or a clause.

1. 考试前那几天我一直在背生词，即使睡觉，脑子里也一直想着那些词。
2. 他是一个非常爱看书的人，即使在上下班的路上，也要拿一本书看。
3. 我特别讨厌吃香蕉，即使世界上只有这一种水果，我也不会吃。

(1) 根据“即使……，也……”的用法，完成下列句子。

Complete the following sentences based on the usage of “即使……，也……”.

1. 半夜两点有一场重要的球赛，____________，我也一定要看。
2. 即使你不喜欢他送你的这件礼物，________________。

❸ 只要能和她在一起，______________________，我也愿意。

❹ 我说这些是为了帮助你，__________________，我也得说出来。

(2) 根据括号里的信息和"即使……，也……"的用法，把短文补充完整。

Complete the passage based on the information given in the brackets and the usage of "即使……，也……".

我们都知道，植物的生长离不开水和阳光。如果把植物种植在沙漠（shāmò）里，会怎么样呢？在缺水的环境里，❶______________________（植物），恐怕也活不过一个月。但是有一种植物，它们就生长在这样的环境里，它们就是仙人掌（xiānrénzhǎng）——一种生命力很强的植物。为了适应缺水的环境，它们的叶子和其他植物都不同，是短短的、小小的刺（cì）。这样的叶子可以减少水分的蒸发（zhēngfā），❷__________________（干燥），也不用怕失去水分；同时，它们的根也非常发达，一下雨就会大量吸收水分，一次吸收的水分完全可以满足很长时间的生长需要，即使两三个月不下雨，❸__________________（V+下去）。

3. 一来……，二来……

用来列举做某事的几个原因、目的、好处或坏处，常用于口语。所列举项可以是两个，也可以是两个以上，只需继续说"三来……，四来……"即可。

"一来……，二来……" is used to list the reasons, purposes, advantages or disadvantages of doing something, and it is usually used in spoken Chinese. The number of the items listed can be two or more. When there are more than two items, you can say "三来……，四来……".

❶ 她选择留在家乡工作有两个原因，一来能随时照顾父母，二来工作压力比较小。

2. 趁着假期去旅行一来可以放松心情，二来可以丰富自己的经历。
3. 早睡早起有两个好处，一来有时间吃早饭，二来早睡会让皮肤变好。
4. 这样做一来对我们有好处，二来不会让别人误会，三来能顺利解决问题。

(1) 从下面的方框中选择合适的原因或目的，用"一来……，二来……"回答下面的问题。

Choose the proper reasons or purposes from the following box and answer the questions below using "一来……，二来……".

锻炼身体	养成好习惯	认识朋友	增加知识	满足好奇心
练习外语	了解文化	看看风景	没来过	气候不同

1. 你为什么每天都坚持早起跑步？
2. 你会同时做几份不同的工作吗？为什么？
3. 你喜欢出国旅行吗？为什么？
4. 你习惯中国的生活了吗？为什么？

(2) 遇到下面这些情况，你该怎么说？

What will you say if you are in the situations below?

1. 你的好朋友正在因为别人欠了他很多钱不还而烦恼，你有一个好办法，想告诉他这样做的好处。
2. 有人问你以后想做什么工作，你做出回答，并且说出几个你想做这个工作的原因。

4. 非……不……

紧缩复句的一种固定格式，有"一定要""必须"的意思。用两个否定来表示更强的肯定，主要强调"非"字后面的内容。"不"字后面经常跟"可""行""成"等词。

"非……不……" is a fixed structure of contracted complex sentences, and it contains the meaning of "一定要" and "必须". The two negative words in this structure are used to show stronger affirmation. It lays special stress on the content after "非". "不" is often followed by "可", "行", "成", etc.

1. 那个小朋友哭得很厉害，任何人都不要，非要妈妈抱不行。
2. 可选择的大学那么多，你为什么非这所大学不去呢？
3. 如果总想着非有钱人不嫁的话，是不会得到真正的幸福的。

用“非……不……”改写下列句子。

Paraphrase the following sentences using “非……不……”.

1. 听说你除了这个牌子以外，别的牌子的手机都不用。

   → ____________________

2. 小女孩儿看中了那个玩具，一定要买。

   → ____________________

3. 要想办好这件事，只有这一个办法。

   → ____________________

5. 再……也……

紧缩复句的一种固定格式，含有“即使／哪怕……，也……”的意思，表示假设让步关系，用来说明任何条件都不影响事情的进行或结果。

“再……也……” is a fixed structure of contracted complex sentences, and it contains the meaning of “即使/哪怕……，也……”. It indicates a hypothetical concession relation and is used to illustrate that the course or the result of something will not be affected by any condition.

1. 咱们马上就要迟到了，下一辆车人再多也要挤上去。
2. 读书对我们有好处，再忙也要每天花一点儿时间看看书。
3. 这个任务必须完成，再大的困难我们也要努力克服。

用“再……也……”改写下列句子。

Paraphrase the following sentences using “再……也……”.

1. 即使没什么机会赢，也不要随便放弃比赛。

   → ____________________

2. 他的水性好，即使水很深，他也不怕。

   → ____________________

3. 这件羽绒服很保暖，即使天气很冷，穿上它也不觉得冷。

   → ____________________

4 即使你非常忙，也要抽时间回家看看父母。

→ ______________________________

5 他的父母认为，哪怕家里经济非常困难，也要让孩子上学读书。

→ ______________________________

6 即使是最聪明的狐狸，也赢不了猎人（lièrén）。

→ ______________________________

学以致用 / Study for the Sake of Application

根据括号里的信息，选择合适的词语或语言点，把短文补充完整。

Complete the passage by choosing the proper words or language points based on the information given in the brackets.

往往　即使……，也……　非……不……　再……也……

有一个卖樱桃（yīngtáo）的人，他的樱桃又大又甜，很受欢迎。一天，卖樱桃的遇到了一个麻烦的老太太。1 ______________________（新鲜），也很难让她满意。老太太说："这么难看的樱桃也要三十块钱一斤吗？"卖樱桃的耐心地解释："其实这樱桃不错，很多客人都专门来我这儿买，2 ______________________（买）呢。"老太太说："二十块，不然我不买。"

卖樱桃的笑着说："不能再便宜了。""可是你的樱桃个头不大，颜色也不好……"无论老太太怎么挑毛病，卖樱桃的脸上始终带着微笑。老太太虽然嘴里说的都是樱桃的缺点，但最后还是买了。有人感到奇怪，就问卖樱桃的："她这么说你的樱桃，你怎么不生气呢？"卖樱桃的说："我为什么要生气？挑毛病的人 ❸ ______________________（真正想买）。如果她不想买，那么我的樱桃 ❹ ______________________（在意），更不会花时间去评价。"

课文练习 / Text Exercises

1. 在你们国家，哪些品牌的手机比较受人们欢迎？

2. 你现在使用什么品牌的手机？这个手机的功能、外观等方面如何？你选择这个手机的原因是什么？

3. 用下列词语和语言点复述课文。

制造　消费者　设计　观念　值得　即使……，也……　再……也……

PART 3
第三部分

听力实践 Listening Practice

1. 听对话，选择正确答案。 8-8

Listen to the dialogues and choose the correct answers.

❶ A. 旧产品的价格不够优惠　B. 新产品更新了内部功能
C. 新产品推出了打折活动　D. 消费者有喜新厌旧心理

❷ A. 认为相机拍照效果不好　B. 更重视相机的价格
C. 认为相机非常值得购买　D. 不在乎相机的外观

❸ A. 法国队发挥得差　B. 法国队取得了冠军
C. 男的参加了决赛　D. 男的整晚都在加班

❹ A. 总是询问孩子的意见　B. 训练孩子的吃苦能力
C. 始终坚持孩子的教育　D. 保护孩子的天真个性

❺ A. 到杭州的公司投简历　B. 去拜访杭州的老朋友
C. 去看望生重病的亲戚　D. 去体验当地文化生活

2. 听短文，选择正确答案。 8-9

Listen to the passage and choose the correct answers.

❶ A. 小孩儿抓了一大把糖　B. 小孩儿对糖没兴趣
C. 小孩儿没有主动拿糖　D. 糖的种类太丰富了

❷ A. 他想让妈妈帮他拿　B. 他手受伤了
C. 老板能抓更多的糖　D. 他对糖过敏

3. 听讲话，选择正确答案。 8-10

Listen to the speech and choose the correct answers.

❶ A. 为推广新开发的产品　B. 为庆祝商城开业
C. 为感谢顾客们的支持　D. 为处理换季商品

❷ A. 无法兑换现金　B. 可在任何商场使用
C. 有效期为一年　D. 可用金额为五百元

❸ A. 联系商场　B. 出示发票
C. 提交申请　D. 退回奖品

阅读实践 Reading Practice

扫	sǎo	动
scan		
改革开放	gǎigé kāifàng	
reform and opening-up		
体现	tǐxiàn	动
reflect		
成立	chénglì	动
establish		
足够	zúgòu	动
be enough		
现金	xiànjīn	名
cash		
支付	zhīfù	动
pay		
社会	shèhuì	名
society		
软件	ruǎnjiàn	名
software		
普及	pǔjí	动
be made popular among		
风险	fēngxiǎn	名
risk		
科技	kējì	名
science and technology		
想象	xiǎngxiàng	动
imagine		

从"购物票"到"扫一扫"

中国从1978年改革开放到今天，已经经历了四十多年的时间。在这四十多年里，人们购物方式的变化体现了中国经济发展给人们的生活带来的变化。新中国刚刚成立时，人们购物时都需要用各种购物票，__1__只是一块肉，也得用肉票才能买到。进入九十年代，人们买东西不__2__需要购物票了，想要什么东西，只要有足够的现金就能买到。

而今天，"扫一扫"这种支付方式的出现，__3__人们带入了"无现金"社会。购物时，只要有一部手机，__4__可以用手机支付软件的"扫一扫"功能，通过电子支付的方式结账。__5__电子支付的普及，越来越多的人开始出门不带现金，但是仍然有一些坚持使用现金的人，认为"扫一扫"这种方式有一定的风险。确实，和许多新事物一样，这种购物和支付方式带来了许多新问题，但问题的出现__6__也会带来科技的发展。

十年前，我们很难想象手机支付会如此深刻地影响我们的生活。也许再过十年，今天的"扫一扫"也会成为历史，新的事物又会出现。未来我们的购物方式会__7__什么样，谁能说得准呢？

（364字）

1. 完形填空。Cloze.

❶	A. 如果	B. 即使	C. 不管	D. 无论
❷	A. 能	B. 都	C. 再	D. 只
❸	A. 向	B. 把	C. 被	D. 往
❹	A. 就	B. 也	C. 才	D. 不
❺	A. 从而	B. 随便	C. 随着	D. 随时
❻	A. 偶尔	B. 恐怕	C. 如此	D. 往往
❼	A. 变化	B. 变成	C. 成为	D. 改变

2. 根据短文，选择正确答案。

Choose the correct answers based on the passage.

❶ 新中国刚成立时，买食用油需要：（　　）

A. 先去商店登记　　B. 用食物进行交换

C. 拿着油票购买　　D. 带着足够的现金

❷ “扫一扫”这种支付方式的出现：（　　）

A. 降低了人们的购物效率　　B. 使一些人不再用现金

C. 减少了商店的销售利润　　D. 让手机变得更加普及

❸ 有些人坚持使用现金，是因为：（　　）

A. 手机支付存在风险　　B. 现金支付更加方便

C. 支付软件十分复杂　　D. 现金消费限制更少

❹ 作者认为“扫一扫”这种支付方式：（　　）

A. 不存在安全问题　　B. 不会影响科技发展

C. 对生活影响不大　　D. 可能不会始终存在

听读拓展 More Listening and Reading Practice

1. 查一查或问一问：这是哪个手机品牌的标志？

2. 请你找到这个手机品牌的网站，找出最新的手机产品。

3. 请你查查这款最新手机在外观、功能等方面的特点，说说哪个特点是你最喜欢的。

HUAWEI

学后反思 Reflection

1. 写出本课你最熟悉的三个生词和一个语言点，并试着用每个生词和语言点各写一个句子。

Write down three new words and one language point that you are most familiar with in this lesson, and try to make a sentence with each new word and language point.

生词	句子
语言点	句子

2. 你认为本课哪些生词和语言点你还需要加深理解和加强练习？试着查阅资料，用这些生词和语言点各写一个句子。

Which new words and language points do you need to understand further and practise more in this lesson? Refer to some materials and make a sentence with each new word and language point.

生词	句子
语言点	句子

第九课 LESSON 9

要是能吃遍中国就好了

If Only I Could Eat Everything Delicious in China

学习目标 Learning Goals

重点生词 / Key Words

❶ 各　　❷ 通过

词语辨析 / Distinction between Synonyms

通过—经过

重点语言点 / Key Language Points

❶ 特定条件关系复句

❷ 特定条件关系复句：凡是……，都……

❸ 假设关系复句：倘若……，（便）……

❹ 固定用法：用不着

❺ 固定用法：连 A 带 B

PART 1
第一部分

预习词语 Preview the Words

听录音，跟读生词。 9-1

Listen to the recording and repeat the new words.

① 着迷	zháo//mí	动	be fascinated
② 各	gè	代	every
③ 通过	tōngguò	介	through, by
④ 微	wēi	副	slightly
⑤ 顿	dùn	量	time
⑥ 倘若	tǎngruò	连	if, supposing
⑦ 便	biàn	副	then, in that case
⑧ 辣椒	làjiāo	名	hot/chilli pepper
⑨ 酱	jiàng	名	sauce, jam
⑩ 忍受	rěnshòu	动	bear, endure
⑪ 火锅	huǒguō	名	hotpot
⑫ 酸辣粉	suānlàfěn	名	hot and sour rice noodles
⑬ 用不着	yòng bu zháo		not need; there is no need
⑭ 调料	tiáoliào	名	seasoning, flavouring
⑮ 花样	huāyàng	名	variety, design, pattern
⑯ 麻	má	形	(of some food) producing a burning sensation to the taste
⑰ 麻辣	málà	形	(of a dish) hot and spicy
⑱ 流	liú	动	(of liquid) flow
⑲ 眼泪	yǎnlèi	名	tears
⑳ 连……带……	lián…dài…		both... and...
㉑ 口味	kǒuwèi	名	one's taste/liking
㉒ 透	tòu	动	show, look, appear

㉓ 凡是	fánshì	副	all, every, any
㉔ 妹子	mèizi	名	young girl
㉕ 身材	shēncái	名	stature, figure
㉖ 痛快	tòngkuài	形	happy; to one's great satisfaction; straightforward

❶ 宫保鸡丁	Gōngbǎo Jīdīng	Kung Pao Chicken
❷ 《舌尖上的中国》	Shéjiān shang de Zhōngguó	*A Bite of China*
❸ 麻婆豆腐	Mápó Dòufu	Mapo Tofu

第一组生词 Group 1

着迷	顿	辣椒	忍受	豆腐	火锅	酸辣粉	调料
花样	麻辣	流	眼泪	口味	透	身材	痛快

1. 将下列词语与对应的图片连线。

Match the following words to the corresponding pictures.

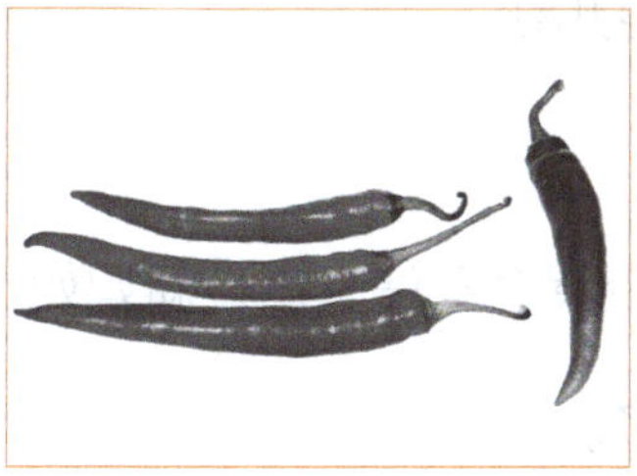

辣椒

火锅

调料

眼泪

酸辣粉

豆腐

2. 把下列词语补充完整。Complete the following words.

❶ ________受　❷ 豆________　❸ 眼________　❹ 身________

❺ ________辣　❻ 着________　❼ 痛________　❽ 口________

❾ 花________　❿ 调________

3. 选择正确的词语，把下列句子补充完整。

Choose the correct words and complete the following sentences.

A. 透	B. 着迷	C. 花样	D. 痛快	E. 忍受	F. 流	G. 口味	H. 顿

❶ 厨师喜欢把馒头做出各种________来吸引顾客。

❷ 我想说这些话很久了，今天终于说出来了，现在感觉很________。

❸ 这部电影太令人感动了，很多观众都________下了眼泪。

❹ 这个可爱的小姑娘长着一双大大的蓝眼睛，白白的脸上________着一点儿红。

❺ 小宝宝每天晚上都整夜哭个不停，这位新妈妈已经快要________不了了。

❻ 大家在工作上帮了我这么大的忙，这________饭必须让我来请。

⑦ 我以前不喜欢吃甜的，后来__________变了，就爱吃各种甜的东西。

⑧ 这个孩子对中国功夫________了________，说话时三句话不离功夫。

第二组生词 Group 2

各　通过

1. 听录音，跟读句子。

9-2

Listen to the recording and repeat the sentences.

这个节目是专门介绍中国各地的特色美食的。

各位老师、同学们，大家好，我叫孟宏，是 2018 级五班的留学生。

通过这个节目，我才知道，酸甜微辣的宫保鸡丁其实是一道川菜。

在那个没有电话和网络的年代，他们只能通过写信联系。

2. 按听到的先后顺序为下列句子排序，将序号写在句子前面的横线上，并在括号中填上你听到的生词。

9-3

Sequence the following sentences in the order you hear them, write the sequence numbers on the lines in front of each sentence, and fill in the brackets with the words you hear.

_____ 现在，很多年轻人（　　　）互联网来认识新朋友。

_____ 我有个愿望，就是到世界（　　　）地看看，感受不同的风俗和文化。

_____（　　　）班同学请注意，下午一点半在教学楼门前集合。

_____（　　　）跑步，他成功减掉了十公斤体重。

预习语言点 Preview the Language Points

听录音，跟读句子，并完成相应的练习。 9-4

Listen to the recording, repeat the sentences and finish the exercises.

凡是……，都……

凡是提到四川女孩儿，人们都喜欢叫她们“辣妹子”。

马克特别喜欢看展览，凡是有好的展览，他都会去看看。

“凡是……，都……”是特定条件关系复句。特定条件关系复句还有哪些常用关联词语？请你写出至少两个特定条件关系复句。

“凡是……，都……” is a complex sentence of specific conditional relation. Do you know any other correlatives that are often used in complex sentences of specific conditional relation? Please write down at least two such sentences.

例如：只要你努力练习，就能通过这次的口语考试。

1. ____________________

2. ____________________

倘若……，（便）……

倘若出远门，四川人便要随身带一瓶自己家的辣椒酱。

倘若这世界上有最美好的回忆，那便是童年的回忆。

用不着

四川人做饭时用不着多么特别的调料，只需要一把辣椒，就可以做出不同的花样。

其实你用不着担心这个问题，老师会帮你解决的。

连A带B

四川人爱吃辣，即使辣得流眼泪，也要连菜带汤都吃干净。

有不少人吃葡萄的时候习惯连皮带肉一起吃。

1. 听对话，选出与你听到的内容相符的选项。 9-5

Listen to the dialogues and choose the facts that match what you hear.

❶ A. 女的提醒男的如果把水烧干了，后果会很严重。

B. 女的发现男的把水烧干了，后果很严重。

❷ A. 女的认为已经不需要再劝阿尔达了。

B. 女的认为还需要再好好劝劝阿尔达。

❸ A. 男的不太喜欢女的做的汤，只吃完了汤里的菜。

B. 男的特别喜欢女的做的汤，菜和汤全都吃完了。

❹ A. 明天不参加考试的学生，也得带上护照和准考证。

B. 所有明天参加考试的学生，都得带上护照和准考证。

2. 听短文，选择正确答案。 9-6

Listen to the passage and choose the correct answers.

❶ 《舌尖上的中国》向观众介绍了什么？

A. 中国的人口数量　　B. 中国人的饮食习惯与口味

C. 中国的文化背景　　D. 中国的具体位置与面积

❷ 制作这档节目的目的是让观众知道什么？

A. 童年的记忆影响很大　　B. 应该学会自己制作美食

C. 要记录生活美好时刻　　D. 中国人热爱美食和生活

PART 2

第二部分

课文讲练 Text

1. 玛利亚学会的第一句汉语是什么？她是怎么学会这句话的？
2. 玛利亚有多喜欢中国菜？
3. 中国朋友给玛利亚推荐了什么节目？这个节目是介绍什么的？
4. “川”是指什么地方？这个地方的人都有什么特点？
5. 四川人出远门时会带什么？为什么？
6. 四川的“辣”有哪些花样？从哪句话能看出来四川人爱吃辣？
7. 为什么人们把四川姑娘叫作“辣妹子”？
8. 玛利亚对性格和饮食的关系是怎么看的？

听录音，预习课文，思考课文旁边的问题。 9-7

Listen to the recording and preview the text. Think about the questions next to the text.

要是能吃遍中国就好了

我刚到北京时学会的第一句汉语不是“你好，我叫玛利亚”，而是“我要宫保鸡丁”。宫保鸡丁实在是太好吃了，我第一次吃就爱上了它，于是知道了它的名字。和我一样，很多老外也对中国菜非常着迷，哪怕是天天吃，也吃不够。

中国朋友知道我喜欢中国美食，还给我推荐了一个节目，是专门介绍中国各地的特色美食的，叫作《舌尖上的中国》。通过这个节目，我才知道，酸甜微辣的宫保鸡丁其实是一道川菜。“川”指的就是大熊猫的故乡——四川。四川人爱吃辣，上到八十岁的老人，下到两三岁的孩子，个个都能吃辣。四川人离不开辣，在家顿顿都吃辣。倘若出远门，便要随身带一瓶自己家的辣椒酱，因为忍受不了没有辣味的日子。对他们来说，那就是家的味道。四川人会吃辣，从宫保鸡丁到麻婆豆腐，从火锅到酸辣粉，用不着多么特别的调料，只需要一把辣椒，他们就可以做出不同的花样：香辣、麻辣、酸辣……即使辣得流眼泪，也要连菜带汤都吃干净。

和他们的口味一样，四川人的性格里也透着辣，特别是四川姑娘。凡是提到她们，人们都喜欢叫她们“辣妹子”。这是因为她们不但身材“辣”，性格也像辣椒一样，让人觉得特别痛快。

原来，性格和饮食习惯有这么大的关系。我忍不住想，倘若我能吃遍中国的话，那时候我的性格会是什么样呢？

（458 字）

生词注解 / New Words

1. 各

代词，指一个范围内所有个体，用法比较正式，常用在名词和量词前。名词一般限于人、单位、组织、团体、地区等，量词常用的有“个、位、种、项、条、界”等。

“各” is a pronoun, which refers to all the members/things within a certain scope. It is used in a relatively formal occasion and is often followed by nouns or measure words. The nouns are usually limited to people, units, organisations, groups, areas, etc. The measure words often include “个、位、种、项、条、界”, etc.

1. 我们班有来自各国的留学生，比如美国的、意大利的、韩国的、日本的。
2. 这种植物在中国南方各省都十分常见。
3. 欢迎大家来参加我的摄影展，我在这里向各位表示感谢。

注意：“各”和“每”都可以指所有的个体，但二者在意义上的侧重点不同。“各”强调整体中的所有个体，“每”强调整体中的任何一个或一组个体；“各”可以直接加在一些名词前，“每”除了可以直接加在“人、年、月、日、天、周、星期”等词的前面以外，一般要加上量词才能用在名词前。

Note: Both “各” and “每” can refer to every member/thing, but they place emphasis on different aspects in terms of their meanings. “各” emphasises on all the members/things in a whole, while “每” emphasises on any member/thing or any group of members/things in a whole. “各” can be used directly before certain nouns. In contrast, “每” can only be used before nouns when it is followed by a measure word, except for a few cases when it is used directly before “人、年、月、日、天、周、星期”, etc.

1. 我有那个大学各学院和专业的介绍，你要看吗？
2. 在毕业晚会上，每个学院都表演了一个精彩的节目。

(1) 用“各”改写下列句子。

Paraphrase the following sentences using “各”.

1. 请通知每个班的班长到会议室集合。

   → ____________________

2. 他这几年差不多去遍了中国的所有地方。

   → ____________________

3. 北京所有的大书店他都跑遍了，还是没买到那本词典。

   → ____________________

(2) 用“各”或“每”填空，并朗读句子。

Fill in the brackets using “各” or “每” and read aloud the sentences.

1. 这些药（　　）天吃三次，（　　）次吃两片。
2. 通知：（　　）部门今天下午两点在会议室开会，不要迟到。
3. 他（　　）方面都这么优秀，（　　）个学校都想把他要过来。
4. 这一重要发现引起了社会（　　）界的关注（guānzhù）。

2. 通过

介词，表示做一件事所用的方法、工具或手段。

“通过” is a preposition, which indicates the method, the tool or the means used for doing something.

1. 通过一年的努力，我们的汉语水平都有了很大提高。
2. 通过朋友介绍，我才认识了现在的女朋友。
3. 通过和中国人的交流，我了解到了很多有意思的中国文化知识。

(1) 连词成句。 Put the words or phrases in the correct order to make sentences.

1. 翻译　我们　半个小时　通过　交谈了

   ____

2. 用水和二氧化碳　阳光照射　合成　植物　有机物质　通过

   ____

(2) 用"通过"完成对话或句子。

Complete the dialogues and sentence using "通过".

1. A：感冒一般是怎样传染的？

   B：____

2. A：怎样可以知道一个人是不是真正的朋友？

   B：____

3. ____________________，我才明白了那个成语的意思。

词语辨析 / Distinction between Synonyms

通过—经过

	通过	经过
共同点	都有借助动作行为达到目的的意思，后面都可以加名词、动词或小句。 Both of them contain the meaning of achieving one's goal through an action, and they can be followed by a noun, a verb or a clause.	
不同点	介词"通过"语义上强调为达到目的而使用的方式、手段、媒介。 The preposition "通过" semantically emphasises the way, the means or the medium used for achieving the goal. ① 我通过什么方式才能见到那位作家呢？ ② 通过来中国学习，我更了解中国文化了。 ③ 通过朋友推荐，我才知道了桂林这个地方。	动词"经过"语义上强调经历的活动和事件。 The verb "经过" semantically emphasises the activities and events that one experiences. ① 经过这次失败，他吸取了不少经验。 ② 同学们经过不断练习，汉语水平提高了不少。 ③ 经过讨论，大家制定出了每个人都要遵守的班规。
	动词"通过"语义上有"同意""承认"的意思。 The verb "通过" implies "to agree" and "to admit". ① 大会通过了这项决议（juéyì）。 ② 孟宏顺利通过了本学期的所有考试。	动词"经过"没有"同意""承认"的意思。 The verb "经过" does not imply "to agree" or "to admit".

续表

	通过	经过
不同点	不可以用作名词。 “通过” cannot be used as a noun.	可以用作名词，表示过程、经历。 “经过” can be used as a noun to indicate a process or an experience. ❶ 这就是这件事的全部经过。 ❷ 警察向记者们详细介绍了调查的经过。

用“通过”或“经过”填空，把短文补充完整。

Fill in the blanks using “通过” or “经过” and complete the passage.

1948 年，❶______讨论，世界精神卫生组织 ❷______了一项决议，决定把每年的 5 月 8 日定为“世界微笑日”，这是世界上唯一一个庆祝人类行为表情的节日。世界精神卫生组织希望 ❸______微笑来促进人类身心健康，在人与人之间传递（chuándì）快乐和友善。

语言点注解 / Language Points

1. 特定条件关系复句

特定条件关系复句的前后两个分句之间存在条件和结果的关系：后一个分句表示结果，前一个分句说明实现这个结果所需要的条件。常用的关联词语有“只要”“凡是”“只有”“除非”等。其中，“只要”“凡是”指出基本条件，而“只有”“除非”指出唯一条件。

The two clauses in a complex sentence of specific conditional relation are in a relation of condition and result: the latter clause indicates the result, while the former explains the condition, under which the result can be achieved. The correlatives frequently used include “只要”, “凡是”, “只有”, “除非”, etc. Among these correlatives, “只要” and “凡是” indicate the basic condition, while “只有” and “除非” indicate the only condition.

1. 只要我有时间，就一定会陪你去看画展。
2. 你的病不严重，只要吃点儿药，很快就能好。
3. 凡是不利于身体健康的东西，爷爷都不吃。
4. 凡是老师说的句子，他都认认真真地写在笔记本上了。
5. 只有理解了词语的真正意思，才能造出正确的句子。
6. 只有你自己去试试，才知道能不能成功。
7. 除非现在就抓紧时间开始做，否则下周一之前肯定完不成这个任务。
8. 除非他和我一起去，否则我是不会去的。

(1) 用合适的关联词语填空，把句子补充完整。

Fill in the brackets with proper correlatives and complete the sentences.

1. 我（　　　）有空，（　　　）会去操场跑跑步。
2. 环境问题（　　　）得到大家的重视，（　　　）能真正得到解决。
3. （　　　）他女朋友劝他，否则他是不会改变主意的。
4. （　　　）你没意见，我们大家就都没意见。
5. （　　　）符合招聘要求，（　　　）公司是不会录用的。

(2) 按照正确的顺序排列选项，组成语段。

Sequence the choices to make proper utterances.

1. A. 才能拿到毕业证
   B. 所有学生都得参加
   C. 只有通过这次考试
   D. 这次考试非常重要 ________
2. A. 含羞草是一种有趣的植物
   B. 你只要用手指轻轻碰一下它
   C. 它与其他植物的不同之处在于
   D. 它的叶子就会合起来 ________
3. A. 你这次做得太过分了
   B. 除非你亲自去向她道歉
   C. 否则她是不会轻易原谅你的
   D. 竟然都把她气哭了 ________

2. 凡是……，都……

副词“凡是”的意思是“只要是”“所有”，“凡是……，都……”是特定条件关系复句，表示在一个范围内所有的事物或情况没有例外。

The adverb “凡是” means “只要是” and “所有”. “凡是……，都……” is a complex sentence of specific conditional relation. It indicates that there is no exception for all the things and situations within a certain scope.

1. 凡是身高超过 1 米 5 的儿童，都要买全价火车票。
2. 凡是在这儿抽烟的人，无论是什么原因，都要罚款（fákuǎn）五十元。
3. 他有个好习惯——凡是遇到不明白的问题，都会马上问老师。

另外，“凡是”还可以和“没有……不……”连用。

In addition, “凡是” can be used with “没有……不……”.

1. 凡是见过她的人，没有一个不说她漂亮的。
2. 凡是学过的生词，没有一个他不会用的。
3. 凡是参加比赛的人，没有哪个不想得冠军。

(1) 从上面的例句中选择合适的句子完成对话。

Choose the proper sentences from the examples above and complete the dialogues.

1. A：我刚才没看到禁止吸烟的标志，这次就算了吧，行吗？

   B：非常抱歉，________________

2. A：咱们一起学汉语，为什么他的汉语比我们好那么多呢？

   B：因为________________

3. A：他的词汇量可真大啊，大家都叫他“会走路的词典”呢！

   B：你说对了，________________

4. A：我儿子今年才十岁，为什么不能买儿童票？

   B：对不起，________________

5. A：这次比赛真激烈啊！看来大家都想得冠军。

   B：当然啦，________________

6. A：听说咱们公司来了一个特别漂亮的女孩儿。

   B：是啊，________________

(2) 根据提示，改写下列句子。

Paraphrase the following sentences based on the clues.

1. 只要是吃过这道菜的人，都会爱上这个味道。（凡是……，都……）

   → ______________________________

2. 只要是你要求我做的事，我都会努力做好。（凡是……，都……）

   → ______________________________

3. 所有运动他都喜欢。（凡是……，都……；凡是……，没有……不……）

   → ______________________________

4. 所有看过那幅画的人都被它深深地吸引了。（凡是……，没有……不……）

   → ______________________________

3. 倘若……，（便）……

“倘若……，（便）……”是假设关系复句，常用于书面语，意思相当于“如果……，就……”。“倘若”的后边常常是还没发生的事情，表示一种推测或假设，“便”的后边说明在这种假设下会出现的结果，“便”有时也可以不出现。

“倘若……，（便）……” is a complex sentence of hypothetical relation and is usually used in written Chinese. It is similar to “如果……，就……”. “倘若” is often followed by something that hasn't happened yet. It indicates speculations or assumptions. “便” is followed by the results obtained under such assumptions. Sometimes “便” can be omitted.

1. 倘若你的身体出现了不良反应，便要及时去医院就医。
2. 倘若大家都不同意，那便算了吧。
3. 倘若采用新技术，效率可以提高三倍以上。

(1) 按照正确的顺序排列选项，组成语段。

Sequence the choices to make proper utterances.

1. A. 到时候你该怎么办

   B. 你在做决定以前

   C. 倘若他不同意呢

   D. 最好先征求他的意见 ________

❷ A. 是我自己的一点儿想法
B. 倘若有不妥（bùtuǒ）之处
C. 还请大家批评指正（zhǐzhèng）
D. 以上各点 ________

(2) 根据提示，改写下列句子。

Paraphrase the following sentences based on the clues.

❶ 虽是小病，要是不吃点儿药，就会拖成大病。（倘若……，便……）

→ ________________________________

❷ 你自己不想做，没有人能够强迫（qiǎngpò）你。（倘若……，便……）

→ ________________________________

❸ 你真想解决问题的话，得亲自跑一趟。（倘若……，……）

→ ________________________________

4. 用不着

"用不着"的意思相当于"不用"，常用于口语，表示说话人认为不需要某个东西或做某事没有必要。

"用不着" is similar to "不用". It is often used in spoken Chinese to indicate that the speaker thinks something is unnecessary or it is unnecessary to do something.

❶ 海南现在很热，用不着这么厚的衣服。
❷ 你回国以后用不着汉语了，会不会把汉语全都忘光了啊？
❸ 咱们时间来得及，用不着这么着急。

根据括号里的信息，用"用不着"完成句子。

Complete the sentences using "用不着" based on the information given in the brackets.

❶ 我看天气预报了，明天没有雨，________________。（伞）

❷ 明天是周末，不用早起，________________。（闹钟）

❸ 哪怕以后________________，也别随便扔掉啊。（自行车）

❹ 即使你再生气，也________________。（发脾气）

5. 连A带B

"连" 和 "带" 可以连接动词或名词，构成 "连 A 带 B" 格式。当 A、B 是动词时，"连 A 带 B" 表示两个动作同时或者交替进行。表示两个动作同时进行时，类似于 "一边 A 一边 B"。当 A、B 是名词时，"连 A 带 B" 表示人或东西的相加，类似于 "A 和 B"。

"连" and "带" can be used to connect verbs or nouns to form the structure "连A带B". When A and B are both verbs, "连A带B" indicates that two actions happen simultaneously or alternately. When two actions happen simultaneously, it is similar to "一边A一边B". When A and B are both nouns, "连A带B" is similar to "A and B", and it adds up all the people or things.

1. 他这次的感冒很严重，连发烧带咳嗽特别难受。
2. 他的钱包被偷了，连钱带卡都丢了。
3. 他骑车时被撞了，连人带车都倒在了地上，看起来摔得不轻。

选择合适的 "连A带B" 短语完成句子。

Choose the proper "连A带B" phrases and complete the sentences.

连唱带跳	连说带笑	连大人带小孩儿	连跑带跳	连日带夜

例如：这场演出很特别，里面的演员都是连唱带跳的。

1. 他们________________一共去了六口人，一辆车恐怕坐不下。
2. 这个月我们________________地干了十多天，终于把工作做完了。
3. 你们________________________聊得这么高兴，在聊什么呢？
4. 孩子一看到妈妈就__________________________地过来了。

学以致用 / Study for the Sake of Application

根据括号里的信息，选择合适的词语或语言点，把短文补充完整。

Complete the passage by choosing the proper words or language points based on the information given in the brackets.

各　倘若　凡是　用不着　连 A 带 B

如果出国旅行时需要帮助，却完全听不懂当地人的语言该怎么办呢？喜欢去❶ ________________（旅游）的霍恩（Huò'ēn）就遇到过这样的情况。有一次，他和朋友到国外旅游，结果他骑租用的摩托车时不小心摔倒了，❷ ________________（滚，山坡下面）。他的朋友想送他去医院，于是向一个当地人求助。可是他着急地解释了半天，当地人就是不明白他的意思。

回国以后，霍恩下定决心解决语言不通这个难题。他想，❸ ________________（代替），那便没有沟通的障碍（zhàng'ài）了。于是，他和朋友设计了一款衣服，衣服上印着外出旅游时常去地点的图标（túbiāo），包括火车站、机场、酒店等，以及日常生活中常用的物品，如食物、药品、电话等。在国外穿上这种衣服，遇到问题时，❹ ________________（开口），只要指一指衣服上的图标，当地人就很快能明白你的需求了。霍恩设计的衣服很快就火了起来，❺ ________________（见到），没有一个人不称赞他的设计。

课文练习 / Text Exercises

1. 你身边有四川人吗？他们的性格、饮食习惯和课文里说的一样吗？

2. 你在中国什么地方学习汉语？这个地方人们的性格特点、饮食习惯和四川人有哪些相同和不同之处？

3. 用下列词语和语言点复述课文。

着迷　通过　忍受　花样　透　妹子　痛快
凡是……，都……　倘若……，（便）……

PART 3

第三部分

听力实践 Listening Practice

1. 听对话，选择正确答案。 9-8

Listen to the dialogues and choose the correct answers.

1. A. 到国外公司实习　B. 去粉色沙滩看海
   C. 给男的庆祝生日　D. 去体验中国文化
2. A. 通过网络报名　B. 教师统一安排
   C. 请求朋友帮忙　D. 到办公室报名
3. A. 偶然发现　B. 网上搜索
   C. 电视介绍　D. 同事推荐
4. A. 不断提高价格　B. 引起顾客的好奇心
   C. 吸引新的顾客　D. 增加顾客的新鲜感
5. A. 去商场购物　B. 不想影响男的工作
   C. 观看开幕式　D. 跟孩子妈妈去上班

2. 听短文，选择正确答案。 9-9

Listen to the passage and choose the correct answers.

1. A. 购买了很多好吃的　B. 花光了所有的钱
   C. 继续勤劳地干活儿　D. 获得了少量财产
2. A. 这种食物容易消化　B. 制作方法十分简单
   C. 这种食物营养丰富　D. 可以用来教育孩子

3. 听讲话，选择正确答案。 9-10

Listen to the speech and choose the correct answers.

1. A. 闻有香味的东西　B. 经常赞美别人
   C. 食用特定的食物　D. 满足个人愿望
2. A. 可以保护心脏　B. 可以减肥增肌
   C. 可以治疗过敏　D. 可以缓解疲劳
3. A. 需要补充维生素的人　B. 身体缺钙的女性
   C. 总是感到疲劳的老人　D. 经常失眠的男性

阅读实践 Reading Practice

有趣的汉语俗语

中国有句俗语，叫"民以食为天"，意思是说，人把粮食看作最重要的东西。的确，中国人很重视饮食。中国的美食多，跟饮食有关的俗语也多。比方说，有一个很有趣的俗语——"喝西北风"。很多学习汉语时间不长的人看到这个俗语，可能会感到很奇怪：为什么要喝"风"呢？喝什么也__1__喝"风"吧？__2__，这里的"西北风"指的是空气，"喝西北风"的意思是没有东西吃，只能呼吸空气，饿着肚子过日子。它常常被用来形容一个人手头很紧，日子过得很困难。你可能会从有的人口中听到这样的话："我最近要喝西北风了，__3__需要花钱的事都别叫我啊！"

让我们__4__来看看这个俗语——"天上掉馅儿饼"。馅儿饼是中国的家常食品，它和饺子一样，里边也有__5__馅儿，有肉馅儿、菜馅儿，还可以放海鲜和鸡蛋。把煎得两面金黄的馅儿饼__6__皮带馅儿地吃到嘴里，简直美味极了。假如天上真能每天掉下来几张馅儿饼，恐怕连做梦都要笑醒。__7__，天上怎么可能会掉下来馅儿饼呢？"天上不会掉馅儿饼"这句话正是要告诉我们这样一个道理：天下没有不劳而获的事情，就如同天上不会掉馅儿饼一样；人只有靠自己的双手才能有收获。很有可能，天上掉下来的不是美食，而是陷阱。

（414 字）

重视 zhòngshì 动 give importance to
形容 xíngróng 动 describe
手头 shǒutóu 名 financial situation
馅儿饼 xiànrbǐng 名 baked pie with stuffing
家常 jiācháng 名 daily life of a family
煎 jiān 动 fry
金黄 jīnhuáng 形 golden (yellow)
简直 jiǎnzhí 副 simply
美味 měiwèi 名 delicious food
假如 jiǎrú 连 if, supposing
连……都…… lián…dōu… even
不劳而获 bù láo ér huò profit without doing a stick of work
如同 rútóng 动 be like
靠 kào 动 depend on
收获 shōuhuò 名 gains
陷阱 xiànjǐng 名 trap

1. 完形填空。Cloze.

❶	A. 怪不得	B. 用不着	C. 忍不住	D. 不见得
❷	A. 其实	B. 难免	C. 甚至	D. 与其
❸	A. 专门	B. 唯一	C. 凡是	D. 大量
❹	A. 还	B. 除	C. 却	D. 再

❺ A. 到处　B. 各种　C. 所有　D. 任何

❻ A. 与　B. 临　C. 连　D. 跟

❼ A. 可是　B. 倘若　C. 也许　D. 而是

2. 根据短文，选择正确答案。

Choose the correct answers based on the passage.

❶ “民以食为天”体现了中国人：（　）

A. 提倡节约　B. 信任别人

C. 重视食物　D. 在乎天气

❷ 人们说“喝西北风”的时候，他们：（　）

A. 能呼吸新鲜空气　B. 舍不得买食物

C. 没有胃口吃东西　D. 没有多余的钱

❸ “天上不会掉馅儿饼”告诉我们的道理是：（　）

A. 要学会独立生活　B. 要耐心地等待

C. 要多与别人沟通　D. 努力才有收获

❹ 作者认为汉语俗语：（　）

A. 很有意思　B. 比较难学

C. 缺乏基础　D. 没有道理

听读拓展 More Listening and Reading Practice

1. 请你在学校食堂找一个你最常吃的菜，问一问这个菜用汉语怎么说。

2. 查一查或问一问：这是中国哪个地方的菜？这个地方的菜有什么特点？

3. 查一查或问一问：这个地方有没有其他特别之处？这里的人有哪些共同的特点？

学后反思 Reflection

1. 写出本课你最熟悉的三个生词和一个语言点，并试着用每个生词和语言点各写一个句子。

Write down three new words and one language point that you are most familiar with in this lesson, and try to make a sentence with each new word and language point.

生词	句子
语言点	句子

2. 你认为本课哪些生词和语言点你还需要加深理解和加强练习？试着查阅资料，用这些生词和语言点各写一个句子。

Which new words and language points do you need to understand further and practise more in this lesson? Refer to some materials and make a sentence with each new word and language point.

生词	句子
语言点	句子

住宿舍还是租房子

Living in Campus or Renting an Apartment

学习目标 Learning Goals

词语辨析 / Distinction between Synonyms

规定—规则

重点语言点 / Key Language Points

1. 选择关系复句
2. 选择关系复句：要么……，要么……
3. 固定用法：连……也/都……
4. 动词：是（表示强调）
5. 固定用法：也就是说
6. 固定用法：跟……过不去

PART 1

第一部分

预习词语 Preview the Words

听录音，跟读生词。 10-1

Listen to the recording and repeat the new words.

1	产生	chǎnshēng	动	emerge, arise, generate
2	套	tào	量	[used for books, furniture, rooms, methods, etc] set, suit, suite
3	厨房	chúfáng	名	kitchen
4	连……也……	lián…yě…		even
5	公共	gōnggòng	形	public, communal
6	规定	guīdìng	名、动	stipulation; stipulate
7	熄灯	xī//dēng	动	turn off a light
8	电器	diànqì	名	electrical appliance
9	无法	wúfǎ	动	be unable (to do sth)
10	空间	kōngjiān	名	space
11	自由	zìyóu	形	free
12	中介	zhōngjiè	名	agency
13	步行	bùxíng	动	go on foot
14	设施	shèshī	名	facilities
15	齐全	qíquán	形	complete, ready
16	大型	dàxíng	形	large
17	市场	shìchǎng	名	market
18	房租	fángzū	名	house rent
19	房东	fángdōng	名	landlord or landlady
20	傻眼	shǎ//yǎn	动	be dumbfounded/ stunned
21	家具	jiājù	名	furniture

22	单	dān	形	single
23	单人床	dānrénchuáng	名	single bed
24	笔	bǐ	量	[for sums of money, financial accounts, etc]
25	开销	kāixiāo	名	expense, spending
26	要么	yàome	连	or
27	合租	hézū	动	rent jointly
28	厅	tīng	名	living room
29	两口儿	liǎngkǒur	名	couple
30	推	tuī	动	push
31	然而	rán'ér	连	but, however
32	实惠	shíhuì	形	affordable

1. 将下列词语与对应的图片连线。

Match the following words to the corresponding pictures.

家具

电器

市场

单人床

开销

推

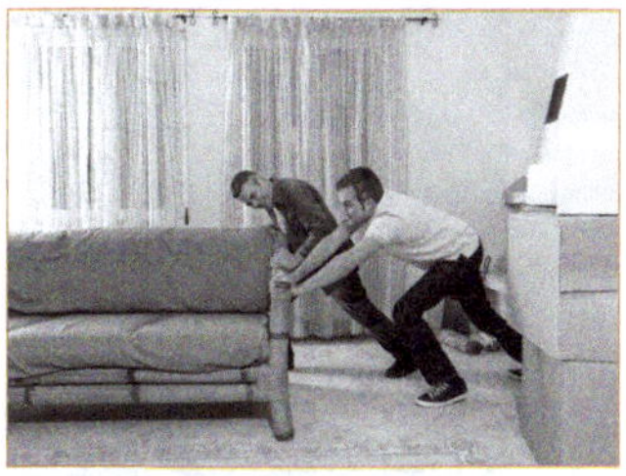

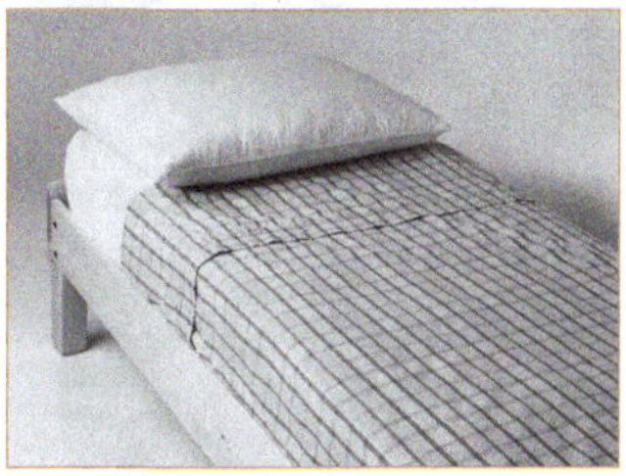

2. 将词语和正确的解释连起来。

Match the words to the correct explanations.

规定	自己可以决定做什么或者不做什么。
自由	一种服务，帮顾客找合适的人、东西等。
无法	法律或制度方面的要求和决定。
傻眼	因为没想到，觉得吃惊，不知道做什么。
两口儿	什么都有，什么都不少。
中介	没有办法，不能。
实惠	很大。
设施	为满足某种需要而建立的机构、建筑等。
齐全	夫妻两个人。
大型	价格合适。

3. 选择正确的词语，把下列句子补充完整。

Choose the correct words and complete the following sentences.

A. 步行　　B. 笔　　C. 然而　　D. 齐全　　E. 规定　　F. 房租

❶ 大城市的房子不便宜，要买就得花一大__________钱。

❷ 学校__________，宿舍楼每天晚上十一点要关门，你下次最好早一点儿回来。

❸ 请你先付三个月的__________，然后我再把房子的钥匙给你。

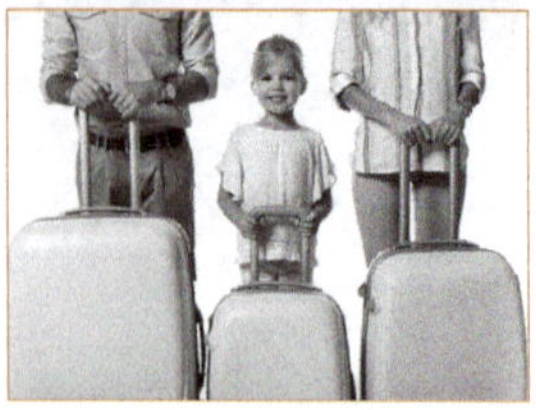

❹ 这周末我们全家要出去旅行，妈妈今天已经把所有东西都准备__________了。

5 那个大型超市离学校很近，__________五分钟就到，不用坐车。

6 动物园里的狮子不用再为如何获得食物而烦恼，__________它们却失去了自由。

预习语言点 Preview the Language Points

听录音，跟读句子，并完成相应的练习。 10-2

Listen to the recording, repeat the sentences and finish the exercises.

要么……，要么……

他看的这些房子要么是合租房，要么只租给小两口儿或一家三口儿，完全不考虑租给他。

他要么不说话，要么就一直说个不停，真希望他能改掉这个毛病。

"要么……，要么……"是选择关系复句。选择关系复句还有哪些常用关联词语？请你写出至少三个选择关系复句。

"要么……，要么……" is a complex sentence of alternative relation. Do you know any other correlatives that are often used in complex sentences of alternative relation? Please write down at least three such sentences.

例如：这次的会议是在北京开，还是在上海开？

1 ______________________________

2 ______________________________

3 ______________________________

连……也/都……

他发现宿舍里没有厨房，不能做饭，连卫生间也是公共的，实在有点儿不方便。

这个汉字特别不常见，连很多中国人都不认识。

是

这套房子是便宜，可里面什么家具都没有。

这家餐厅的环境是好，但菜的价格太贵了。

也就是说

这套房子里只有一张单人床，也就是说，所有的家具都需要周小明自己去购买。

阿拉伯语的书写方向与汉语相反，也就是说，阿拉伯语是从右往左写的。

跟……过不去

在外面租房要花挺大一笔钱，为什么要跟钱过不去呢？

他不是跟你过不去，只是脾气不好，对谁都是这样。

1. 听对话，选出与你听到的内容相符的选项。 10-3

Listen to the dialogues and choose the facts that match what you hear.

❶ A. 男的假期要留在家里陪父母，或者出去旅游。
   B. 男的假期要留在家里陪父母，还要出去旅游。

❷ A. 公司还没发工资，女的钱包里只有一百块钱了。
   B. 公司还没发工资，女的钱包里已经快没有钱了。

❸ A. 男的认为这道菜好吃，只是有点儿咸。
   B. 男的认为这道菜不好吃，因为有点儿咸。

❹ A. 网上洗衣粉的价格不比其他地方便宜。
   B. 网上的活动拉低了每袋洗衣粉的平均价格。

❺ A. 女的告诉男的不要为难自己，犯错误很正常。
   B. 女的告诉男的不要先过去，容易犯错误。

2. 听短文，选择正确答案。 10-4

Listen to the passage and choose the correct answers.

1. 根据短文，可以知道什么？

   A. 房屋装修豪华　　B. 房租要一个月交一次

   C. 房屋家电齐全　　D. 房子里有游泳馆和健身房

2. 有租房需求的人需要做什么？

   A. 先支付五百元押金　　B. 准备好租房合同

   C. 复印好自己的证件　　D. 打电话联系房东

PART 2

第二部分

课文讲练 Text

听录音，预习课文，思考课文旁边的问题。 10-5

Listen to the recording and preview the text. Think about the questions next to the text.

1. 周小明来上海的目的是什么？
2. 周小明认为学校的宿舍怎么样？
3. 周小明认为出去租房子住的好处是什么？
4. 周小明通过什么方式租房子？
5. 周小明看的第一套房子怎么样？
6. 第一套房子的房租便宜吗？周小明为什么没租？
7. 中介给周小明介绍的其他几套房子怎么样？周小明对其中那套新房哪些方面很满意？他为什么没租那套房子？
8. 周小明现在对租房子和住宿舍的看法发生了哪些变化？

住宿舍还是租房子

周小明是一个刚从外地到上海读研究生的小伙子，他一报完到就产生了在学校附近租一套房子住的想法。这是为什么呢？一方面，他发现宿舍里没有厨房，不能做饭，连卫生间也是公共的，他觉得实在有点儿不方便，不想挤在那个小小的四人宿舍里；另一方面，他认为住在学校里规定有点儿多，不仅宿舍楼晚上十一点就要熄灯，而且很多电器也无法使用，不如多花点儿钱租个房子，有自己的空间，想什么时候睡就什么时候睡，想干什么就干什么，多自由啊！

于是，周小明开始联系房屋中介公司，只要有空就去看房子。中介公司给他介绍的第一套房子离学校很近，步行五分钟就能到学校，周围的设施也很齐全。往东走不到两百米就有一家大型超市，附近还有各式各样的饭馆。往西走七八分钟就有一个市场，蔬菜、水果、肉类、蛋类……又新鲜又便宜，想吃什么就买什么。中介还告诉周小明，这套房子的房租也比别的房子便宜得多，周小明很满意。可是一进房东的家，他就傻眼了，这套房子是便宜，可里面什么家具都没有，只有一张又破又旧的单

人床。也就是说，所有的家具都需要周小明自己去购买。这可是一笔不小的开销啊！

之后，周小明又看了几套房子，可是这些房子要么是合租房，两室一厅的房子要住四个人；要么只租给小两口儿或一家三口儿，完全不考虑租给他。有一套房子是新房，家具齐全，风景也好，推开窗户，远远地就可以看到一个湖。房子是不错，然而房租贵得吓人。

周小明的租房计划就这样失败了，他现在仍然住在四人宿舍里，住得比谁都开心。他这样告诉他的室友们："我以前就是想不开，非要一个人住不可。可是在外面租房要花挺大一笔钱，为什么要跟钱过不去呢？学生宿舍才是最经济实惠的选择。"

（621 字）

词语辨析 / Distinction between Synonyms

规定—规则

	规定	规则
共同点	都可以用作名词，都表示对事物做出的要求和决定。 Both of them can be used as nouns, and they describe the requirements and decisions made about something.	
不同点	语义上侧重对事物的数量、质量、方式、方法等做出的要求和决定。常用搭配有"学校的规定""公司的规定"等。 "规定" semantically emphasises the requirements and decisions made about something, in terms of its quantity, quality, means or method, etc. The common collocations of "规定" include "学校的规定", "公司的规定", etc. ❶ 按照学校的规定，任何学生都不能无故缺课。 ❷ 凡是公司里的员工，都不能违反公司的规定。	语义上侧重需要大家共同遵守的制度和章程。常用搭配有"交通规则""使用规则""制定规则"等。 "规则" semantically emphasises the rules and regulations that everyone should abide by. The common collocations of "规则" include "交通规则", "使用规则", "制定规则", etc. ❶ 为了您和家人的幸福，请遵守交通规则。 ❷ 按照中国的交通规则，车辆要靠右行驶。

续表

	规定	规则
不同点	不可以用作形容词。 "规定" cannot be used as an adjective.	可以用作形容词，表示事物在形状、结构等方面合乎一定的标准。 "规则" can be used as an adjective to indicate that something conforms to certain standard in terms of its shape, structure, etc. ❶ "Buy" 是不规则动词。 ❷ 平行四边形是规则的四边形。
	可以用作动词。 "规定" can be used as a verb. ❶ 公司规定，任何人都不能无故迟到或早退。 ❷ 学校规定，学生 7 月 12 日正式放假前不能离开学校。	不可以用作动词。 "规则" cannot be used as a verb.

用"规定"或"规则"填空，把短文补充完整。

Fill in the blanks using "规定" or "规则" and complete the passage.

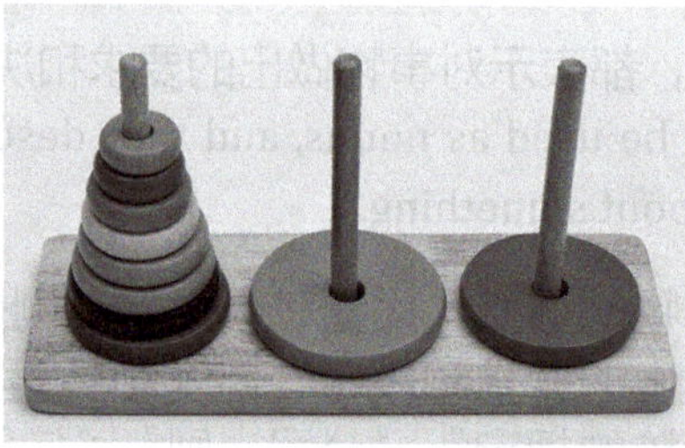

汉诺塔（Hànnuòtǎ）是一种有趣的游戏。游戏里有三根柱子（zhùzi），在一根柱子上从下往上按照从大到小的顺序放着一些圆盘。玩家需要做的是把圆盘从这根柱子移动到另一根柱子上，而且圆盘要保持原有的顺序。该游戏 ❶______，小圆盘上不能放大圆盘，而且一次只能移动一个圆盘。这个游戏虽然看起来不是很难，但若要完成也是需要按照一定的 ❷______来进行的。如果不遵守游戏 ❸______，那么游戏就失去了意义。其实，其他事情也是如此，无论是在学校学习的学生，还是在公司工作的员工，都需要按照相关的 ❹______来做事。

语言点注解 / Language Points

1. 选择关系复句

选择关系复句的前后两个分句分别提出两个不同的情况或可能，让自己或别人从中选择一个。常用的关联词语有“或者”“要么”“还是”等。

The two clauses in a complex sentence of alternative relation put forward two different situations or possibilities, allowing oneself or other people to choose one from the two situations or possibilities. The common correlatives in complex sentences of alternative relation include “或者”, “要么”, “还是”, etc.

1. 我或者今天去，或者明天去。
2. 要么你来我这儿，要么我去你那儿，今天咱们一定得见一面。
3. 这次画展是在北京举办，还是在上海举办，我们还需要再讨论一下。

选择关系复句中常见的关联词语还有“不是……，就是……”，表示两个选项中必须选择一个，或只能选择一个。

Another pair of correlatives often used in complex sentences of alternative relation is “不是……，就是……”, which indicates that one option has to be selected from these two options, or only one option can be selected from the two.

1. 我们班的同学，不是非洲人，就是亚洲人，没有其他洲的。
2. 这孩子每天不是玩游戏，就是看电影，从来都不学习。

按照正确的顺序排列选项，组成语段。

Sequence the choices to make proper utterances.

1. A. 要么是房租太贵
   B. 你要不要考虑一下离单位稍微远一点儿、地铁站附近的房子
   C. 单位附近的房子还是挺难找的
   D. 要么是条件太差 ________
2. A. 您好，我是天天快递，跟您确认一下
   B. 您家的地址是华美小区一期
   C. 还是二期
   D. 地址写得不太清楚 ________
3. A. 别随便扔在床上
   B. 把你这些袜子放到柜子里
   C. 否则我就给你扔了啊
   D. 或者收到箱子里 ________

4. A. 这让他觉得有些失望
B. 就是干脆不接电话
C. 他想约几个朋友出来吃饭
D. 可人家不是早有安排 ________

2. 要么……，要么……

“要么”是连词。“要么……，要么……”表示只有两个选项，要从中选择一个。有时也可以只用一个“要么”，放在后一个小句的开头，用来表明说话者的意愿，有时带有商量的语气。

“要么” is a conjunction. “要么……，要么……” indicates that there are only two options and one option has to be selected from the two. Sometimes there can only be one “要么”, and it is placed at the beginning of the latter clause to express the speaker's will. Sometimes it carries a tone of consultation.

1. 路那么远，咱们要么骑车去，要么坐车去，走路太累了。
2. 你有两种选择：要么坚持下去，要么现在就放弃。
3. 这次旅行要么去桂林，要么去昆明，其他地方我哪儿都不想去。
4. 发电子邮件说不清楚，要么我去找你一趟吧，咱们见面说。
5. 咱们都连续加了一周班了，要么休息两天吧。

(1) 根据括号里的信息，用“要么”完成句子。

Complete the sentences using “要么” based on the information given in the brackets.

1. 今天的晚饭我们______________，______________，你决定吧。（外卖）
2. 遇到不会的问题，__________，________，千万不能不懂装懂。（上网）
3. 去桂林的飞机不是票价太贵，就是时间不合适，____。（坐火车）
4. 我现在得去幼儿园接我儿子了，______________________。（明天聊）

(2) 遇到下面这些情况，你该怎么说？

What will you say if you are in the situations below?

1. 父母希望你按照他们的想法学习医学专业，可是你并不喜欢这个专业。你想告诉你的父母，你想学习文学或者语言专业。
2. 你想睡觉了，可是你的室友还在开着灯学习，你想礼貌地请她把灯关上。

3. 连……也/都……

“连”是介词，与“也”或“都”组成“连……也 / 都……”格式。“连”后指出一个极端或典型的事例，“也”或“都”后边说出一个情况，表示即使是这个最极端或典型的事例，也会出现某种情况，更不用说其他事例了。“连”的前边还可以加上“甚至”。

“连” is a preposition. Together with “也” or “都”, it forms the structure “连……也/都……”. “连” is followed by an extreme or typical case, and “也” or “都” is followed by a situation, indicating that even in this most extreme or typical case, something will happen, let alone in other cases. “甚至” can be added before “连”.

1. 这么简单的道理，连小孩子都懂，你难道不明白？
2. 门外的花真香啊，连屋子里都充满了香味。
3. 我对这种香水的味道过敏，别说用了，甚至连闻到也不行。

(1) 根据括号里的信息，用“连……也/都……”完成句子。

Complete the sentences using “连……也/都……” based on the information given in the brackets.

1. 这道数学题太难了，________________________。（数学老师）
2. 我把电脑借给他用，可是________________________。（谢谢）
3. 我经常在电梯里遇到她，可是到现在____________________。（名字）
4. 你减肥减了快半年了吧？怎么______________________？（一斤）

(2) 根据括号里的信息，用“连……也/都……”完成句子，把短文补充完整。

Complete the sentences in the passage using “连……也/都……” based on the information given in the brackets.

妈妈是这个世界上最忙的“职业”。对很多妈妈们来说，一天 24 小时是远远不够用的。她们需要挣钱养家、准备一日三餐、接送孩子上下学、辅导孩子做功课……很多妈妈就 ❶ ________________（吃午饭）。为此，一位心理学家访问了 200 多位妈妈。其中，90% 的妈妈希望自己能有更多的时间陪孩子玩游戏、做手工什么的，哪怕每天只有半个小时。然而工作和家务占用了她们太多时间，她们甚至 ❷ ________________。（小愿望，满足）

4. 是

“是”插在句子中，含有“确实”“实在”的意思，用来强调说话人对“是”后面的内容肯定的态度。在朗读时，“是”必须要重（zhòng）读；如果没有重读，句子从语法上就是不能成立的了。如果去掉“是”，虽然句子还可以成立，但就只是普通的陈述，没有强调、肯定的语气了。

If “是” is added in a sentence, it contains the meaning of “确实” or “实在”. It is used to emphasise the speaker’s affirmative attitude towards the fact following “是”. “是” must be stressed while speaking. If it is not stressed, the sentence will be grammatically wrong. Although the sentence is correct without “是”, it is only an ordinary statement without the tone of emphasis or affirmation.

❶ A：他不是在北京出生的吗？怎么会说不好普通话呢？
B：他是在北京出生，不过从小在南方长大，因此普通话说得不太好。

❷ A：经理，我最近太累了，这个项目您让别人做行吗？
B：你是很累，但是别人也并不轻松。

❸ A：你怎么能不告诉我就把这件事办了呢？
B：我是没把这件事告诉你，那是因为我知道就算告诉你，你也不会同意。

根据括号里的信息，用“是”完成对话，然后两人一组练习朗读。

Complete the dialogues using “是” based on the information given in the brackets and read aloud the dialogues in pairs.

❶ A：这本汉语辅导书太贵了，薄薄的一本竟然要 89 块钱！
B：________________（贵），不过这是考试要用的，贵也得买呀。

❷ A：我汉语说得不好，上课就不想说话，下课也不喜欢和中国人交流。
B：你________________（汉语，不太好），可是说得不好才

应该多练习呀。

③ A：不好意思，刚才我太着急了，所以说话方式不对。

B：________________（着急），可是再着急也不能这样跟我说话呀！

5. 也就是说

“也就是说”常常用在两个句子中间，把前后两个句子连接在一起。前一个句子陈述一个观点或事实，后一个句子则换一种说法，做进一步的解释和说明，让陈述的观点更明确，事实更突出。

“也就是说” is often used between two sentences to connect them together. The former sentence states a viewpoint or a fact, and the latter offers a further explanation in another way, so as to make the stated viewpoint more specific or the fact stand out more.

① 其实你不参加这次活动也可以。也就是说，你不参加，我们也能把活动搞好。

② 有 47% 的人有午睡的习惯。也就是说，接近一半的人都会午睡。

③ 明天我们都得早起。也就是说，谁都不可以睡懒觉。

(1) 用“也就是说”将左右两部分连起来，并把句子写在下面的横线上。

Match the left to the right using “也就是说” and write the sentences on the lines below.

X 和 Y 之间是正比例关系	我们最多可以报十个人参加比赛
不要为了一棵树放弃整个森林	X 越大，Y 也越大；X 越小，Y 也越小
你已经二十岁了	你不是孩子了，要学会自己做决定
这项比赛报名人数限制在十人以内	你其实有很多种选择

① ____

② ____

③ ____

④ ____

(2) 根据括号里的信息，用“也就是说”完成句子。

Complete the sentences using “也就是说” based on the information given in the brackets.

① 夏季饮食应该清淡一些。________________。（肉和油，青菜）

② 根据统计，今年的降雨量比去年增加了 32.7%。________________________。（三分之一）

③ "萝卜青菜，各有所爱"。________________。（不同，喜好）

6. 跟……过不去

口语格式，意思是某个人、事物或情况让另外一个人感到为难、不好办。"跟"也可以换成"和"，后边可以是人称代词，也可以是名词或名词性短语。

"跟……过不去" is a structure in spoken Chinese, meaning that someone, something or some situation puts another person in an awkward or difficult situation. "跟" can be replaced by "和", and it can be followed by a personal pronoun, a noun or a nominal phrase.

① 老师是希望你能改正错误，变得更好，并不是要跟你过不去。

② 你应该学会放松，别总是跟自己过不去。

③ 那条路两边有"禁止停车"的标志，你停在那里就应该被罚（fá），怎么能说是警察和你过不去呢？

④ 为什么对货车有这么多的限制？我看就是故意跟我们货车司机过不去！

从上面的例句中选择合适的句子完成对话。

Choose the proper sentences from the examples above and complete the dialogues.

① A：我就在路边停了一会儿，就被罚了两百块钱。现在的警察就是和司机过不去！

B：________________________

② A：你给自己太大压力了，________________________

B：道理我都懂，可我就是做不到，有什么办法呢？

③ A：________________________

B：我觉得交通部门做出这些规定也是有原因的吧。

④ A：________________________

B：我明白，老师，您是想帮助我。

学以致用 / Study for the Sake of Application

根据括号里的信息，选择合适的语言点，把短文补充完整。

Complete the passage by choosing the proper language points based on the information given in the brackets.

跟……过不去　要么……，要么……　连……也 / 都……　也就是说

无论是在机场还是在购物中心里，我们随处都能看到自动售货机。有座城市在一些地铁站里安装(ānzhuāng)了几台自动售货机。别以为这些售货机和其他售货机一样，要么卖饮料或零食，❶＿＿＿＿＿＿＿＿＿＿（玩具或化妆品），这些售货机卖的是活螃蟹（pángxiè）。可是怎么保证螃蟹不死掉呢？原来，这些机器里的温度一直保持在 5—10 度，此时螃蟹会休眠（xiūmián）。❷＿＿＿＿＿＿＿＿＿＿，虽然你买到的螃蟹看起来是死的，但是等温度升高，它们就会醒过来。为了吸引人们购买，售货机里甚至 ❸＿＿＿＿＿＿＿＿＿＿（调料）。设计这种自动售货机的人说：“我们卖的螃蟹和商场里的螃蟹相比，价格更便宜，而质量一样好。所以，❹＿＿＿＿＿＿＿＿＿＿（钱），快来我们的售货机里买几只又便宜又好吃的螃蟹尝尝吧！”

课文练习 / Text Exercises

1. 你同意课文中周小明最初对住宿舍的看法吗？如果是你，你会选择出去租房子住，还是住在学校的宿舍里？为什么？

2. 用下列词语和语言点复述课文。

规定　自由　中介　齐全　市场　房租　家具　合租
连……也 / 都……　要么……，要么……

PART 3

第三部分

听力实践 Listening Practice

1. 听对话，选择正确答案。 10-6

Listen to the dialogues and choose the correct answers.

1. A. 车子外观很时尚　B. 贷款申请成功了　C. 最近有优惠活动　D. 开车上班更方便
2. A. 她不怕一个人住　B. 住大房子更舒适　C. 父母还没有退休　D. 房子的面积很小
3. A. 男的想住双人间　B. 酒店不给顾客打折　C. 市场离酒店很近　D. 附近没有大型超市
4. A. 她去外地出差了　B. 她去参加学术会议了　C. 她受伤住院了　D. 优惠活动结束了
5. A. 尽力完成工作　B. 提高工作效率　C. 快去医院挂号　D. 赶快回去休息

2. 听短文，选择正确答案。 10-7

Listen to the passage and choose the correct answers.

1. A. 没采取任何措施　B. 增加了围栏高度　C. 向领导报告问题　D. 修改了管理制度
2. A. 马常常没有食物　B. 围栏不太结实　C. 管理员忘了关门　D. 制度不够完善

3. 听讲话，选择正确答案。 10-8

Listen to the speech and choose the correct answers.

1. A. 门窗朝南的房子　B. 交通便利的房子　C. 温暖潮湿的房子　D. 面积很大的房子
2. A. 能够自动调节温度　B. 阳光无法直接照进来　C. 地面能够吸收热量　D. 房屋的结构十分特殊
3. A. 可以缓解疲劳　B. 房间内温度很高　C. 日照十分充足　D. 居住者不易生病

阅读实践 Reading Practice

贷款	dài//kuǎn	动
get a loan		
属于	shǔyú	动
belong to		
普遍	pǔbiàn	形
general		
投资	tóu//zī	动
invest		

家与房

__1__经济的发展，很多城市的房价也越来越高，__2__是在北京、上海这样的大城市，很多人买房只能通过贷款，先付一部分钱，每个月再还一笔钱，他们的绝大部分生活开销都花在房子上了。__3__这样，很多中国人还是想买一套属于自己的房子。中国人普遍认为"有房才有家"，这跟中国人对家的传统观念有关。"家"字中，"宀"的意思就是房子。从这个汉字可以看出，房子在中国人心中的位置极其重要。

另外，中国人愿意把钱花在房子上，也是因为他们认为买的房子永远是自己的，租的房子永远是别人的。自己的房子想住__4__住，不想住还可以租出去。__5__把钱花在租房上，还不如买套房子。现在，甚至还有一部分人把买房变成了一种投资，也就是说，通过租房和卖房来获得__6__，把房子当作__7__的工具。

总之，你跟中国人聊房子，永远有聊不完的话。买房在相当长的一段时间内仍然会是中国的热门话题。

（313 字）

1. 完形填空。Cloze.

❶	A. 按照	B. 随着	C. 面对	D. 重视
❷	A. 倘若	B. 反而	C. 尤其	D. 然而
❸	A. 即使	B. 因为	C. 凡是	D. 无论
❹	A. 才	B. 就	C. 也	D. 还
❺	A. 从而	B. 难免	C. 甚至	D. 与其
❻	A. 收入	B. 称赞	C. 享受	D. 收获
❼	A. 专门	B. 唯一	C. 设计	D. 赚钱

2. 根据短文，选择正确答案。

Choose the correct answers based on the passage.

❶ 随着房价的提高，很多人：（ ）

A. 选择在偏远地区买房　　B. 对买房非常犹豫

C. 通过贷款的方式买房　　D. 用租房代替买房

❷ 从“家”这个汉字能够看出：（ ）

A. 汉字的发展变化　　B. 人们对房子的态度

C. 中国的风俗习惯　　D. 家与房子关系不大

❸ 自己买房的好处是：（ ）

A. 可以随便装修　　B. 可以少花点儿钱

C. 可以享受生活　　D. 可以转租给别人

❹ 作者认为“买房”这一话题：（ ）

A. 会持续很长时间　　B. 与百姓关系不大

C. 不受中国人关注　　D. 价值会越来越小

听读拓展 More Listening and Reading Practice

1. 查一查或问一问：中国有哪些网站可以提供租房服务？除了租房服务以外，这些网站还提供其他服务吗？

2. 选一个你感兴趣的网站，在你所在的城市找到一套自己想租的房子。

3. 看一看网站对这套房子的介绍，包括房子的位置、大小、租金、周围的环境等等。

学后反思 Reflection

1. 写出本课你最熟悉的三个生词和一个语言点，并试着用每个生词和语言点各写一个句子。

Write down three new words and one language point that you are most familiar with in this lesson, and try to make a sentence with each new word and language point.

生词	句子
语言点	**句子**

2. 你认为本课哪些生词和语言点你还需要加深理解和加强练习？试着查阅资料，用这些生词和语言点各写一个句子。

Which new words and language points do you need to understand further and practise more in this lesson? Refer to some materials and make a sentence with each new word and language point.

生词	句子
语言点	**句子**

第十一课 LESSON 11

一次交通意外

A Traffic Accident

学习目标 Learning Goals

词语辨析 / Distinction between Synonyms

1. 发生—产生
2. 经历—经验

重点语言点 / Key Language Points

1. 特定条件关系复句：……，否则……
2. 承接关系复句：……，接着……
3. 固定用法：被……给……
4. 固定用法：在……的……下

PART 1

第一部分

预习词语 Preview the Words

听录音，跟读生词。 11-1

Listen to the recording and repeat the new words.

1	意外	yìwài	名	accident
2	经历	jīnglì	动、名	go through; experience
3	路口	lùkǒu	名	intersection, crossing
4	超过	chāoguò	动	overtake, surpass
5	小心	xiǎoxīn	动	be careful
6	机动车	jīdòngchē	名	motor vehicle
7	接着	jiēzhe	副	then
8	喇叭	lǎba	名	horn
9	撞	zhuàng	动	bump against, crash
10	倒	dǎo	动	fall over
11	突然	tūrán	形	sudden, unexpected
12	情况	qíngkuàng	名	situation, condition
13	大哥	dàgē	名	big brother [a polite form of address for a man about one's own age]
14	受伤	shòu//shāng	动	be injured
15	胳膊	gēbo	名	arm
16	血	xiě	名	blood
17	扶	fú	动	help sb up, support (with the hand)
18	伤口	shāngkǒu	名	cut, wound
19	上药	shàng yào		apply medicine (to treat the wound)
20	碰	pèng	动	touch
21	否则	fǒuzé	连	otherwise

22 发炎	fāyán	动	get inflamed
23 处理	chǔlǐ	动	treat by a special process
24 责任	zérèn	名	responsibility for a fault or wrong; duty
25 安全	ānquán	形	safe
26 发生	fāshēng	动	happen, occur

1. 将下列词语与对应的图片连线。

Match the following words to the corresponding pictures.

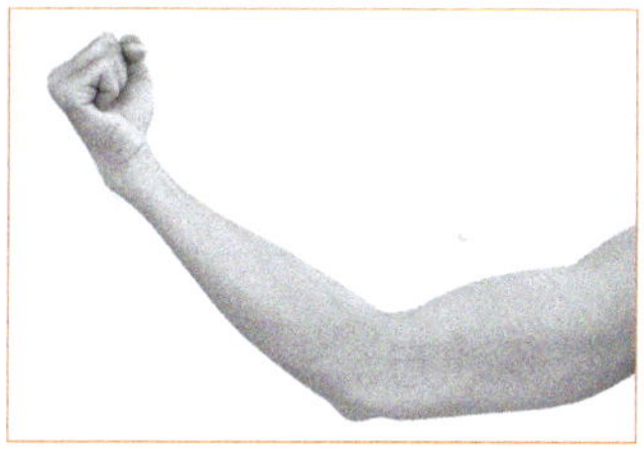

路口

撞

胳膊

扶

受伤

喇叭

2. 将词语和正确的解释连起来。

Match the words to the correct explanations.

小心	一种叫法，常常用来叫和自己年龄差不多的男士。
意外	解决问题。
大哥	做事的时候注意。
处理	没有危险。
安全	没想到的不好的事。
突然	从后面赶到前面。
超过	事情发生得很急，让人没有准备。

3. 选择正确的词语，把下列句子补充完整。

Choose the correct words and complete the following sentences.

A. 倒	B. 突然	C. 责任	D. 安全	E. 情况	F. 经历

1. 有的人认为把钱放在银行里才是最_________的。

2. 地上有水，一不小心就很容易摔_________。

3. 地球是我们共同的家，保护地球是我们每个人的_________。

4. 从这些照片可以看出来，她的_________很丰富，爬过山，骑过马，去过很多地方。

5. 我五分钟以前才知道他辞职了，这个消息对我来说太_________了。

6. 他刚来咱们公司，还不了解_________，所以犯错误是难免的。

预习语言点 Preview the Language Points

听录音，跟读句子，并完成相应的练习。 11-2

Listen to the recording, repeat the sentences and finish the exercises.

……，否则……

医生告诉我受伤的胳膊千万不能碰水，否则伤口会发炎。

离校前要和班主任说一声，否则她找不到你会担心的。

"……，否则……"是特定条件关系复句。特定条件关系复句还有哪些常用关联词语？请你写出至少两个特定条件关系复句。

"……，否则……" is a complex sentence of specific conditional relation. Do you know any other correlatives that are often used in complex sentences of specific conditional relation? Please write down at least two such sentences.

例如：看到信息尽快联系我，要不然就来不及了。

1 ______________________________

2 ______________________________

……，接着……

我不小心把车骑进了机动车道，接着我就听到身后响起了汽车喇叭的声音。

爸爸打开我的房门，接着走到我身边坐了下来。

被……给……

还没等我反应过来，我就被后边开过来的汽车给撞倒了。

我刚买的手机被同桌给摔坏了。

在……的……下

在周围人的帮助下，我被扶了起来，我的自行车也被人抬到了车上。

在朋友的影响下，他慢慢地喜欢上了汉语。

1. 听对话，选出与你听到的内容相符的选项。 11-3

Listen to the dialogues and choose the facts that match what you hear.

1. A. 王老师接完电话就出门了。
   B. 王老师出门后接到了一个电话。
2. A. 女的借走了男的的电脑。
   B. 男的把电脑借给了同事。
3. A. 男的一直对跳舞很感兴趣。
   B. 男的是受了朋友的影响才对跳舞感兴趣的。
4. A. 男的如果不换身上的湿衣服就会感冒。
   B. 男的感冒了，因为没换身上的湿衣服。

2. 听短文，选择正确答案。 11-4

Listen to the passage and choose the correct answers.

1. 119是在哪种紧急情况下拨打的电话？
   A. 发生火灾时　　B. 被骗或者打架时
   C. 突然生病时　　D. 发生交通意外时
2. 关于紧急求助电话，可以知道什么？
   A. 能解决生活中的任何问题　　B. 各个国家的号码都一样
   C. 随意拨打就要负法律责任　　D. 在拨打以后都必须付款

课文讲练 Text

听录音，预习课文，思考课文旁边的问题。 11-5

Listen to the recording and preview the text. Think about the questions next to the text.

一次交通意外

上个星期，我经历了一场交通意外。那天下着大雨，我骑车去朋友家。经过路口的时候，我想超过前边的车，结果不小心骑进了机动车道，接着我就听到身后响起了汽车喇叭的声音，我一紧张就把车停下来了。还没等我反应过来，我就被后边开过来的汽车给撞倒了。

倒在地上的时候，我没觉得疼，只是被这么突然的情况给吓坏了，就那么傻傻地躺在地上，看着一个个子高高的、戴着眼镜的大哥从车上下来。他急得声音都变了："哎呀，还是个老外！你怎么样？受伤了没有？"我摇摇头，告诉大哥："好像没受伤，就是胳膊有点儿疼。"司机大哥一看："怎么没受伤？雨衣都破了，胳膊也流血了，我送你去医院吧！"在周围人的帮助下，我被扶了起来，我的自行车也被人抬到了车上。

我被大哥送到了医院。在医院里，医生帮我洗了伤口，又给我上了药，还

1. 阿尔达上个星期经历了什么事？
2. 他骑进机动车道以后发生了什么事？
3. 他为什么被汽车撞倒了？
4. 被汽车撞倒后，他有什么反应？
5. 撞倒阿尔达的司机对他说了什么？他是怎么回答的？
6. 司机大哥说要送阿尔达去医院以后，周围人做了什么？
7. 到了医院，医生为阿尔达做了什么？医生还嘱咐了他什么？
8. 伤口处理好以后，阿尔达对司机大哥说了什么？司机大哥叫警察过来了吗？为什么？
9. 这件事对阿尔达有怎样的影响？

告诉我胳膊千万不能碰水，否则伤口会发炎。看到我的伤口处理好了，大哥才放心。我有点儿不好意思，红着脸向他道歉："真对不起，其实这都是我的责任，还麻烦您送我来医院……"大哥笑了，说："不管怎么样，我都应该送你来医院。只是年轻人，以后得注意安全啊！这次还好你是骑车，我开得也不快，否则就不知道会发生什么了，恐怕就得把警察叫来了。你一个人这么远来到中国，如果出了什么意外，你父母得多心疼啊！"

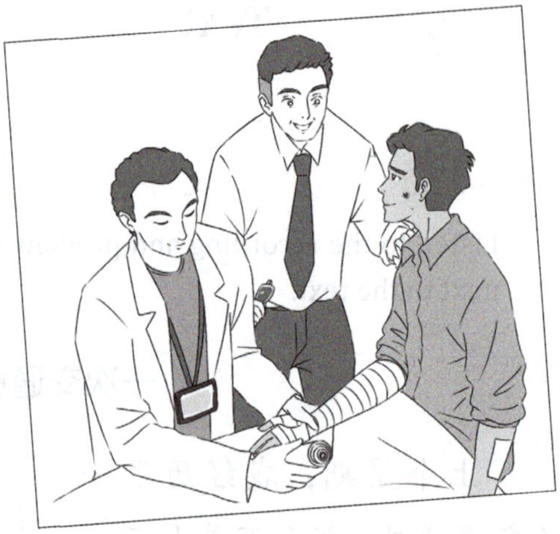

那件事以后，我的伤没过几天就好了，可是大哥的话我却一直记在了心里。

（494 字）

词语辨析 / Distinction between Synonyms

发生—产生

	发生	产生
共同点	都是动词，都可以和名词搭配使用。 Both of them are verbs and can be used with nouns.	
不同点	"发生"语义上强调原来没有的事情出现了。 "发生" semantically emphasises that something that has not happened occurs. ❶ 这件事情发生在去年秋天。 ❷ 听说这个地区经常发生地震。 ❸ 昨天这里发生了一场交通事故。	"产生"语义上强调由于某种原因，从已有的事物中生出了新的事物、新的现象。多用于抽象事物，如"想法""兴趣"等。 "产生" semantically emphasises that for some reason, a new thing/phenomenon comes into being from the existing things. It is usually used to describe something abstract, such as "想法", "兴趣", etc. ❶ 听了一场音乐会以后，他产生了学习弹钢琴的想法。 ❷ 我来中国以前就对中国文化产生了兴趣。 ❸ 木材的燃烧产生了新的物质，是化学变化。

	发生	产生
不同点	"发生"不能和"出""出来"搭配。 "发生" cannot be used with "出" and "出来".	"产生"可以和"出""出来"搭配，即"产生出""产生出来"。 "产生" can be used with "出" and "出来", namely "产生出" and "产生出来". ❶ 你是怎么产生出这么奇怪的想法的？ ❷ 植物可以吸收（xīshōu）人们生活中产生出来的二氧化碳（èryǎnghuàtàn）气体。

用"发生"或"产生"填空，把短文补充完整。

Fill in the blanks using "发生" or "产生" and complete the passage.

1866年，世界上第一辆四轮汽车出现了。随着各项新技术的❶______和发展，汽车已经逐渐成为人们出行的主要交通工具，然而交通事故的❷______概率（gàilǜ）同时也在不断增加。世界卫生组织表示，到2030年，交通事故也许将会成为世界第七大死亡原因。看到这样的结论，人们也许会说：怎么可能？让人死亡的交通事故真的有那么多吗？人们❸______出这样的疑问（yíwèn）并不奇怪。虽然我们一般只会从新闻中看到交通事故的报道，交通事故好像离我们自己的生活很远，但其实，交通事故每天都在不同的地方、不同的人身上❹______着。世界卫生组织希望司机能够增强安全意识（yìshi），因为只有人们的观念真正❺______变化，才能有效减少交通事故的发生。

经历—经验

	经历	经验
共同点	都可用作名词，都可以和“社会”“生活”“丰富”等词搭配使用。 Both of them can be used as nouns and can collocate with “社会”, “生活”, “丰富”, etc.	
不同点	“经历”语义上强调自己亲身见过、做过或遇到过的事情。 “经历” semantically emphasises something that one has witnessed, done or experienced. ❶ 他当过司机、售货员，甚至还在饭馆洗过盘子，生活经历非常丰富。 ❷ 这本小说写的其实是作家的亲身经历。	“经验”语义上强调通过实践得到的知识和技能，这种实践常常是反复、多次的。 “经验” semantically emphasises the knowledge and skills acquired through practice, and the practice is often done repeatedly. ❶ 王老师教了十年汉语了，有丰富的教学经验。 ❷ 我没当过主持人，一点儿这方面的经验也没有。
	“经历”常用作动词。 “经历” is often used as a verb. ❶ 长这么大，我还从来没经历过这种事。 ❷ 他这么说是因为他经历过第二次世界大战。	“经验”很少用作动词。 “经验” is seldom used as a verb.

用“经历”或“经验”填空，把短文补充完整。

Fill in the blanks using “经历” or “经验” and complete the passage.

很多人都 ❶______过这样的事情：东西不见了，我们想要找到它，却往往怎么找也找不到。这是为什么呢？因为东西不见时，很多人的第一反应是立刻到处翻找，但是无序的翻找往往会让效率变低。正确的做法是什么呢？❷______告诉我们，这时可以试试“案件（ànjiàn）重演”。比如找不到钥匙时，先回忆一下自己上一次用钥匙的情景：那时你可能刚进家门，跟正在做饭的妈妈打了声招呼，然后你关上门，把钥匙放在了鞋柜上……你可以像放电影一样，重新回忆当时的情况，试着找到线索（xiànsuǒ）。这样，东西就好找多了。这是人们 ❸______了很多次找不到东西的情况以后，才通过不断总结 ❹______找到的好方法。

语言点注解 / Language Points

1. ……，否则……

“否则”是连词，意思相当于“如果不是这样”。“否则”引导的从句说明从前句推论得出的结果，或是提供另一种选择。“否则”后面也可以加上“的话”，组成“否则的话”格式。

“否则” is a conjunction, meaning “如果不是这样”. The clause introduced by “否则” tells the result inferred from the former clause or provides another option. “否则” can be followed by “的话” to form the structure “否则的话”.

❶ 他一定是有急事找你，否则就不会给你打这么多次电话了。

❷ 开车时一定不要看手机，否则容易发生交通意外。

❸ 我同屋一定是生我的气了，否则为什么一整天都没跟我说话？

❹ 如果李先生喝酒，咱们可以送他两瓶酒；否则的话，就送一盒茶叶吧。

(1) 按照正确的顺序排列选项，组成语段。

Sequence the choices to make proper utterances.

❶ A. 你最好换一家银行

B. 那家银行最近系统升级

C. 暂停办理个人业务

D. 否则要白跑一趟了 ________

❷ A. 你是不是改过密码

B. 初始密码是学号

C. 否则为什么显示密码错误

D. 这是肯定的 ________

(2) 根据括号里的信息，用“否则”或“否则的话”完成句子。

Complete the sentences using “否则” or “否则的话” based on the information given in the brackets.

1. 这么晚了，你到家了一定要告诉我一声，________________。（担心）
2. 你一定要趁着年轻多学知识，_________________________。（后悔）
3. 他一定是不同意这项计划，_______，__________________？（说话）
4. 这个材料老板要得特别着急，你最好今天晚上就准备好，____________ ____。（生气）

2. ……，接着……

“接着”是连词，通常用在两个句子中间，表示后一件事或后一个动作是在前一件事或前一个动作发生后马上发生的，两件事或两个动作时间上是连续的。

“接着” is a conjunction often used between two sentences. It indicates that the latter thing/action happens right after the former thing/action, and the two things/actions are consecutive in terms of time.

1. 爸爸说要去机场接个朋友，接着就把楼下的车开走了。
2. 我昨天下班后和朋友吃了一顿饭，接着我俩又看了一部电影。
3. 她站起来后突然眼前一黑，接着就倒在了地上。

(1) 按照正确的顺序排列选项，组成语段。

Sequence the choices to make proper utterances.

1. A. 接着又申请了哈佛大学（Hāfó Dàxué）的研究生
   B. 6 岁时跟着父母回到了中国
   C. 他出生在美国
   D. 后来，在中国读完了本科　________
2. A. 拿出放在里边的照片
   B. 她打开钱包
   C. 接着就把它扔进了垃圾桶里
   D. 只看了一眼　________

(2) 根据括号里的信息，用“接着”完成句子。

Complete the sentences using “接着” based on the information given in the brackets.

1. 天慢慢地阴了下来，________________________。（下雨）
2. 会议上，大家讨论得很热烈，第一个人表达了自己的看法，____________________________________。（看法）
3. 他进了家门，把门关上，____________________。（电话，响）

3. 被……给……

在“被”字句的动词前加上“给”，组成“被……给……”格式，让表达更加口语化。“给”字没有实际意义，在朗读时需要轻读。去掉“给”字后并不影响原句意思的表达。除了“被”字句以外，用“叫”“让”表示被动的被动句也可以和“给”组成这样的格式，即“叫 / 让……给……”。

Adding “给” before the verb in a “被” sentence to form the structure “被……给……” can make the expression more colloquial. In this structure, “给” does not have any actual meaning, and it should be unstressed while speaking. Deleting “给” does not change the meaning of the sentence. Apart from “被”, “叫” and “让” can also form such structure together with “给” in passive sentences, namely “叫/让……给……”.

1. 阿尔达新买的手机被弟弟给摔坏了。
2. 晾在外面的衣服被风给刮下来了。
3. 他不小心让家里养的狗给咬了一口。

(1) 连词成句。 Put the words or phrases in the correct order to make sentences.

1. 拒绝了　被　我的邀请　她　就　立刻　给

   ____

2. 叫　了　马克　染发膏　给　牙膏　当成

   ____

(2) 用“被……给……”完成句子并朗读。

Complete the sentences using “被……给……” and read aloud the sentences.

例如：饺子　他一个人　吃光

饺子被他一个人给吃光了。

1. 我儿子　同学　推倒

____

2. 她的帽子　大风　刮跑

____

3. 钱包　我　弄丢

____

4. 电子邮件　经理　删

____

4. 在……的……下

“在……的……下”表示条件，多位于句首，后边的句子说明在这个条件下产生的结果。“的”字前多为对结果有影响的人或事物，“的”字后多为双音节动词。

“在……的……下” indicates a condition, and it is usually placed at the beginning of a sentence. The latter part of the sentence shows the result obtained under this condition. Generally, “的” follows someone or something that affects the result, and it is followed by a disyllabic verb.

1. 在老师和同学们的帮助下，马克的汉语水平有了很大的提高。
2. 在同屋的影响下，他也养成了早睡早起的好习惯。
3. 在父母的关爱下，孩子健康、快乐地长大了。
4. 在旅游业的带动下，这个城市的经济开始快速发展起来。

根据括号里的信息和“在……的……下”的用法，完成下列句子。

Complete the following sentences based on the information given in the brackets and the usage of “在……的……下”.

1. ____________________，我顺利通过了毕业论文答辩。（老师，指导）

❷ ____________________，她一个人走过了那座又窄又长的桥。

（朋友们，鼓励）

❸ __________________，社会不断向前进步，全球经济快速发展。

（工业革命，推动）

❹ 在警察的帮助下，____________________。（他，找到行李）

❺ 在医生的建议下，___________________。（爷爷，服用新药）

❻ 在舅舅的劝说下，____________________。（妈妈，卖房子）

学以致用 / Study for the Sake of Application

根据括号里的信息，选择合适的语言点，把短文补充完整。

Complete the passage by choosing the proper language points based on the information given in the brackets.

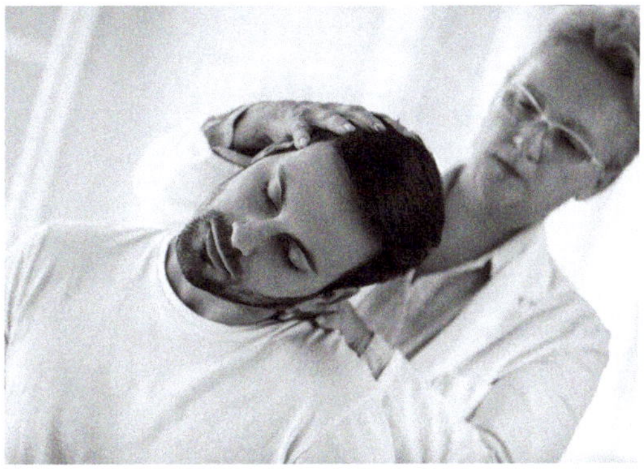

……，否则……	……，接着……	被……给……	在……的……下

马丁的脖子已经疼了好几个星期了，每天早上醒来，他都觉得自己的脖子疼得厉害，好像 ❶ __________________（撞断）一样。他有点儿担心自己的身体，就赶快去医院做检查。医生用手按了按他的脖子，❷ __________________（拍片子）。片子出来以后，医生告诉马丁，骨头没事，脖子疼应该是错误的睡觉姿势（zīshì）引起的。说到这里，马丁才想起来自己最近睡觉特别喜欢用高枕头，他问医生脖子疼跟这个有没有关系。医生告诉他，最好换一个矮一点儿的枕头，

❸____________________（伤到脖子）。❹____________________（建议），马丁重新买了个枕头。果然，他的脖子很快就不疼了。

课文练习 / Text Exercises

1. 你认为课文中的“大哥”是一个什么样的人？你或你认识的人经历过交通意外吗？

2. 用下列词语和语言点复述课文。

经历　意外　超过　突然　受伤　处理　责任　安全 ……，否则……　……，接着……　被……给……

听力实践 Listening Practice

1. 听对话，选择正确答案。 11-6

Listen to the dialogues and choose the correct answers.

❶ A. 男的受伤了　B. 天气很糟糕
C. 球场在扩建　D. 学校没批准

❷ A. 女的被老板辞退了　B. 老板不满意材料内容
C. 女的在忙其他事情　D. 经理在调整工作安排

❸ A. 要在医院接受治疗　B. 对自己缺乏信心
C. 很害怕参赛的对手　D. 错过了报名时间

❹ A. 朋友十分欣赏他的作品　B. 他得到了同事的赞美
C. 他的作品被挂到了墙上　D. 他获得了比赛的胜利

❺ A. 因为他们要赶公共汽车　B. 因为孩子提前放学了
C. 因为外面天气特别恶劣　D. 因为朋友已经登记入住了

2. 听短文，选择正确答案。 11-7

Listen to the passage and choose the correct answers.

❶ A. 要向顾客道歉　B. 会失去奖金
C. 会被老板责备　D. 会丢掉工作

❷ A. 张明让另一个男孩儿走出电梯　B. 电梯发生了故障
C. 送餐的小伙子在电梯里摔倒了　D. 人们陆续离开了

3. 听讲话，选择正确答案。 11-8

Listen to the speech and choose the correct answers.

❶ A. 如何保护个人财产　B. 地震形成的原因
C. 怎么避免自然灾害　D. 地震中如何自救

❷ A. 乘坐电梯离开　B. 迅速躲在桌下
C. 拨打急救电话　D. 收好随身物品

❸ A. 节省力气，等待被救　B. 通过睡眠，稳定情绪
C. 大声喊叫，引起注意　D. 寻找工具，自己逃出

阅读实践 Reading Practice

入乡随俗 rùxiāng-suísú when in Rome, do as the Romans do

遵守 zūnshǒu 动 abide by

习俗 xísú 名 custom

罚单 fádān 名 notice for payment of fine

惩罚 chéngfá 动 punish

商业区 shāngyèqū 名 business quarter

十字路口 shízì lùkǒu crossroads

交叉 jiāochā 动 cross

违反 wéifǎn 动 violate

澳元 Àoyuán 专名 Australian dollar

罚款 fákuǎn 名 penalty

溅 jiàn 动 splash

行人 xíngrén 名 pedestrian

南非 Nánfēi 专名 South Africa

达 dá 动 reach

相当于 xiāngdāng yú be equal to

各国的交通规则

中国有句话叫"入乡随俗"，意思是到了一个新地方应该遵守这个地方的习俗和规则。现在越来越多的人选择到国外旅行，有的人甚至会在国外租车旅行，这就需要在出国前了解当地的交通规则，__1__被警察贴了罚单还不明白原因。要知道，惩罚是不会因为你是外国人而改变的。

在澳大利亚开车，在一些商业区的十字路口，司机是不能在右行车道直接右转的，而是要把车先开到最左边的车道，__2__到交叉路口后再右转。__3__违反了这一规定，就要交81澳元的罚款。在日本，雨后开车要特别小心，因为__4__路上的水溅到行人身上的话，司机会收到近7000日元的罚单。在南非，汽车必须给过街的牛、马、羊等动物让路。如果司机没有停车让路，__5__要支付高达相当于535美元的罚款。

每个国家都有自己的文化和习俗，也有自己的法律和规定。旅行前一定要将这些法律与规定记__6__，才能保证自己在国外有一个快乐而安全的假期。

（327字）

1. 完形填空。Cloze.

❶	A. 但是	B. 只有	C. 否则	D. 肯定
❷	A. 突然	B. 接着	C. 于是	D. 想着
❸	A. 倘若	B. 即使	C. 虽然	D. 不但
❹	A. 能	B. 想	C. 被	D. 将
❺	A. 宁可	B. 恐怕	C. 因此	D. 否则
❻	A. 下来	B. 起来	C. 上去	D. 出来

2. 根据短文，选择正确答案。

Choose the correct answers based on the passage.

❶ “入乡随俗”的意思是：（　　）

A. 安检时随身携带贵重物品　　B. 中国农村有十分独特的习俗

C. 主动向他人推广本国文化　　D. 按照当地的习俗与文化做事

❷ 有的人到国外旅行时会：（　　）

A. 体验当地文化　　B. 购买许多纪念品

C. 游览名胜古迹　　D. 选择租车自驾游

❸ 关于各国的交通规则，下列说法中正确的是：（　　）

A. 在南非，司机不会给动物让路　　B. 在美国，周末不允许开车

C. 在日本，雨后驾驶需格外注意　　D. 在澳大利亚，路口禁止右转

❹ 想要在国外旅行时更加顺利，应该：（　　）

A. 遵守外国的法律规定　　B. 按照规定办好手续

C. 提前制订好旅行计划　　D. 熟练掌握当地语言

听读拓展 More Listening and Reading Practice

1. 查一查或问一问：图片上的这些标志都是什么意思？它们经常在哪儿出现？

2. 查一查或问一问：如果没有按照标志中的要求做，会有怎样的后果？

3. 在网上再找至少三个交通标志，并用汉语写出这些标志代表的意思。

学后反思 Reflection

1. 写出本课你最熟悉的三个生词和一个语言点，并试着用每个生词和语言点各写一个句子。

   Write down three new words and one language point that you are most familiar with in this lesson, and try to make a sentence with each new word and language point.

生词	句子
语言点	**句子**

2. 你认为本课哪些生词和语言点你还需要加深理解和加强练习？试着查阅资料，用这些生词和语言点各写一个句子。

   Which new words and language points do you need to understand further and practise more in this lesson? Refer to some materials and make a sentence with each new word and language point.

生词	句子
语言点	**句子**

第十二课 LESSON 12

三人行，必有我师

Learn from My Companies

学习目标 Learning Goals

重点生词 / Key Word

弄

词语辨析 / Distinction between Synonyms

1. 急忙—赶紧
2. 弄—干（gàn）

重点语言点 / Key Language Points

1. 承接关系复句
2. 承接关系复句：……，于是……
3. 固定格式：一M（N）一M（N）（地）V
4. 固定用法：用……来……
5. 固定用法：除此以外
6. 固定用法：换句话说

PART 1

第一部分

预习词语 Preview the Words

听录音，跟读生词。 12-1

Listen to the recording and repeat the new words.

1	思考	sīkǎo	动	think, ponder
2	于是	yúshì	连	so, then, hence
3	古代	gǔdài	名	ancient times
4	教育	jiàoyù	名、动	education; educate
5	用……来……	yòng…lái…		use... to...
6	虚心	xūxīn	形	modest, open-minded
7	重要性	zhòngyàoxìng	名	importance
8	背后	bèihòu	名	back
9	知识	zhīshi	名	knowledge
10	缺少	quēshǎo	动	lack, be short of
11	表面	biǎomiàn	名	appearance, superficiality
12	犯	fàn	动	commit (a crime, mistake, etc)
13	错误	cuòwù	名	mistake
14	急忙	jímáng	副	hastily
15	概括	gàikuò	动	summarise
16	数字	shùzì	名	numeral, figure
17	除此以外	chú cǐ yǐwài		except, besides
18	并	bìng	副	actually, definitely
19	课堂	kètáng	名	classroom
20	长处	chángchù	名	strong point, merit
21	向	xiàng	介	to, towards
22	真正	zhēnzhèng	形	real, true
23	不足	bùzú	名	weakness, defect

24 共同	gòngtóng	形、副	common; jointly
25 弄	nòng	动	do; get; get sb/sth into a specified condition

1 孔子	Kǒngzǐ	Confucius

第一组生词 Group 1

思考	古代	虚心	重要性	背后	缺少
表面	犯	错误	急忙	概括	数字
课堂	长处	真正	不足	共同	

1. 将下列词语与对应的图片连线。

Match the following words to the corresponding pictures.

思考

缺少

数字

急忙

错误

课堂

2. 将词语和正确的解释连起来。

Match the words to the correct explanations.

古代	不够好的地方，缺点。
表面	上课的地方，常常指教室。
虚心	离现在比较远的时间，在中国一般指 19 世纪中期以前。
重要性	愿意听别人的意见。
课堂	重要的程度、性质。
长处	好的地方，优点。
不足	外边的部分、样子或外边表现出来的现象。
概括	大家都有的。
共同	因为心里很着急而很快行动。
急忙	把事物的共同特点总结在一起。
缺少	人或事物的数量不够。

3. 选择正确的词语，把下列句子补充完整。

Choose the correct words and complete the following sentences.

A. 真正　　B. 背后　　C. 急忙　　D. 缺少　　E. 犯　　F. 共同

1. 每个成功者的__________，都有别人看不到的坚持和努力。

2. 她在工作中__________了一个很严重的错误，因此被领导批评了。

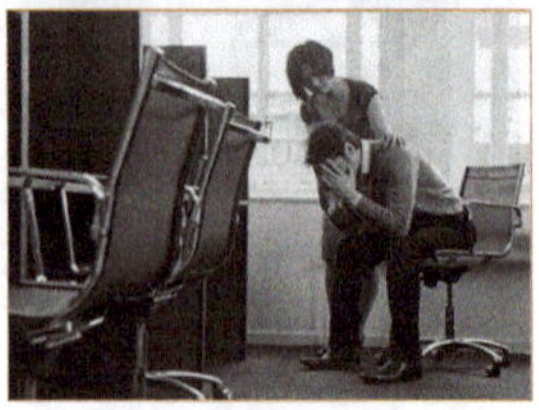

3. 很多人都相信，只有当你遇到麻烦需要帮助时，才能看出谁才是你__________的朋友。

4. 地球是我们__________的家，我们要好好保护它。

⑤ 发现孩子烧得很厉害，母亲________抱着孩子去医院了。

⑥ 他刚从大学毕业，________工作经验也是正常的。

第二组生词 Group 2

弄

1. 听录音，跟读句子。 12-2

Listen to the recording and repeat the sentences.

现在我终于弄明白这句话的意思了。
今天中午吃饭的时候我不小心把衣服弄脏了。

预习语言点 Preview the Language Points

听录音，跟读句子，并完成相应的练习。 12-3

Listen to the recording, repeat the sentences and finish the exercises.

……，于是……

今天刚一下课，马克又有问题了，于是他又来到了老师的办公室。
朋友在比赛中受了伤，于是我先把他送到了医院才回家。

"……，于是……"是承接关系复句。承接关系复句还有哪些常用关联词语？请你写出至少三个承接关系复句。

"……，于是……" is a complex sentence of successive relation. Do you know any other correlatives that are often used in complex sentences of successive relation? Please write down at least three such sentences.

例如：学汉语时，首先要学习拼音，然后学习生词、语法什么的。

❶ ______________________________

❷ ______________________________

❸ ______________________________

一M（N）一M（N）（地）V

马克是个爱问问题的学生，只要遇到问题就会一趟一趟地往老师的办公室跑。

为了让爷爷明白，爸爸一句一句地为他翻译报纸上的话。

用……来……

孔子说"三人行，必有我师"，他用这句话来告诉自己的学生虚心学习的重要性。

上课时，老师会用很多生活中的例子来解释课堂中的问题。

除此以外

这句话里的"三"和"行"都只是一种概括的说法，"三"指的不是实际的数字，"行"指的也不是走路。除此以外，"师"也并不是指课堂上的老师。

要想晚上睡得好，可以试试洗个热水澡或用热水泡泡脚。除此以外，睡前喝一杯热牛奶也是不错的方法。

换句话说

这句话里的"师"指的是那些在某个方面能力超过你的人。换句话说，有些人有你没有的长处，那么他在这方面就成了你的老师，你应该向他学习。

只有不到 5% 的学生没有通过这次考试。换句话说，超过 95% 的学生都通过了这次考试。

1. 听对话，选出与你听到的内容相符的选项。 12-4

Listen to the dialogues and choose the facts that match what you hear.

❶ A. 家里要来客人，所以女的就又打扫了一遍房间。
B. 女的打扫好了房间，接着家里就来了客人。

❷ A. 女的告诉男的，过安检时一次只能检查一个人。
B. 女的告诉男的，过安检时每个东西都需要检查。

3. A. 只能用数字“六”来表示一切顺利。

   B. 数字“六”常常被用来表示一切顺利。

4. A. 医生告诉女的除了多休息以外，还要多运动。

   B. 医生告诉女的除了运动以外，其他事情都可以做。

5. A. 男的说减肥坚持几天就能看到效果。

   B. 男的说减肥坚持几天是看不到效果的。

2. 听短文，选择正确答案。 12-5

Listen to the passage and choose the correct answers.

1. 关于孔子，下列哪个说法是正确的？

   A. 他从不发表个人观点　　B. 他是中国古代著名的军事家

   C. 他特别关心国家大事　　D. 他喜欢带着学生到各国游玩

2. 关于《论语》这本书，可以知道什么？

   A. 它记录了许多人的观点　　B. 它体现了孔子的教育观念

   C. 它在中国已经不流行了　　D. 它是孔子亲自编写完成的

PART 2

第二部分

课文讲练 Text

听录音，预习课文，思考课文旁边的问题。 12-6

Listen to the recording and preview the text. Think about the questions next to the text.

三人行，必有我师

马克是个爱思考、爱问问题的学生，只要遇到问题就会一趟一趟地往老师的办公室跑。今天刚一下课，马克又有问题了，于是他又来到了老师的办公室。马克说自己新学会了一个成语，叫“三人行，必有我师”。他还听说这是中国古代的教育家孔子说的，他用这句话来告诉自己的学生虚心学习的重要性。马克一开始觉得这句话很有道理，可是后来又有点儿想不通。他问老师：“三人行，就是三个人一起走，可是假如两个人一起走，那能不能说‘两人行，必有我师’呢？”老师听了以后笑着告诉马克，他没有完全理解这句话的意思。成语背后往往有着既丰富又深刻的历史文化知识，甚至是一段故事。如果不了解中国的历史文化，缺少积累，只按照表面的意思去翻译、理解成语，就会犯错误。

1. 马克是一个什么样的学生？从什么地方能体现出他的这个特点？
2. 马克新学会了一个什么成语？这个成语是谁说的？为什么要这样说？
3. 关于这个成语，什么让马克想不通？老师是如何向马克解释的？老师认为马克没有完全理解这个成语的原因是什么？
4. 马克把这个成语中的“三”和“行”理解成了什么意思？老师说这两个字分别是什么意思？

马克听了老师的话，急忙请老师重新解释一下这个成语的意思。老师耐心地告诉马克："这句话里，无论是'三'还是'行'，都只是一种概括的说法。'三'指的不是实际的数字，'行'指的也不是走路，而是生活中的各个方面。除此以外，'师'也并不是指课堂上的老师，而是指那些在某个方面能力超过你的人。换句话说，有些人有你没有的长处，那么他在这方面就成了你的老师，你应该向他学习。"马克高兴地说："原来是这样，比如说您虽然是我的汉语老师，但是遇到电脑方面的问题，我就成了您的老师。这句话的真正意思是要让我们看到自己的不足，发现别人的长处，互相学习，共同进步。现在我终于弄明白了！"

（521 字）

5 这个成语中，除了"三"和"行"不能用表面的意思来理解以外，还有哪个字也是？这个字的意思是什么？老师是怎么解释的？

6 马克最后理解这个成语的意思了吗？他认为这个成语的真正意思是什么？他举了一个什么例子？

生词注解 / New Word

1. 弄

动词，常用于口语，可以表示其他一些动词的意义。

"弄" is a verb often used in spoken Chinese. It can be used to represent the actions of some other verbs.

1. 我已经把早饭弄好了，快来吃吧。
2. 他的屋子弄得挺整洁的，一看就经常收拾房间。
3. 真抱歉，我不小心把你的本子弄丢了。
4. 你的脸怎么弄成这样了？

(1) 根据括号里的信息，用"弄"完成句子。

Complete the sentences using "弄" based on the information given in the brackets.

1. 今天早上我在上班的路上不小心摔了一跤，__________。（衣服脏了）
2. 我以为球赛是今天，打开电视才发现__________。（时间错了）
3. 真是太对不起了，__________。（电脑坏了）
4. 这个理发师太厉害了，__________。（头发漂亮）

(2) 根据括号里的信息，用“弄”描述图片内容，注意不要少于三句话。

Describe the picture using “弄” based on the information given in the brackets. You should say more than three sentences.

（房间　乱　到处）

词语辨析 / Distinction between Synonyms

急忙—赶紧

<table>
<tr><th></th><th>急忙</th><th>赶紧</th></tr>
<tr><td>共同点</td><td colspan="2">都是副词，都有“抓紧时间，赶快行动”的意思。
Both of them are adverbs and mean “to hurry up and act quickly”.</td></tr>
<tr><td rowspan="2">不同点</td><td>可以重叠使用，即“急急忙忙”。
“急忙” can be used repeatedly, namely “急急忙忙”.
❶ 他一下课就急急忙忙地走了，不知道要去干什么。
❷ 今天早上我起晚了，没吃早饭就急急忙忙地上班去了。</td><td>不可以重叠使用。
“赶紧” cannot be used repeatedly.</td></tr>
<tr><td>不可以用于未发生的动作行为，所以不能用于祈使句。
“急忙” cannot be used to describe the action that has not taken place, so it cannot be used in imperative sentences.</td><td>可以用于过去完成的动作行为，也可以用于未发生的动作行为，所以可以用于祈使句。
“赶紧” can be used to describe the action that has or has not taken place, so it can be used in imperative sentences.
❶ 一接到你的电话我就赶紧过来了，出什么事了？
❷ 你赶紧上飞机吧，飞机马上就要起飞了。</td></tr>
</table>

	急忙	赶紧
不同点	语义上强调心里着急，因此加快行动。 “急忙” semantically emphasises that someone hurries up because he/she is anxious. ❶ 一听到孩子哭了，妈妈就急忙跑过来了。 ❷ 听说领导正在到处找他，他就急忙从外面赶回来了。	语义上强调时间不够，因此加快行动。 “赶紧” semantically emphasises that someone hurries up because he/she is running out of time. ❶ 赶紧打120，再晚就来不及了！ ❷ 赶紧通知大家，今天下午的班会改时间了。

用“急忙”或“赶紧”填空，把短文补充完整。

Fill in the blanks using “急忙” or “赶紧” and complete the passage.

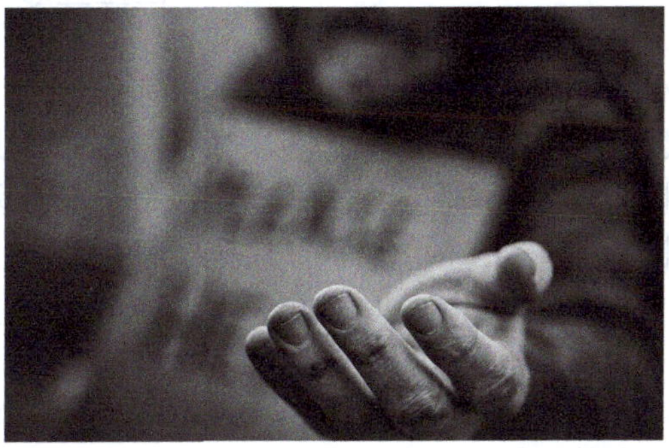

一个没有工作的乞丐（qǐgài）每天都在想：假如我手里有几万块钱就好了。一天，这个乞丐无意中发现了一只跑丢的小狗。他觉得小狗很可爱，便把它抱回了自己住的地方。

这只狗的主人丢了自己心爱的狗以后十分着急，便在当地发了寻狗启事（xún gǒu qǐshì）：如果你找到了我的狗，请 ❶______归还（guīhuán）给我，酬金（chóujīn）两万元。乞丐看到了这则启事，❷______抱着小狗去领两万元酬金。可当他抱着小狗又路过贴启事的地方时，发现启事上写的酬金已经变成了三万元。乞丐几乎不敢相信自己的眼睛，于是他想了想，又转身把狗抱了回去。第三天，酬金果然又涨（zhǎng）了。一直到第七天，酬金终于让乞丐满意了，可是小狗因为不吃乞丐给的东西，已经饿得快要死了。乞丐 ❸______抱着小狗往主人家跑，可是小狗在路上已经被饿死了。

弄—干（gàn）

	弄	干
共同点	都是动词，都有“做”的意思，都常用于口语。 Both of them are verbs and mean “做”. They are often used in spoken Chinese.	
不同点	没有“从事某种事业、工作、活动”的意思，不能和这类词语搭配使用。 “弄” does not mean “to engage in a certain business, work, activity”, and it cannot be used with words related to a certain business, work or activity.	有“从事某种事业、工作、活动”的意思，常和这类词语搭配使用，如“干销售、干工作、干家务、干活儿”等。 “干” means “to engage in a certain business, work, activity”, and it is often used with words related to a certain business, work or activity as in “干销售、干工作、干家务、干活儿”, etc. ❶ 他干销售干得挺成功。 ❷ 工作的时候一定要认真仔细，这样才能把工作干好。
不同点	可以表示其他一些动词的意义，和很多表结果的词语都可以搭配使用，如“弄脏、弄丢、弄乱、弄坏、弄干净、弄懂”等。 “弄” can express the meaning of some other verbs, and it can be used with many words expressing results as in “弄脏、弄丢、弄乱、弄坏、弄干净、弄懂”, etc. ❶ 他总是因为一点儿小事就生气，弄得我心情也不好。 ❷ 你搬箱子的时候小心一点儿，别弄坏了。 ❸ 通过老师的解释，马克终于把这个成语的意思弄懂了。	不能表示其他动词的意义，除了和“好、完”等少数几个词语搭配使用以外，较少和其他表结果的词语搭配使用。 “干” cannot express the meaning of other verbs. It is seldom used with words expressing results except a few words such as “好、完”, etc. ❶ 他连打印这样的小事都干不好，我不放心把重要的工作交给他。 ❷ 爸爸刚才让你干的活儿你干完了没有？

用“弄”或“干”填空，把短文补充完整。

Fill in the blanks using “弄” or “干” and complete the passage.

新来的服务员小王 ❶______得不错，无论是经理还是来吃饭的客人，都对她十分满意。她很勤快，从来不偷懒，扫地、擦桌子、上菜，样样都 ❷______得又快又好。除此以外，她还会把餐巾纸（cānjīnzhǐ）❸______成天鹅（tiān'é）的样子。经理说：“❹______服务员就得像小王这样，你们平时也应该多学学人家，看看人家是怎么 ❺ ______ 工作的。”小王被经理的话 ❻ ______ 得有些不好意思。她说：“我不聪明，也不会 ❼ ______ 别的，就只能尽力把该做的事情做好。”

语言点注解 / Language Points

1. 承接关系复句

承接关系复句一般有两个或两个以上的分句，说话人一个一个地说出连续进行的动作或事情，几个动作或事情之间的先后顺序是一定的，不能调换。承接关系复句的常用关联词语有“首先、先、于是、然后、接着、就”等，有时也可以没有关联词语。

In a complex sentence of successive relation, there are generally two or more clauses. The speaker mentions the successive actions or things one by one, and the sequence of the actions or things is fixed and cannot be switched. Correlatives generally used in complex sentences of successive relation include “首先、先、于是、然后、接着、就”, etc. Sometimes the correlatives can be omitted.

❶ 咱们先说去几天，然后再商量去哪儿旅行。

❷ 他先把衬衫放进了洗衣机里，接着把袜子也放了进去。

❸ 外面下雪了，同学们都很激动，于是都跑出去玩雪了。

❹ 我吃完早饭，就去找你。

❺ 她说了一句话，大家听了都笑了起来。

按照正确的顺序排列选项，组成语段。

Sequence the choices to make proper utterances.

❶ A. 一句话也没说

B. 她看了看自己的爱人

C. 只是轻轻地笑了一下

D. 就闭上了眼睛 ________

❷ A. 于是她决定放弃这次表演机会

B. 一边上学读书一边拍电视剧

C. 肯定会影响自己的学习

D. 把全部的精力都投入到学习中 ________

❸ A. 可以先登录音乐节的网站

B. 接着填写报名申请表

C. 填好以后提交就行了

D. 你想去音乐节做志愿者的话 ________

❹ A. 正好给客厅增加点儿绿色

B. 把阳台上那盆虎皮兰搬过来

C. 你先把手里的活儿放一放

D. 这里空着是不是有点儿单调（dāndiào） ________

2. ……，于是……

连词“于是”用在承接关系复句的后一个分句前，强调前面的事情先发生，后面的事情接着发生，后面的事情往往是由前面的事情引起的。

The conjunction “于是” is used before the latter clause in a complex sentence of successive relation. It emphasises that the thing mentioned before “于是” happens first, and the thing described after “于是” happens next. Usually the latter thing is caused by the former thing.

❶ 我父亲姓林，母亲姓杨，于是他们就给我取名叫“林杨”。

❷ 我到早了，于是在商场门口等了他一会儿。

❸ 我尝遍了世界各地的美食，又花了一年多的时间整理材料，于是就有了这本关于各地美食的书。

(1) 从上面的例句中选择合适的句子完成对话。

Choose the proper sentences from the examples above and complete the dialogues.

❶ A：你的名字挺好听的，这个名字是怎么来的？

B：________________________________

❷ A：能不能给我们大家介绍一下这本书的诞生（dànshēng）过程？

B：________________________________

❸ A：你跟那个男生见面，他没迟到吧？

B：没有，不过________________________________

(2) 用“于是”将左右两部分连起来，并把句子写在下面的横线上。

Match the left to the right using “于是” and write the sentences on the lines below.

大家都同意暑假出去旅行	他把窗户关上了
塑料袋带来了严重的污染问题	大家开始讨论去哪里玩
外边的噪音（zàoyīn）太大了	每个人都买了一本
老师说那本书对学习汉语帮助很大	很多超市不提供免费塑料袋了

❶ ______________________________

❷ ______________________________

❸ ______________________________

❹ ______________________________

3. 一M（N）一M（N）（地）V

“一M（N）一M（N）（地）V”表示动作行为是逐个、依次进行的。两个“一”后面一般搭配完全相同的量词，量词后面也可以加完全相同的名词，如“一趟一趟”“一个字一个字”。

“一M (N)一M (N) (地) V” indicates that the actions are carried out one by one. The two “一” are usually followed by the same measure word, and the two measure words can be followed by the same noun, such as “一趟一趟” and “一个字一个字”.

❶ 他坐在那儿，一口一口地抽烟，一句话也不说。

❷ 这些资料你需要一张一张地复印，然后一份一份地发给大家。

❸ 这些书我已经一本一本地查过了，并没有找到你说的那篇文章。

❹ 这篇报告我一个字一个字检查过了，肯定不会出错。

(1) 从上面的例句中选择合适的句子完成对话。

Choose the proper sentences from the examples above and complete the dialogues.

❶ A：经理，资料我已经准备好了，还需要我干什么？

B：______________________________

❷ A：我说的那篇文章就在这些书里，你好好找找。

B：______________________________

❸ A：你们俩今天谈过了吗？

B：我想跟他好好谈谈，结果________________

❹ A：这篇报告你检查过了吗？不会出错吧？

B：________________

(2) 根据括号里的信息，用“一M（N）一M（N）（地）V”格式完成对话和句子。

Complete the dialogues and sentences using the structure “一M (N)一M (N) (地) V” based on the information given in the brackets.

❶ A：你用什么方法背生词？

B：我把生词________地写在卡片（kǎpiàn）上，一有空就背。（个）

❷ A：我________________地劝他，他怎么就是不听呢？（遍）

B：儿子已经长大了，你就让他自己拿主意吧。

❸ 他________________地敲门，向人们介绍他卖的产品。（家）

❹ 大家虽然很累，但还是________________爬到了山顶上。（步）

4. 用……来……

固定用法，表示完成行为或达到目的所用的方式或手段。“用”后指明使用的方法、方式或者手段，“来”后说明目的或要完成的行为。

“用……来……” is a fixed usage, indicating the way or the means used to perform an action or achieve a purpose. “用” is followed by the approach, the way or the means that is used, and “来” is followed by the purpose or the action to be performed.

❶ 很多街道（jiēdào）都是用城市的名字来命名（mìngmíng）的，比如北京路、上海路。

❷ 用你教我的方法来拍照，拍出来的照片果然好多了。

❸ 用这样的方式来减肥，对身体伤害（shānghài）太大了。

❹ 我不知道用什么来表达我对你的感谢，就送你一束花吧。

(1) 从上面的例句中选择合适的句子完成对话。

Choose the proper sentences from the examples above and complete the dialogues.

❶ A：______________________________

B：哎呀，你太客气了！

❷ A：为什么中国的很多城市都有北京路呢？

B：其实，______________________________

❸ A：你试试这么拍，看看效果是不是好一些。

B：真的，______________________________

❹ A：我很多同学为了减肥，连晚饭都不吃。

B：说实话，我觉得______________________________

(2) 根据括号里的信息，用"用……来……"完成对话。

Complete the dialogues using "用……来……" based on the information given in the brackets.

❶ A：我在网上看到有人说"88"，这是什么意思啊？

B："88"听起来跟英语的"bye-bye"差不多，所以网络上的一些人常______________________________。（表示）

❷ A：你的皮肤这么好，有没有什么特别的护肤方法？

B：我每天洗完脸以后，____________________。（牛奶，擦脸）

❸ A：这首歌是写给你妈妈的吗？

B：对，我想______________________________。（爱）

5. 除此以外

固定用法，多用于书面语，表示"除了前边说的内容以外"，也可以说"除此之外"。

"除此以外" is a fixed usage generally used in written Chinese. It means "except/besides what the speaker said earlier" and equals "除此之外".

❶ 这件事只能这么做了，因为除此以外找不到别的办法。

❷ 手机可以打电话、听音乐、看电影、玩游戏。除此以外，手机还能用来购物付款。

3. 很多人选择坐火车旅行，因为坐火车旅行用不着花太多钱，除此之外，还可以欣赏路上的风景。

根据括号里的信息，用"除此以外"完成句子。

Complete the sentences using "除此以外" based on the information given in the brackets.

1. 他和弟弟同一天出生，兄弟俩长得很像，但是______________________________。（共同点）
2. 很多中国人过年时饭桌上一定要有鱼，象征（xiàngzhēng）着接下来的一年不缺吃穿。________________________。（少不了）
3. 购买手机时，我当然会考虑质量和价格。______________________________。（外观和设计）

6. 换句话说

固定用法，一般用于两个句子之间。前面的句子说明某种情况或结论，后面的句子变换一个角度或表述方式对前面所说的内容进行解释说明，使要表达的意思更加清楚。

"换句话说" is a fixed usage generally used between two sentences. The former sentence mentions some case or conclusion, and the latter explains the content described in the former sentence from another perspective or using another expression, so as to make the meaning clearer.

1. 这件衣服不是我的菜。换句话说，我不太喜欢这种风格（fēnggé）的衣服。
2. 你的收获与你的付出（fùchū）成正比。换句话说，你下的功夫越大，你的收获也就越多。
3. 人家吃过的盐比你吃过的米都多。换句话说，在这件事上人家比你更有经验，你得听人家的。

根据括号里的信息，用"换句话说"完成句子。

Complete the sentences using "换句话说" based on the information given in the brackets.

1. 没有什么事是不可能的。________________________。（一切）

❷ 这个专业不太热门。______________________________。（找工作）

❸ 在这个城市，月收入超过 8000 元的居民只占 8% 左右。____________

______________________________。（超过 90%）

学以致用 / Study for the Sake of Application

根据括号里的信息，选择合适的词语或语言点，把短文补充完整。

Complete the passage by choosing the proper words or language points based on the information given in the brackets.

于是　弄　一M(N)一M(N)(地)V　用……来……　换句话说

一个茶叶商人被最近茶叶的销量 ❶ ____________________（苦恼 kǔnǎo）。不少顾客反映（fǎnyìng），他的茶叶里有杂质（zázhì），影响了茶叶的味道。茶叶商人觉得，可能是择茶出了问题。择茶是制作茶叶时很重要的一道工序（gōngxù）。如果不把茶叶里的杂质 ❷ ____________________（挑），茶叶本身的味道就显（xiǎn）不出来。❸ ____________________，杂质直接关系到茶叶的品质（pǐnzhì）。在这个商人这里，择茶时，工人要在一堆茶叶中将好茶叶挑出来，每个工人的工钱都是按照挑出来的好茶叶的重量来计算的。但是，❹ ____________________（方法），就意味着清除（qīngchú）的杂质越多，收入就越少，这种算法影响了工人的积极性。❺ ____________________（好办法）。他告诉工人："从今天起，我们改一下计算工钱的方法，按大家从茶叶中挑出来的杂质的重量来算工钱。"这个办法果然很有效，

既提高了工人干活儿的积极性，又保证了茶叶的质量。从此以后，茶叶商人的生意也越做越好了。

课文练习 / Text Exercises

1. **除了“三人行，必有我师”以外，你还知道《论语》中的哪些名言？它们都是什么意思？**

2. **用下列词语和语言点复述课文。**

教育	虚心	缺少	急忙	不足	用……来……	除此以外	换句话说

听力实践 Listening Practice

1. 听对话，选择正确答案。 12-7

Listen to the dialogues and choose the correct answers.

❶ A. 他性格乐观　B. 他责任心强　C. 他善于管理　D. 他为人善良

❷ A. 每月都还贷款　B. 寻找兼职工作　C. 请求父母帮助　D. 努力存钱买房

❸ A. 它们与汉语词几乎没有差别　B. 它们的词义十分丰富　C. 它们保留了中国古代的用法　D. 它们的用法非常灵活

❹ A. 他们之间观点不同　B. 她和朋友产生了矛盾　C. 她和男的缺乏沟通　D. 她的员工弄丢了材料

❺ A. 她们的性格很相似　B. 小李的经验更丰富　C. 小张的效率太低了　D. 女的更加信任小李

2. 听短文，选择正确答案。 12-8

Listen to the passage and choose the correct answers.

❶ A. 他种田经验不足　B. 他观念比较落后　C. 他性格十分懒惰　D. 他收入很不稳定

❷ A. 空闲时间更多　B. 生活更加糟糕　C. 家庭十分幸福　D. 奇迹再次发生

3. 听讲话，选择正确答案。 12-9

Listen to the speech and choose the correct answers.

❶ A. 展现学校的学术水平　B. 改善学生的生活条件　C. 体现学校的历史文化　D. 歌颂伟大的英雄人物

❷ A. 选择现代流行人物　B. 符合人们的审美观念　C. 选择能防水的材料　D. 符合学校的文化氛围

❸ A. 校园广场的角落　B. 校园道路的两边　C. 宿舍门前的空地　D. 整个校园的中心

阅读实践 Reading Practice

老虎	lǎohǔ	名
tiger		
狐狸	húli	名
fox		
狡猾	jiǎohuá	形
sly		
骗	piàn	动
deceive		
派	pài	动
send, assign		
森林	sēnlín	名
forest		
证据	zhèngjù	名
evidence		
逃	táo	动
run away		
权威	quánwēi	名
authority		
假装	jiǎzhuāng	动
pretend		

狐假虎威

有一天，老虎抓住了一只狐狸，心想：今天就用这只狐狸来美美地__1__一顿午餐吧。狐狸很狡猾，它骗老虎说："你__2__把我吃了，你犯的__3__可就严重了！我可是老天派到森林里做动物之王的！"老虎说："你说你是动物之王，有什么证据？"狐狸__4__说："要是你不相信我的话，就跟我到森林里去走一走，我让你看看所有动物都害怕我的__5__！"老虎听了，觉得这倒也是个__6__。于是，老虎让狐狸在前边带路，它自己跟在后边。森林里的动物一看到老虎来了，吓得一个个都逃走了。老虎不知道动物们是因为害怕自己而逃走的，还__7__狐狸说的话是真的，就赶紧把狐狸放走了。狐狸__8__老虎的权威来吓其他动物，假装自己才是最厉害的，我们常常把这种行为叫作"狐假虎威"。

（255 字）

1. 完形填空。Cloze.

	A	B	C	D
❶	A. 收获	B. 享受	C. 欣赏	D. 承受
❷	A. 要是	B. 要不	C. 与其	D. 宁可
❸	A. 耽误	B. 误会	C. 错误	D. 不足
❹	A. 甚至	B. 突然	C. 忙碌	D. 急忙
❺	A. 外观	B. 样式	C. 样子	D. 花样
❻	A. 办理	B. 办法	C. 方式	D. 形式
❼	A. 作为	B. 成为	C. 以为	D. 行为
❽	A. 用	B. 趁	C. 选	D. 令

2. 根据短文，选择正确答案。

Choose the correct answers based on the passage.

❶ 狐狸骗老虎是为了：（　　）

A. 避免被老虎吃掉　　B. 让老虎平静下来

C. 把其他动物吓跑　　D. 取得比赛的胜利

❷ 为了证明自己是动物之王，狐狸让老虎：（　　）

A. 询问其他动物　　B. 主动挑战自己

C. 跟它去森林里　　D. 组织一场比赛

❸ 动物们都吓得逃走了，是因为：（　　）

A. 狐狸要伤害它们　　B. 老虎十分可怕

C. 发生了自然灾害　　D. 人类破坏森林

❹ 根据短文，可以知道：（　　）

A. 狐狸犯了严重的错误　　B. 狐狸的确是动物之王

C. 老虎始终很相信狐狸　　D. 动物们害怕的是老虎

听读拓展 More Listening and Reading Practice

1. 查一查或问一问：图片中画的是哪个成语？这个成语是什么意思？
2. 这个成语的背后有一个什么故事？它想告诉人们什么道理？
3. 在汉语中，还有没有跟这个成语意思差不多的其他表达？

学后反思 Reflection

1. 写出本课你最熟悉的三个生词和一个语言点，并试着用每个生词和语言点各写一个句子。

   Write down three new words and one language point that you are most familiar with in this lesson, and try to make a sentence with each new word and language point.

生词	句子
语言点	句子

2. 你认为本课哪些生词和语言点你还需要加深理解和加强练习？试着查阅资料，用这些生词和语言点各写一个句子。

   Which new words and language points do you need to understand further and practise more in this lesson? Refer to some materials and make a sentence with each new word and language point.

生词	句子
语言点	句子

第十三课 LESSON 13

一次难忘的约会
An Unforgettable Date

学习目标 Learning Goals

重点生词 / Key Word

动不动

词语辨析 / Distinction between Synonyms

1. 悄悄—偷偷
2. 忽然—突然

重点语言点 / Key Language Points

1. 目的关系复句
2. 目的关系复句：……，以免……
3. 固定格式：V着V着……
4. 介词：往、向、朝

PART 1

第一部分

预习词语 Preview the Words

听录音，跟读生词。 13-1

Listen to the recording and repeat the new words.

1	手心	shǒuxīn	名	(centre of the) palm
2	稍微	shāowēi	副	slightly
3	辞职	cí//zhí	动	resign (office/one's job/post)
4	拒绝	jùjué	动	refuse, turn down
5	动不动	dòngbudòng	副	easily, for the slightest cause
6	偶然	ǒurán	副、形	accidentally; accidental
7	任务	rènwu	名	task, assignment
8	安慰	ānwèi	动	comfort
9	温柔	wēnróu	形	gentle and soft
10	答应	dāying	动	agree, consent
11	特意	tèyì	副	specially, for a particular purpose
12	鲜花	xiānhuā	名	fresh flower
13	提前	tíqián	动	do sth ahead of time
14	地点	dìdiǎn	名	place, site, location
15	显眼	xiǎnyǎn	形	noticeable, prominent
16	以免	yǐmiǎn	连	lest
17	出现	chūxiàn	动	appear, show up
18	长相	zhǎngxiàng	名	appearance
19	悄悄	qiāoqiāo	副	secretly, quietly
20	忽然	hūrán	副	suddenly
21	朝	cháo	介	towards, to

22 烫	tàng	形	boiling hot
23 微笑	wēixiào	动	smile
24 惊喜	jīngxǐ	名	pleasant surprise

1 情人节	Qíngrénjié		Valentine's Day

第一组生词 Group 1

手心	稍微	辞职	拒绝	偶然	任务	安慰
温柔	答应	特意	鲜花	提前	地点	显眼
出现	长相	悄悄	忽然	烫	微笑	惊喜

1. 将下列词语与对应的图片连线。

Match the following words to the corresponding pictures.

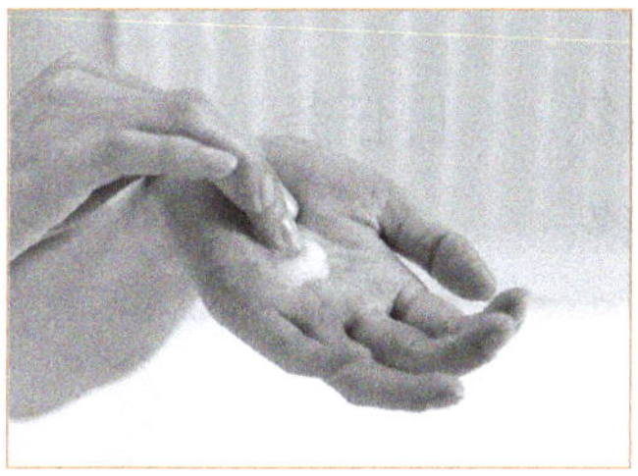
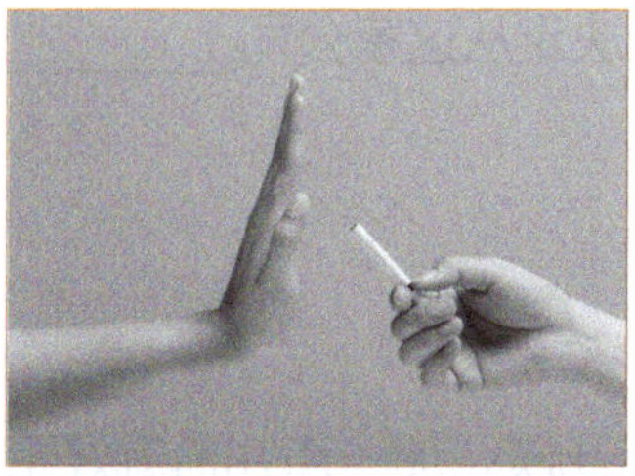

手心

地点

拒绝

鲜花

微笑

惊喜

2. 将词语和正确的解释连起来。

Match the words to the correct explanations.

稍微	不常。
偶然	显露出来，产生出来。
出现	一点儿，程度不深或数量不多。
答应	专门。
特意	外表，样子。
显眼	同意。
长相	很容易被看到或注意到。
悄悄	让人惊讶、高兴的事。
烫	没有声音或声音非常小，（行动）不让别人知道。
惊喜	温度高，让人觉得疼。

3. 选择正确的词语，把下列句子补充完整。

Choose the correct words and complete the following sentences.

A. 特意	B. 稍微	C. 辞职	D. 偶然	E. 任务
F. 安慰	G. 提前	H. 悄悄	I. 忽然	

1. 由于工资低的缘故，他决定从这家公司__________。

2. 这个菜__________有点儿淡，加一点儿盐就好了。

3. 他在她耳边__________地说了句什么，她马上就开心地笑了。

4. 你这个月的工作__________还没有完成吗？得抓紧时间了。

⑤ 听说你爱吃草莓蛋糕，这是我________为你做的，你尝尝味道怎么样。

⑥ 小女孩儿比赛失败了，爸爸轻轻地抱着她，温柔地________她。

⑦ 电影才看了一半，怎么大家都________走了呢？

⑧ 她们________在咖啡馆遇到了，于是聊了一会儿。

⑨ 外边刚才还是晴天，可是________就下起雨来了。

第二组生词 Group 2

动不动

1. 听录音，跟读句子。 13-2

Listen to the recording and repeat the sentences.

那时候，我到处求职，总是被拒绝，心情很糟糕，于是动不动就上网打游戏。

她身体不太好，动不动就感冒、发烧。

预习语言点 Preview the Language Points

听录音，跟读句子，并完成相应的练习。 13-3

Listen to the recording, repeat the sentences and finish the exercises.

……，以免……

我提前一个小时就到了约会地点，专门选了一个显眼的位置，以免她来了之后看不到我。

今天外面又降温了，你多穿点儿衣服，以免感冒。

"……，以免……"是目的关系复句。目的关系复句还有哪些常用关联词语？请你写出至少三个目的关系复句。

"……，以免……" is a complex sentence of purposive relation. Do you know any other correlatives that are often used in complex sentences of purposive relation? Please write down at least three such sentences.

例如：为了准备上课的内容，老师经常熬夜加班。

❶ ______________________

❷ ______________________

❸ ______________________

V着V着……

她总是安慰我、鼓励我，后来聊着聊着，我就发现自己越来越离不开她了。

这个故事实在是太感人了，女孩儿听着听着就哭了起来。

往、向、朝

这时，我忽然看到一个女孩儿往我这边看。过了一会儿，她朝我走了过来。

我赶快站起来，走向她，把鲜花放到她手中。

1. 听对话，选出与你听到的内容相符的选项。 13-4

Listen to the dialogues and choose the facts that match what you hear.

❶ A. 为了避免受伤，赛前最好做一些准备活动。

B. 为了取得好成绩，赛前最好做一些准备活动。

② A. 爸爸经常看着电视就睡着了。

B. 爸爸必须看着电视才能睡着。

③ A. 女的继续往前走就能看到男的。

B. 女的往回走才能看到男的。

2. 听短文，选择正确答案。 13-5

Listen to the passage and choose the correct answers.

① 用餐时为什么要进行适当的交流？

A. 要表现出活泼的性格　　B. 不让约会对象感到无聊

C. 需要交换彼此的看法　　D. 保持安静是很不礼貌的

② 关于约会，下列哪项不是短文提到的内容？

A. 提前定好约会时间　　B. 穿着合适的衣服

C. 确认对方安全到家　　D. 选择高级的饭店

PART 2

第二部分

课文讲练 Text

听录音，预习课文，思考课文旁边的问题。 13-6

Listen to the recording and preview the text. Think about the questions next to the text.

1. 张义达的这次约会发生在哪天？约会前他的心情是怎样的？
2. 他和女孩儿是怎么认识的？为什么那段时间他的心情很糟糕？
3. 他常常和女孩儿一起做什么？他为什么认为女孩儿是个温柔、美丽的姑娘？
4. 他为什么想和女孩儿见面？
5. 他为女孩儿准备了什么礼物？在约会地点，他为什么要选一个显眼的位置？
6. 他为什么开始担心起来？他在担心什么事？

一次难忘的约会

那是七年前的一个情人节。平时喜欢睡懒觉的我天没亮就醒了，早早地就换好了衣服。那天我就要和喜欢的女孩儿约会了，我既兴奋，又有点儿紧张，手心里稍微有些出汗。

我和她是在网上认识的。那时候，我刚刚辞职，到处求职，总是被拒绝，心情很糟糕，于是动不动就上网打游戏，在游戏里偶然遇到了她。一开始，我是她游戏里的师傅，带着她一起完成游戏任务。后来，我们开始聊一些游戏之外的事情，她知道了我生活中的烦恼。她会安慰我，也会鼓励我。我觉得她一定是个温柔、美丽的姑娘。聊着聊着，我就发现自己越来越离不开她了。我想和她见面，我想认识她。半年多以后，她终于答应了与我见面。

我特意买了一大束鲜花，提前一个小时就到了约会地点，专门选了一个显眼的位置，以免她来了之后看不到我。可是，一个小时过去了，她还是没有出现。等着等着，我突然开始担心起来：她会不会其实已经来过了，只是不满意我的长相，所以悄悄地走了？

这时，我忽然看到一个女孩儿往我这边看。过了一会儿，她朝我走了过来。她的头发长长的，眼睛大大的……是她！一定是她！我赶快站起来，走向她，把鲜花放到她手中，说："这是我专门为你买的，节日快乐！"说完这些，我感觉我的脸像发烧一样烫。女孩儿的脸也红了，她小声说："谢谢你，这是我第一次收到陌生人送的花呢！这是今天的特别活动吗？”天啊！我竟然认错人了！看到她害羞又开心的样子，我只是微笑着说：“希望你喜欢这份惊喜！”

后来，我没能见到那个一起打游戏的女孩儿，也很长时间都没能找到女朋友，可是我却常常想起送花的事和那个收到花的女孩儿。

（572 字）

7 看到一个女孩儿朝他走过来，他做了什么？有什么感觉？

8 女孩儿的反应是什么？她对张义达说了什么？

9 这个女孩儿是张义达在网上认识的女孩儿吗？他最后见没见到一起打游戏的女孩儿？

生词注解 / New Word

1. 动不动

副词，表示非常容易做出某种行为或发生某种情况，多用于不希望发生的事情，常和“就”搭配使用。

“动不动” is an adverb, indicating that some action can be easily performed or something can occur easily. It is usually used to describe something undesired, and it is often used with “就”.

1 我最近动不动就牙疼，吃不下去饭。
2 你别动不动就生气，好好听听孩子的想法。
3 女儿最近开始减肥了，动不动就不吃饭，真没办法。
4 公司最近是怎么了？动不动就开会。

(1) 从上面的例句中选择合适的句子完成对话。

Choose the proper sentences from the examples above and complete the dialogues.

1 A: ______________________________

B：可不是吗？会太多了，都已经影响咱们正常工作了。

2 A：你最近怎么吃得这么少啊？

B: ______________________________

❸ A：女儿在房间里干什么呢？叫她出来吃饭啊！

B：____

❹ A：这孩子怎么这么不听话！

B：____

(2) 根据括号里的信息，用"动不动"完成句子。

Complete the sentences using "动不动" based on the information given in the brackets.

❶ 她太容易害羞了，跟别人说话的时候______________。（脸红）

❷ 你这台电脑__________________，还是买一台新的吧。（坏）

❸ 你怎么________________呢？让人怎么跟你沟通啊。（发脾气）

❹ 你别_______________，这样的话被别人听到了不好。（说辞职）

词语辨析 / Distinction between Synonyms

悄悄—偷偷

	悄悄	偷偷
共同点	都是副词，在句子里都位于动词前，做状语。 Both of them are adverbs and are used before a verb in a sentence as an adverbial.	
不同点	"悄悄"语义上强调没有声音或声音很小，不想让别人听到，或不想影响别人。 "悄悄" semantically emphasises that there is no sound or the sound is very low, so as to avoid being heard by others or disturbing others. ❶ 我怕把同屋吵醒了，所以悄悄地走了出去。 ❷ 我迟到了，只好悄悄地走进教室，坐在最后边。	"偷偷"语义上强调不让别人发现自己的行为，不强调没有声音或声音小。 "偷偷" semantically emphasises that someone does not want others to see his/her action. It does not necessarily mean that there is no sound or the sound is low. ❶ 我怕被别人发现，是偷偷跑出来的。 ❷ 她被老板骂了，正在办公室里偷偷地哭呢。

用“悄悄”或“偷偷”填空，把短文补充完整。

Fill in the blanks using “悄悄” or “偷偷” and complete the passage.

古时候，有一个人好不容易存了三百两银子（yínzi），心里很高兴，怕这么多钱被别人偷走，觉得放在哪里都不安全，于是他就趁着天黑在自己家的房后挖了一个洞（dòng），❶______地把银子埋（mái）在里面。埋好后，他还是不放心，于是又想出一个办法。他写了一张纸条：“这里没有银子”，出去贴在了洞旁边的墙上。邻居王二听到声音，感到十分奇怪，于是趁着大家都睡着以后❷______地走进了那个人的院子里，没有发出一点儿声音。看到纸条，他明白了一切，于是他❸______地把银子挖了出来。但是，他又害怕别人怀疑他偷了银子，于是也写了一张纸条：“王二没偷银子。”

忽然—突然

	忽然	突然
共同点	都表示“事情发生得太快，让人没有想到”，在句子里都可以用在动词前做状语。 Both of them indicate that something happens too rapidly and unexpectedly, and both of them can be used before a verb in a sentence as an adverbial. ❶ 电话铃声忽然 / 突然响了起来。 ❷ 门忽然 / 突然打开了，老师走了进来。	

续表

	忽然	突然
不同点	“忽然”是副词，不能和程度副词（如“很”“非常”）、名词以及指示代词搭配使用。 “忽然” is an adverb, and it cannot be used with adverbs of degree (such as “很” and “非常”), nouns or demonstrative pronouns.	“突然”是形容词，可以和程度副词、名词以及指示代词搭配使用。 “突然” is an adjective, and it can be used with adverbs of degree, nouns and demonstrative pronouns. ❶ 这个消息让大家感到很突然。 ❷ 我们都被这个突然的情况给吓坏了。 ❸ 我们谁都没有想到这件事会发生得这么突然。

用“忽然”或“突然”填空，把对话补充完整。

Fill in the blanks using “忽然” or “突然” and complete the dialogue.

A：丽丽下个月中旬结婚，你收到通知了吧？

B：收到了，一直没听说她有男朋友，结果 ❶______就要结婚了，这个消息实在是太 ❷______了！

A：是啊，我也没想到她这么 ❸______就要结婚了！不过大学毕业以后大家就没见过面，正好趁这次机会好好聚聚。

B：唉，我下个月要去外地参加培训，不知道能不能赶过去。本来说是 9 月去，结果昨天 ❹______通知我改到下个月了。

A：没关系，要是你实在不能出席，咱们可以等你结婚的时候再聚。

B：哈哈，别开玩笑了，我连男朋友都没有呢……

语言点注解 / Language Points

1. 目的关系复句

目的关系复句中，一个分句表示目的，另一个分句说明为了达到这个目的而采取的做法或行动。目的关系复句有两种。一种是用“为了”“为的是”“以便”等关联词语连接的，说明要达到的目的。其中，“以便”经常用于书面语。

In a complex sentence of purposive relation, one clause indicates the purpose, and the other clause explains the means or the action to achieve the purpose. There are two types of complex sentences of purposive relation. The first type is the complex sentence with clauses connected by correlatives like "为了", "为的是", "以便" and so on, and it is used to explain the purpose to be achieved. Among these correlatives, "以便" is often used in written Chinese.

1. 为了早一点儿实现理想，他每天都努力学习。
2. 父母为你花这么多钱，为的是你将来能上一个好学校。
3. 老师用了一节课的时间给我们复习，以便我们能掌握所有生词的用法。

另外一种目的关系复句是用“以免”“免得”“省得”等关联词语连接的，说明要避免的结果。其中，“以免”经常用于书面语，“免得”“省得”经常用于口语。

Another type is the complex sentence with clauses connected by correlatives like "以免", "免得", "省得" and so on, and it is used to explain the result to be avoided. Among these correlatives, "以免" is often used in written Chinese, while "免得" and "省得" are often used in spoken Chinese.

1. 他悄悄地走进宿舍，以免吵醒正在睡觉的同屋。
2. 你赶快给你妈妈回一个电话吧，免得她担心。
3. 我们今天把计划制订出来吧，省得明天还要讨论。

(1) 用“为了”“为的是”“以便”或“以免”填空，把句子补充完整。

Fill in the brackets using "为了", "为的是", "以便" or "以免" and complete the sentences.

1. （　　　）不让你来回跑，我去找你一趟吧。
2. 你先把会议材料准备好，（　　　）大家一会儿开会讨论。
3. 这次失败了没关系，咱们及时总结经验，（　　　）再犯同样的错误。
4. 你这么着急找我，到底（　　　）什么事啊？

(2) 按照正确的顺序排列选项，组成语段。

Sequence the choices to make proper utterances.

1. A. 要不然咱们就一起聊聊天儿

   B. 为了减轻压力

C. 你可以听听音乐

D. 或者出去散散步 ________

2. A. 为的是减弱回声（huíshēng），让声音效果更好

B. 而是做得凹凸不平

C. 你会发现电影院的墙壁往往不是平的

D. 如果仔细观察 ________

3. A. 以免在运输过程中损坏

B. 包装盒上的酒杯标志

C. 需要轻拿轻放

D. 意思是盒子内的物品为易碎品 ________

4. A. 如果想保护眼睛

B. 免得眼睛过度疲劳

C. 最好工作一段时间就看看远处

D. 这样做为的是缓解眼睛的紧张状态 ________

2. ……，以免……

连词“以免”用在目的关系复句后一个分句的开头，表示为了避免某种不好的情况或结果发生。

The conjunction “以免” is placed at the beginning of the latter clause in a complex sentence of purposive relation, and it means “to avoid some bad situation or result”.

1. 晚上最好不要喝咖啡，以免影响睡眠质量。
2. 你最好再仔细检查一遍，以免有什么错误。
3. 你还是把护照带上吧，以免到时候出现什么问题。

(1) 从上面的例句中选择合适的句子完成对话。

Choose the proper sentences from the examples above and complete the dialogues.

1. A：我就在国内玩玩，应该用不着带护照了吧？

   B：________________________________

2. A：我好像闻到咖啡的香味了，真想来杯咖啡啊！

   B：________________________________

❸ A：要给老板看的文件我准备好了，我给他送过去吧？

B：____

(2) 根据括号里的信息，用“以免”完成句子。

Complete the sentences using “以免” based on the information given in the brackets.

❶ 各位乘客，请您注意登机时间，提前到登机口登机，________________

____。（错过）

❷ 不要随便把自己的信息告诉陌生人，____________________。（麻烦）

❸ 这些词最好小心使用，______________________________。（误会）

3. V着V着……

“V着V着……”是固定格式，表示在持续进行某个动作的时候，又出现了另一个动作。“V着V着”后面经常出现“就”。

“V着V着……” is a fixed pattern, indicating that another action comes up while some action is still ongoing. “V着V着” is often followed by “就”.

注意：“V着V着”后面一般不加名词或名词性短语，“V”常常是两个相同的单音节动词。

Note: “V着V着” is generally not followed by nouns or nominal phrases. Usually the two “V”s are the same monosyllabic verbs.

❶ 她越说越伤心，说着说着就哭了起来。

❷ 我走着走着，忽然看到一辆车朝我开了过来。

❸ 我们聊着聊着，高美走进来了。

根据括号里的信息，用“V着V着……”完成句子。

Complete the sentences using “V着V着……” based on the information given in the brackets.

❶ 这场雨怎么________________，真是来得快，去得也快呀。（下，停）

❷ 刚才的事太有意思了，他____________________________。（想，笑）

❸ 小宝宝困极了，______________________________。（哭，睡着）

4. 往、向、朝

介词“往”“向”“朝”都可以表示动作的方向，但用法不同。

All of the three prepositions “往”, “向” and “朝” can indicate the direction of an action, but they are used in different ways.

(1) 往

“往”表示动作行为的方向，后边的宾语必须包含方位词或者表示动作朝向的处所词，比如“上、下、里、外、身上、嘴里”等。

“往” indicates the direction of an action. The object after it must contain a noun of direction or a location word that indicates the direction of an action, such as “上、下、里、外、身上、嘴里”, etc.

1. 你往前走，前边就有卖花的。
2. 这趟火车是往北京方向去的。
3. 他饿坏了，拿起一块饼干就往嘴里塞。
4. 这个沙发这么大，要往哪里放呢？

(2) 向

“向”可以表示动作的目标或方向。

“向” can indicate the goal or the direction of an action.

1. 运动员们快速向终点跑去。
2. 他笑着向我走过来，给了我一束花。

“向”也可以引出动作行为的对象，后边的动词一般含有“说”的意思，比如“问好、道歉、介绍、表示、打听”等。

“向” can introduce the object of an action, and the verbs following the object usually contain the meaning of “说”, such as “问好、道歉、介绍、表示、打听”, etc.

1. 我来晚了，应该向你道歉。
2. 他每次见到我，都要用英语向我问好。

(3) 朝

“朝”可以表示动作行为面对的方向。

“朝” can indicate the direction one is facing when performing a certain action.

1. 上课的时候，你总是朝窗户外边看，你到底在看什么呢？
2. 朝远处看一看是放松眼睛的好方法。

“朝”也可以引出动作行为的对象，后边的动词一般表示人的动作行为，比如“笑、点头、摇头、招手、喊”等。

“朝” can introduce the object of an action, and the verbs following the object usually indicate the action or the behaviour of someone, such as “笑、点头、摇头、招手、喊”, etc.

❶ 如果你不好意思说的话，我问问题，你就朝我点点头或者摇摇头就行。

❷ 她只朝我笑了一下，什么话也没有说。

(1) 用"往""向"或"朝"填空，把句子补充完整。

Fill in the brackets using "往", "向" or "朝" and complete the sentences.

❶ 老师（　　　）我摆摆手，意思是不同意我这个时候离开教室。

❷ 全部都是我的错，我在这里（　　　）你道歉。

❸ 咱们应该（　　　）火车站方向走，导航上是这样显示的。

❹ 请你把事情的经过（　　　）大家报告一下。

❺ 你不能把错误（　　　）我身上推，我跟这件事一点儿关系也没有。

❻ 妈妈总是一生气就（　　　）我发脾气。

(2) 根据括号里的信息，用"朝"完成句子，把短文补充完整。

Complete the sentences in the passage using "朝" based on the information given in the brackets.

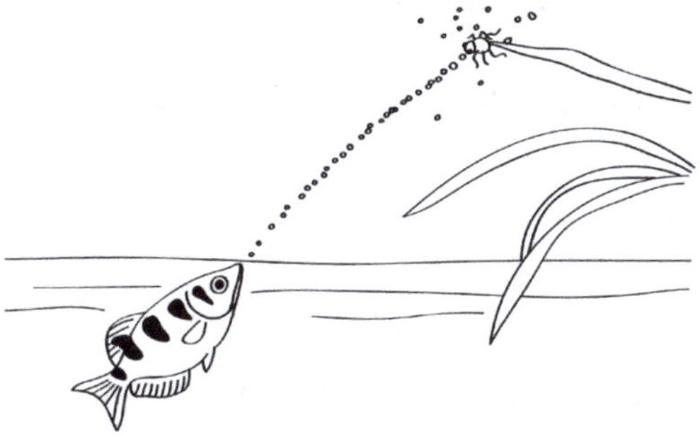

有一种鱼叫作"喷（pēn）水鱼"。为什么叫这个名字呢？这是由于它在捕食（bǔshí）的时候有一个特别的技巧（jìqiǎo）——喷水。喷水鱼的视力很好，一旦看见它想吃的食物，比如小昆虫，它便会偷偷地❶________________（游过去），先瞄准（miáozhǔn），然后❷________________（喷出水柱），将昆虫打落在水里。即使没打中，它也不着急，它会重新瞄准，再喷一次。

学以致用 / Study for the Sake of Application

根据括号里的信息，选择合适的词语或语言点，把短文补充完整。

Complete the passage by choosing the proper words or language points based on the information given in the brackets.

动不动　悄悄　……，以免……　V着V着……

有一位作家，他每天晚上九点准时上床休息，第二天四点起床写作，这个习惯他坚持了很多年。大部分朋友都了解他的作息（zuòxī）习惯，不会在九点以后打扰他，❶ ________________（影响）。然而，有个新邻居不太了解作家的这个习惯，所以 ❷ ________________（吃夜宵 chī yèxiāo）。作家不想去，可是不好意思拒绝，于是就去了几次，每次都又困又累，而且还影响了自己的写作，有一次他竟然 ❸ ________________（睡着）。终于有一天，作家再也忍不了了，在清晨四点一个人 ❹ ________________。（搬走）

课文练习 / Text Exercises

1. **如果你有一位十分聊得来的网友，你会选择和他/她见面吗？为什么？**

2. **用下列词语和语言点复述课文。**

辞职　动不动　安慰　特意　显眼　悄悄　惊喜 ……，以免……　V着V着……

听力实践 Listening Practice

1. 听对话，选择正确答案。 13-7

Listen to the dialogues and choose the correct answers.

❶ A. 工作十分细心　B. 不太注意细节
C. 习惯逃避问题　D. 计算能力较差

❷ A. 缺少娱乐生活　B. 严重缺乏锻炼
C. 常吃垃圾食品　D. 行动效率不高

❸ A. 如何处理突发情况　B. 不要答应陌生人的请求
C. 如何应对自然灾害　D. 不要乘坐陌生人的汽车

❹ A. 排水系统出现了问题　B. 公司不提供饮用水
C. 网上有打折促销活动　D. 由于修路经常停水

❺ A. 对自己的发挥不满意　B. 要出席朋友的婚礼
C. 被惩罚在操场上练球　D. 在处理球队的问题

2. 听短文，选择正确答案。 13-8

Listen to the passage and choose the correct answers.

❶ A. 获得老人旅游的经验　B. 询问克服困难的方法
C. 调查出各城市的特色　D. 得到老人的个人信息

❷ A. 学习名人的方法　B. 等待偶然的机会
C. 弄清自己的目标　D. 不断地更新计划

3. 听讲话，选择正确答案。 13-9

Listen to the speech and choose the correct answers.

❶ A. 国家的发展与繁荣　B. 人类的心理与行为
C. 能源的开发与利用　D. 广告的设计与宣传

❷ A. 法律系统　B. 教育考试
C. 文学艺术　D. 经济管理

❸ A. 在脸部停留时间极长　B. 给生活带来了麻烦
C. 能反映人的真实感受　D. 只有说谎时会使用

阅读实践 Reading Practice

词语	拼音	词性	释义
乌龟	wūguī	名	tortoise
水池	shuǐchí	名	pond, pool
控制	kòngzhì	动	control
情绪	qíngxù	名	mood
大雁	dàyàn	名	wild goose
消失	xiāoshī	动	disappear
结实	jiēshi	形	solid, firm
绳子	shéngzi	名	rope
咬	yǎo	动	bite
嘱咐	zhǔfù	动	exhort
宽广	kuānguǎng	形	vast
草原	cǎoyuán	名	grassland
细长	xìcháng	形	long and thin
河流	héliú	名	river
姿势	zīshì	名	posture
好笑	hǎoxiào	形	funny
责备	zébèi	动	reproach
主动	zhǔdòng	形	being on one's own initiative
后果	hòuguǒ	名	consequence, aftermath
生命	shēngmìng	名	life

坏脾气的乌龟

从前，在一个水池里，住着一只脾气很坏的乌龟。它不太善于控制自己的情绪，__1__就要发脾气。乌龟和经常来水池喝水的大雁成为了好朋友。有一年，一直没下雨，池水一点儿一点儿地消失，乌龟没办法，只好决定搬家，它想跟大雁一起去南方生活。但是，乌龟不会飞，__2__大雁们找来一根结实的绳子，叫乌龟咬住绳子的中间，两只大雁各咬一端。在__3__南飞之前，大雁们__4__嘱咐乌龟不要说话。

它们一直飞，飞过了宽广的草原，飞过了细长的河流。有个孩子看到了它们：“快看呀，天上有只会飞的乌龟！”其他孩子也抬起头，看到了乌龟。有的说：“这办法肯定是大雁想的，乌龟哪有这么聪明？”还有的孩子哈哈大笑起来：“这只乌龟的姿势太好笑了！”乌龟本来很开心，可是听到孩子们的话，听着听着就生起气来，忍不住要开口责备他们。结果嘴一张开，乌龟__5__摔了下来，撞到石头死去了。

这个故事告诉我们，__6__不能主动控制自己的坏情绪，就会受到这种坏情绪的惩罚，后果往往会很严重，__7__会失去生命。因此，__8__我们心情多糟糕，都要试着冷静下来。

（370 字）

1. 完形填空。Cloze.

	A	B	C	D
❶	A. 怪不得	B. 不见得	C. 动不动	D. 看不起
❷	A. 倘若	B. 于是	C. 而是	D. 否则
❸	A. 往	B. 对	C. 令	D. 乘
❹	A. 尽量	B. 竟然	C. 难免	D. 特意
❺	A. 为	B. 就	C. 向	D. 朝

⑥ A. 果然　　B. 不如　　C. 如果　　D. 尤其

⑦ A. 甚至　　B. 转眼　　C. 偶然　　D. 尤其

⑧ A. 要不　　B. 不然　　C. 不管　　D. 不足

2. 根据短文，选择正确答案。

Choose the correct answers based on the passage.

① 根据短文，可以知道，乌龟：（　　）

A. 和大象是很好的朋友　　B. 控制不住自己的情绪

C. 是一种很狡猾的动物　　D. 对其他动物非常友好

② 乌龟决定搬家是由于：（　　）

A. 池塘的水越来越少　　B. 附近的食物不够了

C. 它的家受到了污染　　D. 新家的环境更优美

③ 听到孩子们的话，乌龟：（　　）

A. 觉得很不耐烦　　B. 感到十分慌张

C. 很想责备他们　　D. 完全没有在乎

④ 通过这个故事，作者想告诉我们：（　　）

A. 不要总是抱怨生活　　B. 遇事应该保持冷静

C. 别和他人产生误会　　D. 对待别人应该谦虚

听读拓展 More Listening and Reading Practice

1. 查一查或问一问：这些手机软件都叫什么名字？是做什么用的？

2. 查一查或问一问：这些手机软件都有哪些功能？

3. 下载并注册其中一个软件，然后在这个软件上用汉语发布一条你的最新消息。

学后反思 Reflection

1. 写出本课你最熟悉的三个生词和一个语言点，并试着用每个生词和语言点各写一个句子。

Write down three new words and one language point that you are most familiar with in this lesson, and try to make a sentence with each new word and language point.

生词	句子
语言点	句子

2. 你认为本课哪些生词和语言点你还需要加深理解和加强练习？试着查阅资料，用这些生词和语言点各写一个句子。

Which new words and language points do you need to understand further and practise more in this lesson? Refer to some materials and make a sentence with each new word and language point.

生词	句子
语言点	句子

第十四课 LESSON 14

密码与生活

Password and Life

学习目标 Learning Goals

重点生词 / Key Word

据

词语辨析 / Distinction between Synonyms

据—根据

重点语言点 / Key Language Points

❶ 无条件关系复句

❷ 无条件关系复句：不论……，都……

❸ 转折关系复句：尽管……，……

❹ 因果关系复句：之所以……，是因为……

❺ 固定用法：A 意味着 B

PART 1

第一部分

预习词语 Preview the Words

听录音，跟读生词。 14-1

Listen to the recording and repeat the new words.

1	密码	mìmǎ	名	password
2	如今	rújīn	名	nowadays
3	私人	sīrén	名	private
4	邮箱	yóuxiāng	名	mailbox
5	不论	búlùn	连	regardless of
6	据	jù	介	according to
7	调查	diàochá	动	inquire into, investigate
8	尽管	jǐnguǎn	连	though, in spite of
9	之所以	zhīsuǒyǐ	连	the reason why
10	信息	xìnxī	名	information
11	娱乐	yúlè	名	entertainment
12	充满	chōngmǎn	动	be filled with
13	开通	kāitōng	动	be put into use
14	付款	fù//kuǎn	动	pay (a sum of money)
15	修改	xiūgǎi	动	revise, alter, modify
16	登录	dēnglù	动	log in/on
17	隔	gé	动	be apart/away from (in space or time)
18	输入	shūrù	动	input
19	记忆	jìyì	名	memory
20	意味着	yìwèizhe	动	signify, mean
21	脑子	nǎozi	名	brains, intelligence
22	随时	suíshí	副	at any time
23	安全感	ānquángǎn	名	sense of security

24 设置	shèzhì	动	set up, establish
25 锁	suǒ	动	lock (up)
26 串	chuàn	量	string, bunch, cluster
27 字母	zìmǔ	名	letter
28 符号	fúhào	名	symbol, sign, mark

第一组生词 Group 1

密码	如今	私人	邮箱	调查	信息	娱乐	充满
开通	付款	修改	登录	隔	输入	记忆	脑子
随时	安全感	锁	串	字母	符号		

1. 将下列词语与对应的图片连线。

Match the following words to the corresponding pictures.

字母

符号

锁

输入

邮箱

登录

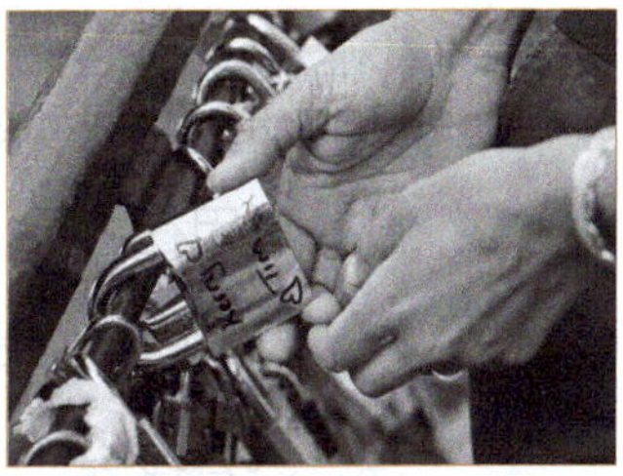

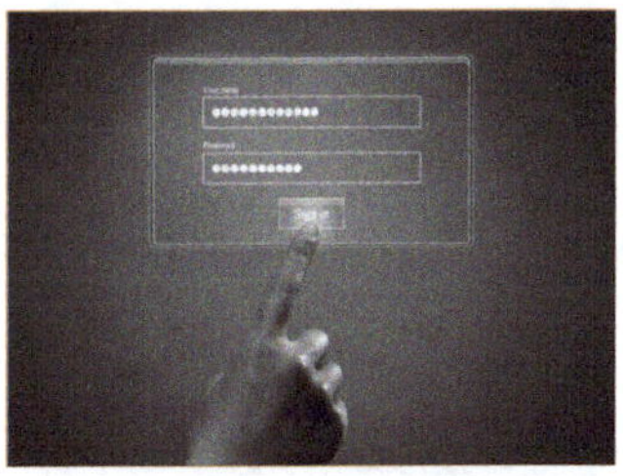

2. 将词语和正确的解释连起来。

Match the words to the correct explanations.

如今	去了解真实的情况。
私人	现在。
调查	个人。
付款	消息、资料。
信息	因为得到东西或服务而给钱。
娱乐	把原来关着的打开。
开通	让人快乐、放松的活动。
修改	改，常常说的是文章、计划等。
充满	量词，用于连在一起的东西。
安全感	心里安全的感觉和对安全的需要。
串	有需要的时候，任何时候。
随时	把……填满。

3. 根据汉字的意思，把下列词语补充完整。

Complete the following words based on the meaning of the characters.

1. 感：常用在名词、动词或形容词后，表示心里的感觉。　______感　______感　______感
2. 通：没有堵塞。　______通　______通　______通
3. 入：进去。　______入　______入　______入
4. 子：后缀，表示名词。　______子　______子　______子

4. 选择正确的词语，把下列句子补充完整。

Choose the correct words and complete the following sentences.

A. 充满	B. 记忆	C. 随时	D. 串	E. 调查
F. 私人	G. 隔	H. 信息	I. 修改	

1. 这些一__________一__________红色的东西用汉语怎么说啊？

❷ 你的银行卡现在的密码太简单了，容易出问题，最好__________成复杂一点儿的。

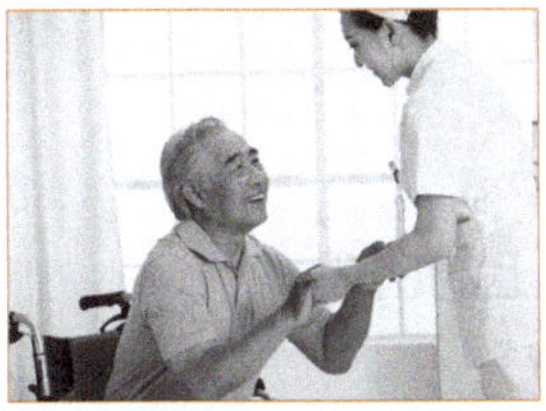

❸ 您遇到问题可以__________来找我，千万不要客气。

❹ 他看起来对这次比赛__________了信心，我相信他一定能赢。

❺ 在我的__________中，这儿以前应该是个学校，来了才发现一切都变了。

❻ 他很年轻的时候就拥有了自己的__________飞机。

❼ 他什么时候到北京，我们只要看一下航班__________就知道了。

❽ 这种中药不能每天都喝，__________一天喝一次效果最好。

❾ 通过__________，我们发现，大概有百分之七十的人每个星期的锻炼时间不超过三个小时。

第二组生词 Group 2

据

1. **听录音，跟读句子。** 14-2

Listen to the recording and repeat the sentences.

据调查，生活在城市里的人，超过百分之九十都有五个以上的密码。

据我了解，中国南方和北方的差异是非常大的。

预习语言点 Preview the Language Points

听录音，跟读句子，并完成相应的练习。 14-3

Listen to the recording, repeat the sentences and finish the exercises.

不论……，都……

如今，银行卡、手机、邮箱、微信、Wi-Fi、网站等等，不论干什么，都离不开密码。

不论遇到什么样的问题，他都能想出解决办法。

"不论……，都……"是无条件关系复句。无条件关系复句还有哪些常用关联词语？请你写出至少两个无条件关系复句。

"不论……，都……" is a complex sentence of unconditional relation. Do you know any other correlatives that are often used in complex sentences of unconditional relation? Please write down at least two such sentences.

例如：不管哪门功课，都要认真学习。

❶ ______________________________

❷ ______________________________

尽管……，……

有些人尽管不清楚自己到底有多少个密码，但当提起密码时，很多人的第一反应是——密码太多了。

尽管这次讲座是免费的，听讲座的人却不太多。

“尽管……，……”是转折关系复句。转折关系复句还有哪些常用关联词语？请你写出至少三个转折关系复句。

“尽管……，……” is a complex sentence of adversative relation. Do you know any other correlatives that are often used in complex sentences of adversative relation? Please write down at least three such sentences.

例如：虽然这次比赛我们班没有得第一名，但是我们已经很满意了。

1. ______________________________

2. ______________________________

3. ______________________________

之所以……，是因为……

大家之所以拥有这么多密码，是因为要保护自己的个人信息，保证自己生活、工作、娱乐的安全。

他之所以能成为冠军，是因为他几乎每天都认真努力地练习。

“之所以……，是因为……”是因果关系复句。因果关系复句还有哪些常用关联词语？请你写出至少三个因果关系复句。

“之所以……，是因为……” is a complex sentence of causative relation. Do you know any other correlatives that are often used in complex sentences of causative relation? Please write down at least three such sentences.

例如：我今天恐怕要晚一点儿回家，因为我还有一些工作没做完。

1. ______________________________

2. ______________________________

3. ______________________________

A意味着B

刘先生试的所有密码都无法登录，这意味着他不但无法在网上购物，也无法继续使用自己的银行卡。

她主动告诉你这件事意味着她把你当成了朋友。

1. 听对话，选出与你听到的内容相符的选项。 14-4

Listen to the dialogues and choose the facts that match what you hear.

1. A. 这次女的闯红灯可以只罚款，不扣分。

   B. 这次女的闯红灯不仅要罚款，还要扣分。

2. A. 天津队落后很多，因此他们打算放弃比赛。

   B. 天津队落后很多，然而他们打算努力争取。

3. A. 丈夫忘了陪妻子过情人节，他打算立刻赶回来。

   B. 丈夫不能陪妻子过情人节是因为他要出差。

4. A. 学生数量的增加说明工作量同时也会增加。

   B. 工作量会增加不只是因为学生数量增加了。

2. 听短文，选择正确答案。 14-5

Listen to the passage and choose the correct answers.

1. 我们在登录网站时，首先需要做什么？

   A. 在网站上登记　　B. 输入账号和密码

   C. 重新注册账号　　D. 浏览网站的说明

2. 要求使用较长密码的原因是什么？

   A. 降低密码的复杂程度　　B. 使账号更加有价值

   C. 避免出现重复的密码　　D. 提高账号的安全性

课文讲练 Text

听录音，预习课文，思考课文旁边的问题。 14-6

Listen to the recording and preview the text. Think about the questions next to the text.

密码与生活

如今，我们钱包里的现金越来越少，卡却越来越多；私人空间越来越少，密码却越来越多。银行卡、手机、邮箱、微信、Wi-Fi、网站等等，不论干什么，都离不开密码。据调查，生活在城市里的人，超过百分之九十都有五个以上的密码。有些人尽管不清楚自己到底有多少个密码，但当提起密码时，很多人的第一反应是——密码太多了。大家之所以拥有这么多密码，是因为要保护自己的个人信息，保证自己生活、工作、娱乐的安全。当我们的生活充满了各种密码时，有时候，烦恼也就跟着来了。

刘先生一个星期前开通了银行卡的网上付款服务，然后他在网上修改了登录密码。可是隔了几天，他要帮朋友买火车票，输入密码时，却发现密码错误。尽管刘先生把记忆中的密码每个都试了一遍，却还是无法登录。这意味着刘先生不但无法在网上购物，也无法继续使用自己的银行卡。最后他只能跑到银行修改密码。刘先生说："我已经不是第一次忘记密码了，现在需要记住的密码太多了，总感觉自己脑子不够用，随时都会忘

1. 如今，社会上出现了一种什么现象？调查得到的结果是什么？
2. 很多人提到密码时的第一反应是什么？为什么大家拥有这么多密码？
3. 刘先生在网上开通了什么服务？他在登录时发现密码错了之后做了什么？这带来了什么结果？
4. 刘先生对密码多的感受是什么？为什么他不用相同的密码？
5. 张小姐养成了一个什么习惯？为什么？
6. 本文作者对密码的态度是什么？

记密码，但是都用相同的密码又觉得不安全。”

刘先生的朋友张小姐表示：“有一天我算了一下，我竟然有 38 个密码！没有密码或者密码太简单都会让我没有安全感。有时候我甚至觉得自己得了一种病，不设置密码就觉得不舒服。”

本来用来锁住别人的密码，却因为那一串串由数字、字母组成的符号，最后把我们自己给锁住了。你有被自己的密码锁住的经历吗？你觉得密码对你的生活有什么影响呢？

（525 字）

生词注解 / New Word

1. 据

介词，常用在书面语中，用来引进某一结论的凭据。“据”后可以加动词或小句。

“据” is a preposition usually used in written Chinese to introduce the evidence of a conclusion. “据” can be followed by a verb or a clause.

1. 据说，这里原来是一个大湖。
2. 据统计，今年到中国学习的留学生人数比去年增加了 13.5%。
3. 据调查，人们每天看新闻的时间平均为 23 分钟。
4. 据医生说，爸爸的病很快就会好起来。

选择合适的“据”字短语填空，完成句子。

Fill in the blanks by choosing the proper phrase of “据” and complete the sentences.

据报道	据统计	据预报	据估计	据介绍	据分析

例如：___据___气象（qìxiàng）台__预报__，明天夜间有中到大雨。

1. ________《新京报》最新________，著名钢琴家郎朗在法国举行了浪漫的婚礼。
2. ________工作人员________，这是全世界最大的购物中心。
3. ________，今年的出生率将会低于去年。

❹ ________教育部________，今年报考博士研究生的人数比去年增加了8.6%。

❺ ________专家________，造成这场事故的主要原因是大货车的车速过快。

词语辨析 / Distinction between Synonyms

据—根据

<table>
<tr><th></th><th>据</th><th>根据</th></tr>
<tr><td>共同点</td><td colspan="2">都可以用作介词，用来引进某一结论的凭据；都可以和双音节词语搭配使用，构成介词短语。
Both of them can be used as prepositions to introduce the evidence of a conclusion. They can be used with disyllabic words to form a prepositional phrase.</td></tr>
<tr><td rowspan="2">不同点</td><td>“据”为单音节介词，可以与单音节词搭配使用，如“据说”。
“据” is a monosyllabic preposition, and it can collocate with monosyllabic words as in “据说”.
❶ 据说刘老师已经不在那所大学工作了。
❷ 据说，他高中毕业以后去中国上大学了。</td><td>“根据”为双音节介词，不能与单音节词搭配使用。
“根据” is a disyllabic preposition, and it cannot collocate with monosyllabic words.</td></tr>
<tr><td>“据”后面要跟动词或小句。
“据” should be followed by a verb or a clause.
❶ 据报道，今年五月份这位著名歌手将会来上海开演唱会。
❷ 据他说，他上个月是主动从那个公司辞职的。</td><td>“根据”后面要跟名词或名词性短语，尤其不能搭配小句。
“根据” should be followed by a noun or a nominal phrase, and it cannot be followed by a clause.
❶ 根据最新的报道，今年五月份这位著名歌手将会来上海开演唱会。
❷ 根据他的说法，他上个月是主动从那个公司辞职的。</td></tr>
</table>

续表

	据	根据
不同点	"据"构成的介词短语多位于句首，一般不位于动词前。 The prepositional phrase of "据" is usually placed at the beginning of a sentence, and it is generally not placed before a verb. ❶ 据调查，他在去年多次违反交通规则。 ❷ 据统计，现代人有 70% 以上都处于亚健康状态。	"根据"构成的介词短语可以位于句首，也可以位于动词前。 The prepositional phrase of "根据" can be placed either at the beginning of a sentence or before a verb. ❶ 根据你的意见，我们已经修改了计划。 ❷ 我们已经根据你的意见修改了计划。

用"据"或"根据"填空，把短文补充完整。

Fill in the blanks using "据" or "根据" and complete the passage.

❶______调查，蓝色是最受人们喜爱的颜色。❷______研究者分析，蓝色不仅让人更自信，还能给人安全感。除此以外，蓝色还能增强记忆力，使大脑和手的配合（pèihé）更加协调（xiétiáo）。许多公司 ❸______这个调查结果，都将蓝色用作公司商标（shāngbiāo）的主要颜色。

语言点注解 / Language Points

1. 无条件关系复句

无条件关系复句的前一个分句提出两种或多种不同的情况或条件，后一个分句说明在任何情况或条件下，结果都不会改变。前一个分句常用的关联词语有"无论""不管""不论"，口语中多用"不管"；后一个分句常用"都"来呼应。

In a complex sentence of unconditional relation, the former clause puts forward two or more different situations or conditions, and the latter explains that the result would not change under any circumstances or conditions. Correlatives generally used in the former clause include "无论", "不管" and "不论", among which "不管" is usually used in spoken Chinese. "都" is often used as a corresponding correlative in the latter clause.

1. 无论刮风还是下雨，他每天都去看望那个老人。
2. 无论谁加入我们组，我们都欢迎。
3. 不管父母同不同意，我都要跟她结婚。
4. 不管结果怎么样，你都不用担心。
5. 不论你是否愿意，你都必须独立完成这项工作。
6. 这个任务不论多难，我们都要把它做好。

按照正确的顺序排列选项，组成语段。

Sequence the choices to make proper utterances.

1. A. 否则你会做出更多让自己后悔的事情
   B. 这个时候不管你多么生气
   C. 你都要试着让自己冷静下来
   D. 多么委屈 ________
2. A. 无论遇到多少困难
   B. 就一定能取得成功
   C. 只要团结起来
   D. 这场比赛告诉我们 ________
3. A. 不论我在学习上遇到问题
   B. 给我鼓励和安慰
   C. 还是在生活上出现困难
   D. 老师们总是耐心地帮助我 ________

2. 不论……，都……

"不论……，都……"表示结果在任何条件或情况下都不会改变，强调结果一定是这样。"不论"后面可以是选择性的句式，如"（是）A 还是 B""A 不 A"，也可以搭配疑问代词，如"多么""谁""哪儿""什么""多少""怎么样"等。

"不论……，都……" indicates that the result does not change under any circumstances or conditions. It emphasises that the result is definite. "不论" can be followed either by a choice, such as "(是)A还是B" and "A不A", or by an interrogative pronoun, such as "多么", "谁",

"哪儿", "什么", "多少", "怎么样", etc.

1. 我们家不论是大事还是小事，都得听我妈的。
2. 不论这次清华队赢不赢，我都会永远支持他们。
3. 你不论多么生气，都不应该这么做。
4. 大家不论有什么问题，都愿意去问他。

(1) 根据括号里的信息和"不论……，都……"的用法，完成下列句子。

Complete the following sentences based on the information given in the brackets and the usage of "不论……，都……".

1. 不论是爱情电影还是动作电影，________________。
2. 不论这份工作的收入怎么样，________________。
3. ________________，我都相信你。（说）
4. ________________，都不应该闯红灯。（多么）

(2) 改正下列句子，把正确的句子写在横线上。

Correct the following sentences and write down the correct ones on the lines below.

1. 不论这件衣服非常贵，我都要买下来。

____

2. 不论明天天气怎么样，都我们要出去玩。

____

3. 不论你们参不参加，我要参加。

____

3. 尽管……，……

"尽管"是连词，用来引出说话人承认的事实，跟"但是""可是""然而""可""却"等呼应，后边的句子常常表示转折。

"尽管" is a conjunction to introduce the fact admitted by the speaker, and the corresponding correlatives include "但是", "可是", "然而", "可", "却", etc. Usually the latter clause indicates a transition.

1. 尽管他个子矮，跳得却很高。
2. 尽管他身体不舒服，但是仍然坚持完成了工作。

③ 尽管我们很多年没见了，可见了面还是觉得跟从前一样熟悉。

根据括号里的信息和"尽管……，……"的用法，完成下列句子。

Complete the following sentences based on the information given in the brackets and the usage of "尽管……，……".

① 尽管这是一家大公司，却______________________________。（赚钱）

② 尽管我们想了不少办法，但是____________________________。（解决）

③ __________________________________，然而我还是没明白。（解释）

④ ______________________________，可他还是坚持爬到了山顶。（力气）

4. 之所以……，是因为……

"之所以……，是因为……"用来连接因果关系复句的两个分句。"之所以"引出结果，"是因为"引出原因，"之所以……，是因为……"突出和强调的是原因。

"之所以……，是因为……" is used to connect the two clauses in a complex sentence of causative relation. "之所以" introduces the result and "是因为" introduces the reason. "之所以……，是因为……" emphasises the reason.

① 我之所以能够顺利通过考试，是因为有老师们的帮助。

② 我之所以坐飞机去北京，是因为买不到火车票。

③ 他之所以伤心，是因为他喜欢的女孩儿和别人在一起了。

(1) 用"之所以……，是因为……"改写下列句子。

Paraphrase the following sentences using "之所以……，是因为……".

① 他汉语好，又有责任心，大家都选他当班长。

→ ____

② 因为受到了我父亲的影响，所以我想当飞行员。

→ ____

③ 那家宾馆的住宿条件太差了，我们只好换宾馆住。

→ ____

④ 因为他从来没告诉过我这件事，所以我才这么吃惊。

→ ____

(2) 遇到下面这些情况，你该怎么说？

What will you say if you are in the situations below?

1. 你的朋友想知道你为什么选择到中国留学，你想向他说明原因。
2. 你的同屋每天都学到凌晨一点才睡，可是考试成绩却并不理想。他 / 她认为考试成绩不好，是由于自己不够聪明的缘故。你想告诉同屋，他 / 她成绩不理想主要是因为学习方法不正确。

5. A意味着B

“意味着”表示“含有某种意义”“可以理解成”“说明”。在“A 意味着 B”格式中，A 是某种行为或情况，B 则是对这种行为或情况所包含的意义的解释说明。“意味着”前边经常加上“这”或“那”，对 A 进行复指。

“意味着” means “to imply something”, “can be understood as” or “to signify”. In the structure “A意味着B”, A indicates an action or a situation, and B explains the connotation of the action or the situation. “意味着” usually follows “这” or “那”, which refers to A.

1. 他这么说，就意味着他不想参加咱们的聚会。
2. 一次失败并不意味着永远失败，所以你千万不要放弃。
3. 新年到了，这意味着我们有了新的开始。
4. 如果这次实验能够成功，那就意味着我们距离了解宇宙又进了一步。

(1) 按照正确的顺序排列选项，组成语段。

Sequence the choices to make proper utterances.

1. A. 这是我们每个人都不愿意接受的事情
   B. 当你的身体开始发胖
   C. 常常意味着你已经开始衰老
   D. 反应开始变慢 ________
2. A. 你愿意向一个人道歉
   B. 有时候并不意味着你真的错了
   C. 很可能你只是不愿意失去他
   D. 承认自己错了 ________

(2) 根据括号里的信息和"A意味着B"的用法，完成下列句子。

Complete the following sentences based on the information given in the brackets and the usage of "A意味着B".

1. 通过 YKK 考试意味着＿＿＿＿＿＿＿＿＿＿＿＿＿＿。（进入中国大学）
2. 如果公司一直没给你答复，那就意味着＿＿＿＿＿＿＿＿＿＿。（应聘）
3. ＿＿＿＿＿＿＿＿＿＿＿＿＿，这意味着假期很快就要到来了。（结束）
4. 倘若＿＿＿＿＿＿＿＿＿＿＿＿＿，那就意味着你还要再等半个小时才能等到下一趟车。（错过）

学以致用 / Study for the Sake of Application

根据括号里的信息，选择合适的词语或语言点，把短文补充完整。

Complete the passage by choosing the proper words or language points based on the information given in the brackets.

据　不论……，都……　尽管……，……
之所以……，是因为……　A 意味着 B

玉米是我们平时常见的食物，也是人们经常食用的食物之一。它的味道香甜，营养价值也很高，❶＿＿＿＿＿＿＿＿＿＿＿＿＿＿（年龄），都能满足营养需求。❷＿＿＿＿＿＿＿＿＿＿＿＿＿＿（营养学家），经常食用玉米还能长寿（chángshòu）。❸＿＿＿＿＿＿＿＿＿＿＿＿＿＿（结论），是因为玉米中含有一种长寿因子（yīnzǐ）——谷胱甘肽（gǔguānggāntài）。它能生成一种酶（méi），这种酶具有延缓（yánhuǎn）

衰老的作用。除此以外，玉米还可以帮助大脑发育（fāyù）成长，❹____________________（孩子，聪明）。需要注意的是，❺____________________（好处多），却不能吃得太多，尤其是胃不好的人。玉米是一种粗粮，吃太多不利于消化（xiāohuà）。

课文练习 / Text Exercises

1. 你一般是怎么设置密码的？你认为设置不同的密码是必要的吗？

2. 用下列词语和语言点复述课文。

密码　信息　充满　随时　安全感　设置
尽管……，……　之所以……，是因为……

听力实践 Listening Practice

1. 听对话，选择正确答案。 14-7

Listen to the dialogues and choose the correct answers.

❶ A. 老板临时通知加班　B. 买地铁票没带现金
C. 下班高峰路上堵车　D. 记错了约好的时间

❷ A. 去手机店修手机　B. 去大使馆办理手续
C. 找开锁公司开锁　D. 感谢师傅送回电脑

❸ A. 旅行社的宣传　B. 网上搜索的资料
C. 好朋友的推荐　D. 老师课上的介绍

❹ A. 网站登录人数过多　B. Wi-Fi 密码输入错误
C. 账号信息被人修改　D. 密码设置不符合要求

❺ A. 家人反复提到　B. 得了脑部疾病
C. 记忆出现错误　D. 心理状态不好

2. 听短文，选择正确答案。 14-8

Listen to the passage and choose the correct answers.

❶ A. 阅读与数字有关的书　B. 使用手机等设备进行阅读
C. 使用纸质书进行阅读　D. 是一种很传统的阅读方式

❷ A. 限制了人们的阅读环境　B. 使阅读过程变得更加复杂
C. 让人们失去了阅读兴趣　D. 影响了人们对阅读的理解

3. 听讲话，选择正确答案。 14-9

Listen to the speech and choose the correct answers.

❶ A. 现金支付　B. 速度和效率
C. 基本通话　D. 金钱与地位

❷ A. 中国互联网普及率不高　B. 中国互联网的用户很多
C. 人们很少使用手机上网　D. 互联网的使用不太方便

❸ A. 儿童网络成瘾　B. 网络行为规范
C. 网络信息安全　D. 网络信息来源

阅读实践 Reading Practice

艺术	yìshù	名
art		
超速	chāosù	动
exceed the speed limit		
竞争	jìngzhēng	动
compete		
反而	fǎn'ér	副
instead, conversely		
达到	dá//dào	动
achieve, reach		
效率	xiàolǜ	名
efficiency		
克制	kèzhì	动
restrain		
必要	bìyào	形
necessary		

"慢"的生活艺术

现代人工作__1__，生活节奏快，每天都有很多压力。我们有没有想过试着让生活节奏放慢一些？比如，吃饭慢慢吃，开车不超速，不必每日加班，不要每件事都跟别人竞争……__2__这样说，是因为人生不能只追求速度，"慢"其实也是一种生活的艺术。现代人要想保持身心健康，就要学会"慢"。

那么，中国人对"慢"是什么态度呢？实际上，汉语里有很多和"慢"有关的形容做事方法的俗语，都体现出中国人对"慢"的__3__，像"慢工出细活儿"啦，"欲速则不达"啦。这两句话的意思是说，要想做出__4__的产品，"快"反而不能帮你达到目的，__5__不怕花时间，不怕花功夫，才能达到让人满意的效果。慢，并不__6__着效率低，而是指我们应该耐心地按计划一步一步地做好每一件事。

__7__做事情要"慢"，中国人还认为，说话也要学会"慢"。有的人喜欢议论别人，不善于克制自己，很多话不经思考就说出口来，这会给自己和别人都带来很多不必要的麻烦。所以，中国人说"三思而后行"，意思就是说话、做事前要先停下来，仔细想清楚后果以后再说、再做。

（356 字）

1. 完形填空。Cloze.

❶	A. 匆忙	B. 忙碌	C. 急忙	D. 赶快
❷	A. 舍不得	B. 说不定	C. 无所谓	D. 之所以
❸	A. 欣赏	B. 印象	C. 烦恼	D. 友好
❹	A. 糟糕	B. 完美	C. 美好	D. 特殊
❺	A. 只好	B. 尽管	C. 只有	D. 倘若

❻ A. 意见　　B. 意义　　C. 意味　　D. 意思

❼ A. 除了　　B. 与其　　C. 哪怕　　D. 自从

2. 根据短文，选择正确答案。

Choose the correct answers based on the passage.

❶ 要想减轻压力，人们应该：（　　）

A. 降低工作效率　　B. 主动与人沟通

C. 保持身体健康　　D. 放慢生活节奏

❷ “欲速则不达”表达了人们：（　　）

A. 对“慢”的认可　　B. 对速度的追求

C. 对现实的无奈　　D. 对人生的乐观

❸ 短文中“慢”的真正意思是：（　　）

A. 竞争不够激烈　　B. 工作效率很低

C. 学习不够刻苦　　D. 做事很有耐心

❹ 说话“快”可能会：（　　）

A. 造成经济上的损失　　B. 获得真正的友谊

C. 给彼此都带来麻烦　　D. 改善自己的生活

听读拓展 More Listening and Reading Practice

1. 查一查或问一问：上面的图片是哪家银行的标志？

2. 查一查这家银行的网址，并浏览这家银行的网站。

3. 试着在网站上找到“我要办卡”，看看办卡时都需要填写哪些信息。

4. 在网站上找到“个人网上银行”，看看网上银行能够提供哪些便利的服务。

学后反思 Reflection

1. 写出本课你最熟悉的三个生词和一个语言点，并试着用每个生词和语言点各写一个句子。

Write down three new words and one language point that you are most familiar with in this lesson, and try to make a sentence with each new word and language point.

生词	句子
语言点	**句子**

2. 你认为本课哪些生词和语言点你还需要加深理解和加强练习？试着查阅资料，用这些生词和语言点各写一个句子。

Which new words and language points do you need to understand further and practise more in this lesson? Refer to some materials and make a sentence with each new word and language point.

生词	句子
语言点	**句子**

第十五课
LESSON 15

无处不在的“朋友圈”

Social “Moments” Everywhere

学习目标 Learning Goals

重点生词 / Key Words

❶ 的确　　❷ 幸亏

词语辨析 / Distinction between Synonyms

的确—确实

重点语言点 / Key Language Points

❶ 目的关系复句：……，从而……

❷ 固定用法：在……看来

❸ 固定用法：与此同时

❹ 固定用法：……，相反，……

PART 1

第一部分

预习词语 Preview the Words

听录音，跟读生词。 15-1

Listen to the recording and repeat the new words.

1	无处不在	wú chù bú zài		be everywhere
2	广泛	guǎngfàn	形	large-scale, widespread
3	社交	shèjiāo	名	social contact
4	平台	píngtái	名	platform
5	点赞	diǎn//zàn	动	click/hit Like button
6	分享	fēnxiǎng	动	share
7	文字	wénzì	名	writing; characters
8	视频	shìpín	名	video
9	寻求	xúnqiú	动	seek, search for
10	喜怒哀乐	xǐ-nù-āi-lè		feelings of pleasure, anger, sorrow and joy
11	展示	zhǎnshì	动	display, show
12	在……看来	zài…kànlái		in one's opinion
13	的确	díquè	副	indeed, really
14	提供	tígōng	动	provide, supply
15	便利	biànlì	形	convenient, easy
16	幸亏	xìngkuī	副	fortunately, luckily
17	彼此	bǐcǐ	代	each other
18	近况	jìnkuàng	名	recent developments
19	与此同时	yǔ cǐ tóngshí		meanwhile
20	迅速	xùnsù	形	rapid, fast
21	扩大	kuòdà	动	expand, broaden, extend
22	相反	xiāngfǎn	连	on the contrary
23	充分	chōngfèn	形	full, sufficient

24 理由	lǐyóu	名	reason, cause
25 炫耀	xuànyào	动	show off
26 传播	chuánbō	动	spread, circulate
27 真实	zhēnshí	形	true, real
28 反感	fǎngǎn	动	dislike, be disgusted with
29 利	lì	名	advantage, merit
30 弊	bì	名	disadvantage, demerit
31 从而	cóng'ér	连	thus, thereby
32 追求	zhuīqiú	动	seek, pursue
33 目标	mùbiāo	名	aim, goal, objective

1 脸书	Liǎnshū		Facebook

第一组生词 Group 1

无处不在	广泛	社交	平台	点赞	分享	文字
视频	寻求	喜怒哀乐	展示	提供	便利	彼此
近况	迅速	扩大	充分	理由	炫耀	传播
真实	反感	利	弊	追求	目标	

1. 将下列词语与对应的图片连线。

Match the following words to the corresponding pictures.

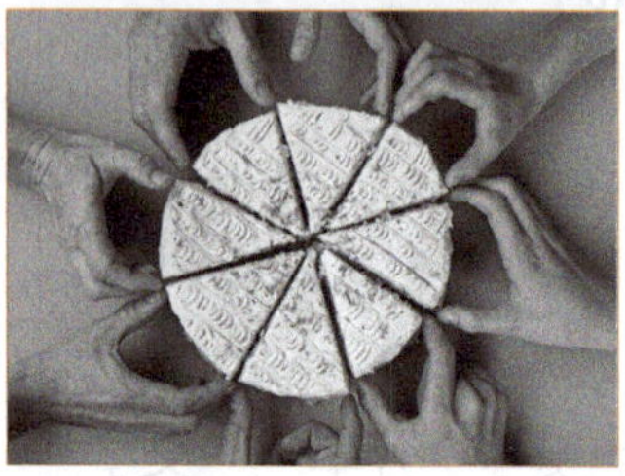

点赞

视频

传播

目标

分享

文字

2. 将词语和正确的解释连起来。

Match the words to the correct explanations.

第一组：

无处不在	范围很广、很大。
广泛	什么地方都有，一般说的是数量多或范围大。
社交	给人们提供的可以做某件事的地方、环境等。
平台	在社会中人与人之间的来往。
寻求	方便，容易达到目的。
喜怒哀乐	找，寻找。
便利	人的各种感情，包括高兴、生气、难过等。
迅速	让范围、面积等增大。
扩大	速度快。

第二组：

展示　　这个和那个，双方。

彼此　　最近的情况。

近况　　足够。

充分　　把东西拿出来让别人看到，或者把事情指出来让别人知道。

炫耀　　好处。

反感　　故意让别人看到自己的金钱、地位等，希望别人羡慕自己。

利　　坏处。

弊　　事情的原因。

目标　　不喜欢，讨厌。

理由　　想要达到的标准。

3. 选择正确的词语，把下列句子补充完整。

Choose the correct words and complete the following sentences.

A. 提供　B. 广泛　C. 充分　D. 传播
E. 真实　F. 追求　G. 喜怒哀乐

1. 这本口语课本的话题非常＿＿＿＿＿，包括文化、科技、体育、教育、政治、法律等各方面。

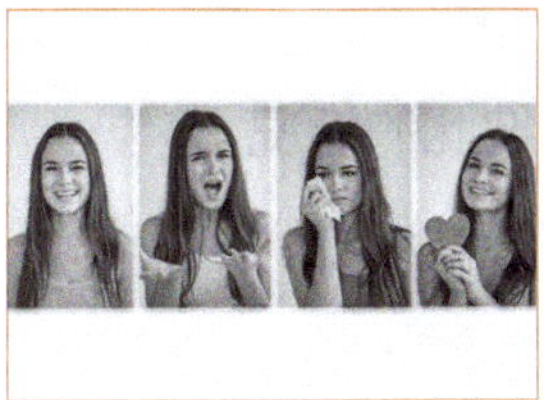

2. 如今，很多年轻人喜欢把自己的＿＿＿＿＿分享在脸书上，让别人看到。

3. 在考试中取得好成绩是我们每个学生＿＿＿＿＿的目标。

4. 飞机上一般会＿＿＿＿＿一到两顿免费的飞机餐和酒水饮料。

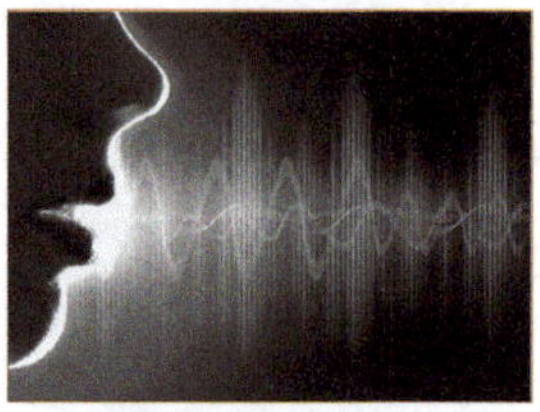

⑤ 声音在空气中的________速度为 340 米 / 秒。

⑥ 为了让旅行更加顺利，她在出发前做了________的准备。

⑦ 这部电影是根据一个________的故事改编的。

第二组生词 Group 2

的确　　幸亏

1. 听录音，跟读句子。 15-2

Listen to the recording and repeat the sentences.

朋友圈这个平台的确给大家提供了很多便利。
最近他的确有很大的进步，我们每个人都看到了。

幸亏有朋友圈这个平台，平时不常联系的人才能互相了解彼此的近况。
刚才突然就下起大雨来了，幸亏我带了雨伞，否则全身都会被淋湿。

2. 按听到的先后顺序为下列句子排序，将序号写在句子前面的横线上，并在括号中填上你听到的生词。 15-3

Sequence the following sentences in the order you hear them, write the sequence numbers on the lines in front of each sentence, and fill in the brackets with the words you hear.

______ 你说得没错，这本书写得（　　　）很好。
______ （　　　）得到了大家的帮助，我才能顺利地完成任务。
______ 每个人都在为这件事烦恼，看来这件事（　　　）很难解决。
______ 今天堵车堵得很厉害，（　　　）咱们出发得早，否则一定会迟到。

预习语言点 Preview the Language Points

听录音，跟读句子，并完成相应的练习。 15-4

Listen to the recording, repeat the sentences and finish the exercises.

……，从而……

让朋友圈更好地成为朋友之间相互交流和分享的社交工具，从而让它更好地为我们服务，才是我们共同追求的目标。

小时候妈妈每天都给我读故事，从而帮我养成了爱读书的好习惯。

"……，从而……"是目的关系复句。目的关系复句还有哪些常用关联词语？请你写出至少三个目的关系复句。

"……，从而……" is a complex sentence of purposive relation. Do you know any other correlatives that are often used in complex sentences of purposive relation? Please write down at least three such sentences.

例如：演出一结束我们就赶紧出来了，以便能赶上最后一班地铁。

❶ ____________________

❷ ____________________

❸ ____________________

在……看来

在不少人看来，朋友圈这个平台的确给大家提供了很多便利。

有时候，我们认为很困难的事情，在其他人看来却很简单。

与此同时

朋友圈为平时不常联系的人增加了互相交流的机会。与此同时，它还能让人们迅速了解到最新信息，扩大知识面。

他喜欢和中国人交流，这不仅增加了他的中国文化方面的知识，与此同时，也提高了口语表达能力。

……，相反，……

许多人认为朋友圈为人们提供了便利，相反，也有一些人拒绝使用朋友圈。

我不认为这样做是完全没有必要的，相反，我觉得这样做非常重要。

1. 听对话，选出与你听到的内容相符的选项。 15-5

Listen to the dialogues and choose the facts that match what you hear.

❶ A. 学生们参加了学校组织的课外活动，之后他们的知识面就扩大了。

B. 学生们的知识需求量很大，因此学校决定举办各类课外活动。

❷ A. 张明认为自己辞职的决定太冲动了。

B. 张明认为辞职后就有机会重新安排人生。

❸ A. 为了找到护照，除了失物招领中心以外，他们还联系了大使馆。

B. 为了找到护照，他们只联系了当地的大使馆。

❹ A. 年轻人和老年人一样，都喜欢在小区和公园里锻炼。

B. 老年人与年轻人不同，他们很注重锻炼身体。

2. 听短文，选择正确答案。 15-6

Listen to the passage and choose the correct answers.

❶ 互联网的发展带来了哪些改变？

A. 人与人之间不再交流　　B. 降低了人们的工作效率

C. 增加了网络交流次数　　D. 促进了世界经济的发展

❷ 微信成为人们必备的社交工具的原因是什么？

A. 安装方便　　B. 功能丰富

C. 容易使用　　D. 收费合理

PART 2
第二部分

课文讲练 Text

听录音，预习课文，思考课文旁边的问题。 15-7

Listen to the recording and preview the text. Think about the questions next to the text.

无处不在的“朋友圈”

微信朋友圈是近几年在中国广泛流行的社交平台。之所以叫作“朋友圈”，是因为只有你的微信好友才能看到你发的内容，才能给你“点赞”。一般来说，陌生人是看不到你朋友圈里的内容的。除此以外，朋友圈和脸书等其他社交工具一样，也能让你分享自己拍的照片、自己写的文字，分享你在其他网站看到的文章、视频或是听到的音乐，甚至能分享一些旅游、美食、工作信息或是寻求帮助的信息。只要你愿意，就可以随时随地通过朋友圈把你的喜怒哀乐展示给大家看。

在不少人看来，朋友圈这个平台的确给大家提供了很多便利。幸亏有这个平台，平时不常联系的人才能互相了解彼此的近况，增加互相交流的机会。与此同时，朋友圈还能让人们迅速了解到最新信息，扩大知识面。

相反，也有一些人拒绝使用朋友圈，他们也有充分的理由。首先，总是有一部分人把朋友圈当成一个炫耀自己的地方。这些人之所以不停地发照片、发自己买的东西，甚至把网上找到的照片当成自己的生活内容，就是为了让别人

1. 为什么微信中的社交平台叫“朋友圈”？
2. 人们能够在朋友圈里分享什么？
3. 发朋友圈受时间或者地点的限制吗？
4. 为什么说朋友圈为人们提供了便利？
5. 文中提到了几点人们拒绝使用朋友圈的理由？
6. 一部分人在朋友圈里通过什么方式炫耀自己？目的是什么？
7. 一些人利用朋友圈做什么？对这些人的做法，很多人的反应是什么？
8. 本文作者认为朋友圈好还是不好？对于朋友圈这个平台来说，作者认为我们应该追求的目标是什么？

羡慕自己的生活，给自己“点赞”。除此以外，也有一些人利用朋友圈传播不真实的信息。这些信息往往一看就是假的，可是还是有不少人不经过思考就随便发出去，这也是不少人反感朋友圈的原因之一。

朋友圈给我们带来的有利也有弊，很难说是利大于弊还是弊大于利。不管怎么样，朋友圈已经深深影响了我们的生活。让朋友圈更好地成为朋友之间相互交流和分享的社交工具，从而让它更好地为我们服务，才是我们共同追求的目标。

（551 字）

生词注解 / New Words

1. 的确

副词，表示所说的情况完全符合实际，说话人十分肯定其真实性。“的确”还可以重叠为“的的确确”，用于加强语气。

“的确” is an adverb, indicating that the mentioned situation fully matches the reality and the speaker is quite certain about the authenticity of the situation. “的确” can be used as “的的确确”, which is used to strengthen the tone.

1. 这个语言点我的确还没弄明白，麻烦您再给我解释一遍吧。
2. 你误会了，这件事的确不是他干的。
3. 中国的经济发展速度的确很快，这是每个人都看得到的。
4. 我没骗你，我的的确确是因为生病才错过了面试。

(1) 从上面的例句中选择合适的句子完成对话。

Choose the proper sentences from the examples above and complete the dialogues.

1. A：这个语言点你是不是还没弄明白？需不需要老师再给你讲讲？

   B：______________________________

2. A：你说实话，你真的是因为生病才没去面试吗？

   B：______________________________

3. A：来到中国我才意识到，这几年中国的经济发展速度真快啊！

   B：______________________________

4. A：你看他脸都红了，这件事肯定是他干的！

B：____

(2) 连词成句，并把连好的句子放入合适的情境中，完成对话。

Put the words or phrases in the correct order to make sentences and complete the dialogues by putting the sentences in the proper context.

1. 的确　我　要不要　现在辞职　犹豫　还在　到底

____

2. 梦想　一家奶茶店　是　经营　的确　我的

____

情境一：

A：听说你一直想开一家奶茶店，是吗？

B：对，____

情境二：

A：你还是再考虑考虑吧，要是你就这样辞职了，今年的年终奖就拿不到了。

B：嗯，____

2. 幸亏

副词，表示因为某种有利的条件避免了不好的结果，常和“才”“要不”“不然”“否则”搭配使用。

“幸亏” is an adverb, indicating that a bad result is avoided thanks to some favourable condition. It is often used with “才”, “要不”, “不然” and “否则”.

1. 幸亏我早上走得早，才没迟到。
2. 幸亏我带了把伞，要不就得被雨淋湿了。
3. 幸亏你提醒了我，不然我就把这件事给忘了。
4. 我马上就要被那辆车撞到了，幸亏他把我拉住了。

(1) 根据括号里的信息和“幸亏”的用法，完成下列句子。

Complete the following sentences based on the information given in the brackets and the usage of “幸亏”.

1. 这次考试挺难的，幸亏我认真准备了，不然________。（通过）
2. 幸亏你提前把这件事告诉老师了，要不________。（担心）
3. ________，否则就赶不上飞机了。（提前）
4. ________，把孩子拉住了，她才没摔下去。（反应）
5. 那时候我真不知道该怎么办了，幸亏________。（帮）

(2) 遇到下面这些情况，你该怎么说？

What will you say if you are in the situations below?

1. 你的闹钟坏了，同屋把你叫醒了，你上课才没迟到，因此你想向他 / 她表示感谢。
2. 寒假你去哈尔滨前，朋友提醒你哈尔滨很冷，得带上厚外套。去了以后，你发现那里果然很冷，没有这件外套的话，你很可能会感冒，因此你想感谢朋友对你的提醒。

词语辨析 / Distinction between Synonyms

的确—确实

	的确	确实
共同点	都可以用作副词，都表示十分肯定。这时“的确”和“确实”可以换用。 Both of them can be used as adverbs, indicating that someone is quite certain about something. In this case, “的确” and “确实” can be replaced by each other. ❶ 这部电影的确 / 确实让人感动。 ❷ 他的确 / 确实说过这样的话。	
	都可以重叠为“AABB”格式，即“的的确确”“确确实实”，用来加强语气。 Both of them can be applied in the “AABB” structure to strengthen the tone, namely “的的确确” and “确确实实”. ❶ 王经理的的确确是个大忙人，每天连吃午饭的时间都没有。 ❷ 信不信由你，他昨天确确实实是在这儿。	

	的确	确实
不同点	"的确"不可以用作形容词。 "的确" cannot be used as an adjective.	"确实"可以用作形容词，表示真实可靠。 "确实" can be used as an adjective, indicating that something is true and credible. ❶ 我已经得到了确实的消息，下个星期油价就要开始上涨了。 ❷ 我们还没有得到确实的证据（zhèngjù），还需要进行调查。

用"的确"或"确实"填空，把短文补充完整。

Fill in the blanks using "的确" or "确实" and complete the passage.

当人们从明亮的地方走进黑暗的地方，比如一个关了灯的电影院，刚开始可能会一下子什么都看不见，要过一会儿才能慢慢适应黑暗的环境，❶______地看清楚暗处的东西。人的眼睛在适应了黑暗的环境以后，❷______能看清楚原来看不清的东西，但这个适应过程可能会经历较长的时间，有时甚至达到 40 分钟以上。

语言点注解 / Language Points

1. ……，从而……

连词"从而"多用于书面语，用在复句中后一个分句开头，表示在前一个分句所说的情况或条件下，产生某个结果或达到某个目的。"从而"后面多跟动词。

The conjunction "从而" is mostly used in written Chinese and is placed at the beginning of the latter clause in a complex sentence. It is used to indicate that some result or purpose is achieved under the circumstances mentioned in the former clause. "从而" is usually followed by a verb.

1. 你们可以多交几个中国朋友，多练习说汉语，从而提高自己的口语水平。
2. 各国应该加强交流和沟通，从而达到相互了解、共同发展的目的。
3. 牛顿从树上掉下来的苹果得到了启发，从而发现了万有引力。

根据括号里的信息，用"从而"完成句子。

Complete the sentences using "从而" based on the information given in the brackets.

1. 他们俩进行了一次深入的谈话，____________________。（消除误会）
2. 那家书店改变了销售方式，________________________。（提高销量）
3. 经过多年研究，科学家们终于发现了这种疾病的病因，____。（治疗方法）

2. 在……看来

固定用法，表示从某人的角度或观点去看问题，含有"认为"的意思，语气比较正式。

"在……看来" is a fixed usage, meaning "to look at a problem from someone's perspective or point of view". It contains the meaning of "认为" and has a relatively formal tone.

1. 在我看来，这是一次很好的机会，你应该好好利用它。
2. 在很多人看来，买房是人生中的一件大事。
3. 在不少留学生看来，来中国读大学是一个不错的选择。

(1) 根据括号里的信息和"在……看来"的用法，完成下列对话。

Complete the following dialogues based on the information given in the brackets and the usage of "在……看来".

1. A：住宿舍好还是租房子好呢？

   B：在很多人看来，__________________________________。（便宜）
2. A：为什么有些人宁可饿着肚子来上课，也不早起一点儿呢？

   B：在那些人看来，__________________________________。（重要）

③ A：你认为我一定要报名参加 HSK 四级考试吗？

B：在我看来，________________。（证明水平）

(2) 遇到下面这些情况，你该怎么说？

What will you say if you are in the situations below?

① 你的同屋和他 / 她的好朋友吵架了，他 / 她正在犹豫要不要先去找朋友道歉，你想劝他 / 她去。

② 老师问你的同桌觉得汉语哪个部分最难学。她告诉你她觉得语法最难，可是不知道怎么用汉语表达，想让你帮她回答。

3. 与此同时

固定用法，多用于书面语，插在前后两个分句或句子中间，表示除了前文所说的内容以外，还有其他内容。

"与此同时" is a fixed usage mostly used in written Chinese. It is placed between two clauses/sentences, indicating that there is more information other than what is mentioned in the former clause/sentence.

① 骑自行车出行可以锻炼身体，让人更加健康，与此同时，还可以保护环境，减少污染。

② 外卖给人们的生活带来了很多便利，但与此同时，也带来了不少健康问题。

③ 组织这次会议是为了让大家能够互相交流经验，与此同时，也增进一下彼此的感情。

(1) 从上面的例句中选择合适的句子完成对话。

Choose the proper sentences from the examples above and complete the dialogues.

① A：你觉得外卖给人们的生活带来了什么影响？

B：________________

② A：请阿尔达同学说一说骑自行车出行的好处。

B：在我看来，________________

③ A：________________

B：谢谢你们辛苦组织，我还想趁这个机会向大家请教一些问题呢。

(2) 根据括号里的信息和“与此同时”的用法，完成下列句子。

Complete the following sentences based on the information given in the brackets and the usage of “与此同时”.

1. 这种药可以在短时间内提高记忆力，与此同时，____。（影响大脑）
2. 这个城市的结婚率正在不断下降，与此同时，____。（离婚率上升）
3. 经济全球化促进了各国之间的合作，但与此同时，____。（带来矛盾）

4. ……，相反，……

连词“相反”用在两个分句或句子中间，表示后文和前文所说的完全不同或完全对立。后一个分句或句子有时会加上“却”。

The conjunction “相反” is used between two clauses/sentences, indicating that what is mentioned in the latter clause/sentence is totally different from or in opposition to that in the former clause/sentence. Sometimes, “却” is added in the latter clause/sentence.

1. 我开始运动以后不但没瘦，相反，还胖了不少。
2. 吃了药以后，他的病没好，相反，却更加严重了。
3. 哥哥喜欢热闹，相反，弟弟却喜欢安静。

(1) 从上面的例句中选择合适的句子完成对话。

Choose the proper sentences from the examples above and complete the dialogues.

1. A：他们兄弟俩的性格好像很不一样。

   B：对，很不一样，____
2. A：你爷爷的病好一些了吗？

   B：____
3. A：听说你最近在减肥，减了多少斤了？

   B：别提了，____

(2) 根据括号里的信息和"相反"的用法，完成下列句子。

Complete the following sentences based on the information given in the brackets and the usage of "相反".

❶ 他们都觉得这个电影很无聊，相反，______________________。（有趣）

❷ 我不但不生你的气，相反，______________________________。（感谢）

❸ 大家都以为她一定完不成这项工作，可是相反，______________________

____。（成功）

学以致用 / Study for the Sake of Application

根据括号里的信息，选择合适的词语或语言点，把短文补充完整。

Complete the passage by choosing the proper words or language points based on the information given in the brackets.

的确　幸亏　……，从而……　与此同时

一家咖啡店的生意一天比一天冷清。有顾客反映咖啡的味道太淡了，老板觉得很委屈（wěiqu），同样的价格，他们店所用的材料并不比其他咖啡店少。

老板仔细观察以后，终于发现问题原来出在咖啡杯上。他们店里一直用的是黄色的杯子，用这种杯子装上咖啡以后，咖啡的颜色❶___________________（淡），顾客就会觉得咖啡的浓度不够。如果换成其他颜色的杯子，比如说红色，咖啡的颜色看起来就会深一些。后来，这家咖啡店改用了红色的杯子，❷___________________

________，还让店员在冲咖啡时稍微少放一些水，❸___________________

（解决）。尽管咖啡的浓度和原来差不多，但顾客却明显增加了。店员们都说，

❹ ________________________（好主意），才解决了咖啡店的大难题。

课文练习 / Text Exercises

1. 你平时用微信朋友圈吗？你认为朋友圈的好处和坏处分别有哪些？

2. 用下列词语和语言点复述课文。

社交　点赞　分享　提供　理由　炫耀　传播
……，从而……　与此同时　……，相反，……

听力实践 Listening Practice

1. 听对话，选择正确答案。 15-8

Listen to the dialogues and choose the correct answers.

1. A. 回母校看望老师　B. 去参加同学聚会　C. 约高中同学见面　D. 去健身中心锻炼
2. A. 丢卡后能找回卡里的钱　B. 能提供更多的功能　C. 可以免费办理各种手续　D. 不需要交任何押金
3. A. 工作能力不足　B. 工作态度不好　C. 业务不够熟练　D. 任务分配不当
4. A. 经理对广告的评价不高　B. 公司失去了大量顾客　C. 广告没利用好平台优势　D. 广告的设计十分成功
5. A. 不直接表达情感态度　B. 面部表情十分丰富　C. 非常重视别人的感受　D. 不太喜欢称赞他人

2. 听短文，选择正确答案。 15-9

Listen to the passage and choose the correct answers.

1. A. 以为奶奶想要杀它　B. 见到了可怕的情景　C. 看到同伴被抓走了　D. 遇到了危险的敌人
2. A. 要学会帮助别人　B. 别把人类的话当真　C. 要懂得爱惜生命　D. 要努力把握住机会

3. 听讲话，选择正确答案。 15-10

Listen to the speech and choose the correct answers.

1. A. 人们之间的交流次数减少了　B. 人们的思维被限制了　C. 一些人产生了“手机依赖症”　D. 社会发展速度减慢了
2. A. 呼吸困难　B. 面部神经麻痹　C. 失眠多梦　D. 不能集中注意力
3. A. 增强自身抵抗力　B. 减少与手机接触　C. 补充大量维生素　D. 充实自己的生活

阅读实践 Reading Practice

纸条 zhǐtiáo 名
note, slip of paper

保存 bǎocún 动
keep, save

建议 jiànyì 动
suggest

指导 zhǐdǎo 动
guide, instruct

面对面 miànduìmiàn
face to face

拉近 lājìn 动
bring closer

特别的日记

__1__大部分人看来，日记是私人物品，自己写，自己看，但我和父亲__2__在日记里你写一页，我写一页，两个人写，两个人看，就这样坚持了九年。为什么要这样做呢？__3__父亲工作很忙，晚上回家的时候，我已经睡觉了；而早上我去上学时，他可能还没起床，因此我们父女之间的交流很少。为了解决这个__4__，父亲就把要说的话写在小纸条上留给我。纸条积累多了，我觉得保存起来不方便，__5__建议父亲改用日记本和我交流。就这样，我每天将自己的快乐和烦恼写进日记里，与此同时，父亲也将自己的工作情况、生活经验都写进去。__6__学习和工作再忙，我们也坚持每天都写。这样一来，父亲就可以及时了解我的情况，指导我的生活，同时我也可以更好地理解父亲。我们面对面的交谈很少，可是与之__7__的是，我们的感情却越来越好。是这本特别的日记拉近了我与父亲之间的距离。

（301 字）

1. 完形填空。Cloze.

	A	B	C	D
❶	A. 令	B. 在	C. 趁	D. 连
❷	A. 无法	B. 随时	C. 曾经	D. 急忙
❸	A. 因为	B. 尽管	C. 凡是	D. 随着
❹	A. 反感	B. 不足	C. 矛盾	D. 错误
❺	A. 而是	B. 由于	C. 但是	D. 于是
❻	A. 关键	B. 甚至	C. 倘若	D. 就算
❼	A. 相当	B. 相反	C. 相同	D. 相比

2. 根据短文，选择正确答案。

Choose the correct answers based on the passage.

❶ “我”和父亲的日记：（　　）

A. 都是私人物品　　B. 由两人共同书写

C. 没有保留下来　　D. 只记录家庭小事

❷ “我”和父亲坚持写日记是因为：（　　）

A. “我们”都不太善于表达　　B. “我们”有很多空闲的时间

C. “我们”想留住美好回忆　　D. “我们”缺乏面对面的沟通

❸ 用日记本代替纸条是因为：（　　）

A. 纸条写不下太多字　　B. 日记本可以随身携带

C. 纸条不太便于保存　　D. 想记录的事情太多了

❹ 这本日记使父女两人：（　　）

A. 拉近了彼此的距离　　B. 彼此的感情越来越差

C. 产生了很大的误会　　D. 面对面交谈越来越多

听读拓展 More Listening and Reading Practice

1. 用电脑或手机搜索“微博”，并浏览网页。

2. 在微博网页中搜索“中国日报”，查看最新的三条消息或新闻。

3. 查看这三条消息下的评论，选出你认为最有意思的两条评论。

4. 在这三条消息中选择一条你感兴趣的，发表自己的评论。

学后反思 Reflection

1. 写出本课你最熟悉的三个生词和一个语言点，并试着用每个生词和语言点各写一个句子。

   Write down three new words and one language point that you are most familiar with in this lesson, and try to make a sentence with each new word and language point.

生词	句子
语言点	**句子**

2. 你认为本课哪些生词和语言点你还需要加深理解和加强练习？试着查阅资料，用这些生词和语言点各写一个句子。

   Which new words and language points do you need to understand further and practise more in this lesson? Refer to some materials and make a sentence with each new word and language point.

生词	句子
语言点	**句子**